JN066107

流通論の基礎

第4版

住谷 宏・鍾 淑玲
編著
浦上拓也・圓丸哲麻・伊藤 一・大崎恒次・髭白晃宜
著

中央経済社

はしがき

社会的分業がいっそう高度になり，グローバル化が進むにつれて，ますます生産と消費の間の隔たりを橋渡しして価値を高める経済活動である流通の重要性は高まってきている。

また，学問が細分化して，それぞれが発展しているため，かつての「商学」とか「商業学」を大学で講義するところは少なくなってきている。その代わりに「マーケティング概論」を講義するところもあり，また，「流通論」と「マーケティング論」をかつての「商学概論」とか「商業総論」の代わりに講義するところが増加する傾向にある。

さらに，グローバル化の波が大学教育にも波及してきており，たとえばセメスター制（semester：２学期制）が普及してきている。そのため，通年講義ではなく，半年間でひとつの講義を完了し，成績の評価をしなければいけなくなってきている。このような動向にあるために，流通論もセメスターを前提にした教育及びテキストが求められている。しかし，流通論が対象としている範囲が広いということと流通理論が成熟化されていないということもあって，セメスターでの流通論の講義内容がある程度定型化しているわけでもないし，セメスターを前提とした適当な流通論のテキストがあるわけでもない。

そこで，本書は，セメスターでの「流通論」の講義内容を提案し，そのテキスト用に作られたものである。基本的には大学の１・２年生あるいは短期大学の１年生（流通の初学者）を対象にしている。

また，消費財流通に限定して生産者から消費者までの縦の流れとしての流通を理解してもらおうとしている。生産者から消費者あるいは使用者までの取引の連鎖としての流通を理解してもらうために，商流（所有権の移転），物流，情報流に分けて具体的に説明している。

さらに，流通は，環境変化に影響されて常に変化しているので，消費財流通の大きな変化を捉えることを重視している。

つまり，本書は次のような特徴を持つように意図されている。

⑴　セメスター制での流通論のテキストを開発しようとしている。

⑵　ひとつの試みとして，内容を大きく５つに分けている。その内容は，Ⅰ「流通論への導入」（第１・２章），Ⅱ「商流：多様な消費財流通」（第３～８章），Ⅲ「情報流：流通情報の基礎と革新」（第９・10章），Ⅳ「物流：物流の基礎と革新」（第11・12章），Ⅴ「消費財流通の現代的動向」（終章）である。

⑶　初学者にとって学びやすいようになるべく平易な言葉・表現を使うように努めている。また，なるべくわかりやすいように現実の事例で説明するように心がけている。

⑷　各章末にWorking（作業・調査）とDiscussion（議論・レポート）課題を作成してある。それを活用することによって学生の理解がいっそう深まることを意図している。

⑸　消費財流通の大きな変化がわかるように心がけている。

このような事を意識して，執筆者間で連絡を取り合って，また編集会議を重ねて本書を作成したが，意図どおりに充分な成果を出せない部分もあったかもしれない。その点は先輩同学の方々のご教示・ご批判をいただき，本書をセメスター制時代の流通論のテキストとして，その完成度を高めていければ幸甚である。

なお，本書の第３版が発行されてから５年の月日がたち，その間，ネット通販のさらなる成長，生成AIの発展，物流危機にみられる人手不足の顕在化などの変化があり，流通にも変化が見られるので，この度，第４版を刊行することになった。最後に，本書の刊行にあたって，編集作業に特別のご尽力をいただき，また，本書の完成を粘り強く待っていただいた株式会社中央経済社の納見伸之編集長に心からの謝意を表したい。

2024年３月

編　　者

目　次

＊注 本書では，企業・団体などの法人名を表記する場合に，原則として「株式会社」「有限会社」「社団法人」「財団法人」などを省略しています。

第1章 流通の役割

本章のねらい

「生産は価値を生み出しているが，流通はコストがかかるだけで，価値を生み出さないので，流通はないほうが望ましい。」

皆さんは，このような意見を聞いたことがありますか？

もちろん，上の意見は無知による誤解の部分が多いのであるが，「無駄な流通を排除して，この低価格を実現しました！」などというキャッチフレーズがあるくらいだから，流通は必要であっても，無駄な部分，非効率な部分があるのも事実であろう。私達は，非効率な流通の部分を改善しながら，より価値のある流通へと導く必要がある。

本章では，「流通とは何か？」「なぜ，流通は必要なのか？」「流通の果たしている役割は？」などについて理解を深めてもらって，冒頭の部分のような誤解が生じないようにしたいと考えている。

Keyword　効用　生産　経済財　商品　経済的懸隔　消費　流通　流通機能　商流機能　物流機能　助成的機能

1　生産と消費

ある日の朝食メニューは，牛乳，マーマレードを塗ったトースト２分の１枚，オレンジ２分の１個，ヨーグルト，マグカップにはいった紅茶であった。これらの生産者やブランド[1]に関心を持って，台所に入って，見てみた。牛乳だと思っていたものは，「低脂肪乳」（トップバリュ，イオンのPB）であった。マーマレードは，「ざくざくオレンジマーマレード」（明治屋）。トーストは「ダブルソフト」（山崎製パン）。紅茶は「Lipton紅茶」（ユニリーバ・ジャパン）。ヨーグルトは「明治ブルガリアヨーグルト」（明治乳業）。オレンジには「Sunkist®」という刻印があった。

Sunkistオレンジは，カリフォルニア州でとれた果物であるから，貨物船でアメリカから日本に運ばれ，検疫などを受けてから日本国内に入って倉庫に保管され，そこから全国に配送されたのではないだろうか。

山崎製パンの「ダブルソフト」は，パン工場で製造され，朝早く工場からスーパーに配送されたのだろうと推測される。「ダブルソフト」については，TVコマーシャルを見たこともあった。

図表１－１に示されているように，経済システムは，生産，流通，消費から構成される。

我々が朝食を食べるという行為は，経済活動なのだろうか？

「ダブルソフト」が工場で製造されるというのは，生産活動だと考えられるが，その経済主体である山崎製パンが行うTV広告は生産活動なのだろうか？つまり，ある経済主体は生産，流通，消費の１つだけの活動に専念しているも

［図表１－１］　経済システム

経済システム		
生産	流通	消費

のなのだろうか？　また，なぜ食パンに「ダブルソフト」という名称をつけるのか？

また，配送とか保管というのは流通活動のように思えるが，流通活動はそれだけなのか？

朝食という生活シーンを考えても，ちょっと興味を持つと多くの疑問が出てくる。「流通論」はこのような疑問に答えてくれる学問である。

(1) 生　産

生産，流通，消費という用語を説明するために，「効用（utility）」という概念を用いることが多い。効用とは，消費者の欲求を充足させる性能のことである。

① 生　産

生産とは，効用を作り出す経済活動のことを意味している。生産によって生み出されたものを形態的効用と呼んでいる。黒板も板書をしたいという欲求を満たす性能を持っている。これが黒板の形態的効用である。

② 経済財

効用を持つものを財と呼ぶ。この効用に希少性がプラスされたものを「経済財」と呼んでいる。黒板も無限にあるわけではないので経済財である。

現代の日本のようにモノが余っている時代においては，この希少性の価値が高まってきている。

「限定○○個」と表現するだけで価値が大きくなったと理解する人もいるし，アメリカの古着（たとえばジーンズなど）がビンテージものと呼ばれて，その希少性に価値を見出した人が数万円～数十万円で購入している。そのため，売り手は希少性を演出しようとしている。ジッポのライターなどがよくやっているように商品にシリアルナンバーをつけるというのもその方法の１つである。

ROMANÉE-CONTIという極めて高いフランスの赤ワインがある。この赤ワインは貴族に愛されたという歴史もあるが，ロマネ村のコンテ侯爵の畑でとれたぶどうで作ったワインという意味をもっている。コンテ侯爵の畑は決して広いわけではない。そのため，ROMANÉE-CONTIは年間で１万本程度しか生産できない。この希少性のため，世界の豊かな人々から需要されると極めて高い価格になるのである。

また，予想される需要量よりも意識的に少なく供給して希少性を演出するという方法もある。このように現代においては，希少性の演出が価値を高める効果的方法の１つと考えられている。

③ 商　　品

経済財に市場性が加わったものが商品である。市場性とは，需要があり，合理的採算にもとづく経済的取引の対象となりうることである。よく「売れない画家」という表現が使われるが，その画家の作品は人々に「癒し」を提供しているかもしれないし「感動」を提供しているかもしれない。その作品はこの世に１枚しかないので，希少性が非常に高いのだが，その作品を購入しようとする人がいなければ，つまり市場性がなければ商品とはならないのである。

それでは，空気は商品になるだろうか。

もちろん，酸素を含んでいる空気がなければ我々は生存できないので，空気は我々の欲求を満たす性能を持っているが，幸いなことに空気は自然が作り出してくれているので希少性がないために，商品にはなりにくい。

しかし，この希少性を演出すれば商品になることもある。かつて「アルプスの缶詰」というものがあった。アルプスの清新な空気の中で缶詰を作ったので，ラベルにはアルプスの山々の写真が印刷されていた。中身は何もない。缶詰を開けた瞬間にアルプスの清新な空気が吸えるというものであった。これは成功しなかったが，早稲田缶（早稲田大学の空気と若干の砂と石ころが入っている）は予備校生に売れた商品だったし，沖縄の石垣島の「星の砂」はその希少性ゆえにいろいろな商品になったことがある。もちろん，酸素は商品となっている。

また，あらかじめ取引を目的とする生産を「商品生産」と呼んでいる。自宅のベランダで家庭菜園を作って，そこでトマトを栽培し，収穫しても家族で食べるのであれば商品生産とは呼ばない。水耕栽培で１年中トマトを栽培し，収穫し，市場に出荷したり，小売店に販売しているのであれば，これは商品生産である。

商品を英語では，しばしばgoods and serviceと表記する。これを「製品とサービス」と訳したりしている。その意味からすると，商品は製品よりも広い概念といえるかもしれない。

⑵　消　　費

消費は，効用を減少させたり，破壊することによって欲求を充足させる経済活動であるといわれている。自動車や家具など使用期間の長い耐久消費財は，商品を破壊するわけではないので，使用することによって効用を減少させていることになる。それによって，目的地まで快適に輸送したり，くつろいだりするのに使っている。車を運転すると効用を減少させる。それ故に中古車は効用が減少しているので，その分，安いのである。ただし，希少性のあるクラシックカーは別である。

一方，食品や飲料のように我々が食べたり，飲んだりするものは非耐久消費財と呼ばれており，食品や飲料水の成分を咀嚼（そしゃく）・吸収してしまうので，効用を破壊するとも表現できる。それによって，我々は空腹を満たしたり，のどの渇きを癒したりしている。

したがって，朝食にパンを食べるのも，車を運転するのも，消費という経済活動なのである。

⑶　経済的懸隔（けんかく）

生産と消費については，効用概念を使って説明した。この生産と消費が同一経済主体によって行われる（生産者＝消費者）自給自足経済では流通は必要とされない。つまり，自給自足経済は生産と消費によって構成されているのである。

しかし，自給自足経済が崩壊し，生産者と消費者がイコールでなくなると流通が必要になってくる。

それでは，なぜ，自給自足経済は崩壊したのだろうか。

①　社会的分業と流通

エピソード的に自給自足経済が崩壊し，商店が誕生するまでを簡単に見てみよう。

昔々，ある人々は，「麦」と「塩」と「つぼ」と「くわ」を作って暮らしていた（自給自足経済）。

そのうち，「つぼ」を作るのが得意な家と「麦」を作るのが得意な家が出てきた。そこで「つぼ」を作るのが得意な家は「つぼ」をいっぱい作って，余った「つぼ」（余剰物）を他の家の余った「麦」と交換するようになった（物々交換）。

次第に，人々は自分の得意なものだけを作ることに専念し（社会的分業），余剰物を交換して生活するようになった。

そのうち，ある人が他の地域で「魚」というものがあり，それがとても美味しいと聞いたので，余った「つぼ」を持ち，魚と交換に出かけた。このようにして，他地域との物々交換が始まる。しかし，他地域との物々交換はなかなか難しいものだった。なんといっても，物々交換したい人を探すのが大変だった。また，「つぼ」１個と「魚」何匹を交換するのかを決めるのが難しかった。

そこで，物々交換したい人は，定期的にある場所に集まって，そこで余剰物を交換するようになった（市（いち）の成立[2]）。そして，徐々に場所と日にちを決めるようになった。

市では，ものの見張りをしていなければならないし，他に行って欲しいものを探さなければならない。その上，同等の価値を見出すのが大変だった。そこで貨幣[3]が登場する。

貨幣が登場し，便利になったが，交換に出かけるのが大変な人たちもいる。

そこで，各地域で余剰物を購入し，他の地域でその余剰物を販売する行商人が出てくる。

そのうち，ある程度の人口の集積ができると，そこに商店が出現するようになる。

このように「余剰物」−「物々交換」−「市」−「貨幣」−「行商人」−「商店」という順番に歴史的に登場してくる。

したがって，社会的分業が起こると取引が生じ，流通が生じることになる。現代は，社会的分業が高度に発展しているので，取引のない社会は考えられない。我々が生活している市場経済社会では，毎日，それぞれが何回も取引をして生活している。

②　経済的懸隔

社会的分業が高度になるほど，生産者と消費者の隔たりは大きくなる。このことを人的懸隔と呼ぶ。人的懸隔は，生産者と消費者が異なるという意味であるが，その他に，生産者が消費者の欲求やニーズがわからなくなるという意味と，消費者が生産者の生産している商品への知識が不完全になっていくという意味もある。

「社会的分業が高度になるほど，生産者と消費者の隔たりは大きくなる」という表現には，分業が高度になるほど，生産者は消費者のニーズを理解できなくなり，消費者は商品についての知識が不十分になりがちであるという意味が含まれている。

また，生産する場所と消費する場所が異なることを場所的懸隔という。我々が朝食にアメリカで収穫されたオレンジを食べるように，また，中国で生産されたシャツを着るように，世界中から商品や原料を輸入して我々は生活している。そのため，場所的懸隔はますます拡大している。

さらに，商品を生産する時期と消費する時期が異なることを時間的懸隔と呼ぶ。秋に収穫する米を我々が１年中食べるとすれば，まさに時間的懸隔があることになる。現在は，冷凍技術が高度になってきているので，商品を冷凍保管しておいて，需給状態に合わせて，商品の価値が高い時に出荷するという方法も定着してきたので，時間的懸隔も拡大基調にある。

このような生産と消費の隔たりを経済的懸隔と呼ぶ。この経済的懸隔が生じたままでは，円滑な経済生活ができないので，これらの懸隔を架橋する活動が必要となる。それが流通活動である。

2 流通機能

(1) 流　通

流通とは，生産と消費の間の経済的懸隔を架橋して，価値を高める経済活動である。人的懸隔を架橋することによって，所有的効用が生まれるといわれている。朝食用にパンを食べたくても，それを製パン会社が所有している限り，消費者はパンを食べて欲求を満たすことができない。流通活動によってパンが消費者に渡ることによってパンの価値は高まるのである。もちろん，そのためにはパン工場から，たとえばスーパーまでパンを運ばなければいけない。これが場所的懸隔の架橋となる。これによって場所的効用が生じるといわれている。実際には，その後，スーパーの店頭にきれいにパンを陳列して，価格をつけるなどの活動が必要となる。

また，時間的懸隔を架橋することによって時間的効用が生じる。

流通活動によってこのような効用が生じるので，商品の価値が高まるのである。「流通は何の価値も生み出さない」という誤解は，この点の理解が欠けているからである。

実態面から見ると，流通は生産者から消費者あるいは使用者までの取引の連鎖ということもできる。これは，流通の本質を所有権の移転に求める伝統的な見方に依拠している。

(2)　流通機能の分類

流通活動には，多様なものがあることが想像できたと思うが，流通に固有であり，典型的な流通をとりあげたら必ず含まれる活動を流通全体の目的達成に対する貢献という基準で分類したものが流通機能である。

心臓の活動は，ドキドキという鼓動であろう。しかし，心臓は人間の生命維持という全体の目的のために，血液を体内に循環させている。これが心臓の機能である。活動は「はたらき動くこと」（『広辞苑』）で具体的行動を意味すると考えられるが，機能は「相互に連関し，全体を構成する各因子が有する固有な役割」（『広辞苑』）と説明されるように役割に似ている概念である。

この流通機能は，今日までさまざまに分類されてきている。ここでは次のように分類しておく。

①　商流機能（需給接合機能）

これは，人的懸隔の架橋に貢献する流通活動全体を意味している。主な活動には，次のようなものがある。

a)　マーケティング・リサーチ

ターゲットとする消費者のトレンド，市場状況，ニーズ，不満などを２次データあるいは１次データ[4]によって整理・分析する活動である。

１次データを取得するための調査としては，アンケート調査，面接調査，グループインタビュー[5]が代表的なものだったが，最近ではインターネットでのアンケート調査が素早い調査結果の取得と素早い集計のメリットから徐々に多くなってきている。その他に，ネット上の書き込みを分析して消費者ニーズを明らかにする努力がなされたり，家庭を訪問して，親の許可を得て，子供の部屋の写真を撮るという調査もあった。各種の調査をしながらターゲットとする消費者のニーズを探ろうと企業は努めている。

b)　製品開発・管理

新しい技術あるいは既存の技術を用いて，マーケティング・リサーチによって把握されたターゲットのニーズを充足させる製品の開発を行うことが中心である。開発された試作品は，市場に出される前に，一部の消費者に実際に使用してもらったり，食べてもらったりして，彼らの意見・評価を聞いて，市場に出すのを諦めたり，さらに改善したりする。そして，新製品として市場に出す事が決まったら，需要予測，生産計画，ブランド設定，価格設定などをする必要がある。

同時に製品の幅（製品の種類数）と深さ（品目数）を管理しなければならない。また，既存のブランドの価値を維持したり，高めるための戦略も立案することがある。

c）　コミュニケーション

株主へのコミュニケーション，取引先とのコミュニケーションなどもあるが，ここでは主に顧客に対するコミュニケーションを対象としている。そのため，各種広告，セールスパースン活動，パブリシティ[6]，懸賞・ノベルティ（会社名，商品名，ブランド名などを入れて配布する贈呈用の粗品）などの販売促進活動が含まれる。広告は，かつてよりマスコミ４媒体と呼ばれるテレビ，ラジオ，新聞，雑誌が中心であったが，2004年度に，インターネット広告費がラジオ広告費を追い抜き，その後，雑誌広告費，新聞広告費を追い抜き，今では，テレビ広告費の次がインターネット広告費である。

広告活動だけを考えても，広告予算を年間いくらに設定するか，どのような媒体にどのくらいの広告を出稿するか，どのような内容にするかなどを決めていく必要がある。

d）　取　　引

最終的なターゲットとする顧客との取引を円滑にするために，どのような経路を経て，どのような条件で取引をするのかが主な内容となる。

最終消費者が消費する消費財については，日本では，メーカーから卸売業を経て小売業に販売され，小売業から消費者が購入するという流通の仕方が，流通量では最も多い。しかし，メーカーから直接，小売業者へ販売する流通の仕方も徐々に増えてきており，また，さまざまな通信販売（カタログ通販，新聞通販，テレビ通販，ラジオ通販，雑誌通販，インターネット通販，携帯通販など）が成長してきている。

大学教育では，a)は「市場調査論」とか「マーケティング・リサーチ論」という名称で，b)は「製品戦略論」とか「ブランド戦略論」という名称で，c)は「広告論」とか「プロモーション論」という名称で，d)は「マーケティング・チャネル論」とか「チャネル戦略論」という名称で，それぞれ講義されることがある。つまり，マーケティング論の各論であるから，商流機能の内容は，マーケティング・マネジメントの内容とほぼ同じであるといえるかもしれない。個々の企業のマーケティング活動が総合されて，マクロ的に見ると商流機能の遂行となるのである。

②　物流機能

これは，場所的懸隔と時間的懸隔の架橋に貢献する流通活動全体を意味している。主な活動には，次のようなものがある。

a)　輸　　送

商品を物理的に移動させる活動である。輸送には，自動車輸送，鉄道輸送，海上輸送，航空輸送がある。また，これら輸送手段の組み合わせを上手に行って輸送されることもある。現代の輸送の中心は自動車輸送であるが，サービスの向上とコスト削減が求められている。

b)　保　　管

生産されたものを需要があるまで，品質を劣化させずに保管する活動である。同時に，在庫の保管は需給調整の主な手段ともなっている。もちろん，情報化が進展するにつれて，素早い受発注情報の授受と素早い配送が需給調整手段として重要になってきている。

c)　標 準 化

農産物の規格（たとえば，L，M，Sなどというサイズの規格とか一等級，二等級という品質の規格）などを標準化という。この活動は，輸送・保管を容易にするとともに取引も容易にする。

この他に，物流機能に含まれる活動として，「荷役（にやく）」や「包装」をあげる場合もある。

この機能は，極めて重要になってきているので，大学教育で力を入れるべき分野で，「物流論」「ロジスティクス論」「サプライチェーン・マネジメント論」という名称で講義されている。本書では，第11章と第12章で説明する。

③　助成的機能

これは，経済的懸隔全体の架橋に貢献する流通活動全体を意味している。主な活動には，次のようなものがある。

a）　流通金融

流通の経済主体が取引をするために必要な資金を融通することである。より具体的には，運転資金と設備資金である。運転資金は，商品の仕入れ，取引先に対する信用の供与，人件費などの営業費の支払いなどに充てられる。通常は，この運転資金は金融機関から借り入れることが多い。特に，需要の季節変動や有利な仕入れの機会の利用による一時的在庫の増加に応ずる資金などは金融機関から調達することが多い。新しい配送センターを作るとか新社屋を作るといった設備資金は，自己資本または社債などの長期借入金による場合もあるが，金融機関から長期融資を受けることも多い。

b）　流通危険負担

流通の経済主体が，取引契約に伴う危険や流通のための諸施設に生ずる危険を負担することである。

たとえば，ある国から大量の牛肉を購入した後で，その国の肉牛から狂牛病が発見されたりしたら，その輸入した肉は販売できずに焼却しなければならないだろう。このように原料を購入し，加工して販売するビジネスや商品を仕入れて販売するビジネスには常に危険が伴っているのである。

また，保管中あるいは輸送中の商品や店舗などの流通施設が，事故，地震，火災などによって被害を被る危険も常にあるし，さらには貸倒れなどの取引相手の背信行為もあるかもしれない。

このような危険に備えるために，流通の経済主体は，情報を収集し，時には

流通コラム①　商品取引所と掛繋取引

商品取引所は，商品取引所法に基づいて，商品または商品指数の先物取引を行うことを目的として設立されたものをいい，東京穀物商品取引所など7つの商品取引所がある。商品取引所で取引される商品は，上場商品と呼ばれ，農産物（小豆，一般大豆，とうもろこし等），畜産物，水産物，砂糖，繭糸，アルミニウム，ニッケル，貴金属，石油などの現物商品及び商品指数が上場され，取引されている。

商品取引所では，先物取引が行われている。先物取引の中ではわかりやすい現物先物取引をみてみよう。現物先物取引は，「当事者が将来の一定の時期において，商品およびその対価の授受を約する売買取引であって，当該売買の目的物となっている商品の転売または買戻しをしたときは，差金の授受によって決済できる取引」である。

たとえば，私が2012年9月に，コーヒー生豆のアラビカ種，69kgを11月限，18,500円で購入したとする。私は，11月末までに実際に18,500円を支払って，69kgのコーヒー生豆を受け取ってもいいし，あるいは，それまでに売って（転売）もいい。この場合（もしも，私が9月に19,350円で売ったら），その差額の850円（実際にはこれから手数料が引かれるが）を受け取ってもいい。これを差金決済と呼んでいる。

商品取引所で先物取引をする目的は，もちろん，差金取引で利益を得ようとする人もいるが，相場変動の危険を避けて，一定の事業利益を確保する目的で利用する法人も多い。これが掛繋取引（hedging）である。この取引が成立するためには，現物市場と先物市場が並行することが必要である。

たとえば，2012年9月にコーヒー生豆を1,000トン購入する契約をした商社は，実際に輸入し，インスタントコーヒー加工業者に販売する12月にコーヒー生豆が何円で取引できるかわからないので，先物取引市場で12月限の価格をみて，引き合うと思えば，8月に直ちに売りつける。これが売繋という掛繋取引の一種である。そして，12月になったら，実際のコーヒー生豆を売って，先物市場では買い戻すのである。

信用調査なども行って，慎重な取引態度で取引を行うことが最も大切になる。一般的には，必要に応じて火災保険や損害保険に加入するということになるが，その他に，相場変動の危険にさらされている生産者や商業者が商品取引所を活用して「掛繋（かけつなぎ）取引」をすることも流通危険負担活動に入る。

大学教育では，「金融論」や「保険論」がこれらの活動に関連しているが，それぞれが学問的に進化しているので，それぞれの学問の一部が関係しているという状態にある。

(3) 流通機能の重点

流通活動については，たとえば，「小分け」活動[7]のようにかつてはなかった活動がいろいろと出てきている。新たな機器の開発，情報化社会の進展など新たな環境の変化は，新たな流通活動を必要としてきた。

しかし，流通機能の分類については，1922年のF. E. Clarkの分類[8]以降，それほどの変化はないといえよう。そのため，流通機能を誰が担当するのかという問題を別にすれば，ある程度不変であるといえるかもしれない。

ただし，その時代の状況によって，重要な流通機能は異なるのかもしれない。つまり，重点の移動である。たとえば，交通・通信網が未発達で，供給不足の時代であれば，重要な流通機能は物流機能であるだろうし，交通・通信網も整備され，供給過剰の時代になれば，マーケティングが重要になってくるので商流機能が重要になる。現代は，まさにこの状態の中にある。将来，もしも，消費者が何が欲しいのかが明確にわかるようになり，自ら注文し，受注生産の時代が来れば，再び物流機能が最も重要な流通機能になるのかもしれない。

3 流通に期待される役割

流通は，生産と消費の間の経済的懸隔を架橋して価値を高める経済活動であり，実態面から見れば，生産者から使用者ないし消費者までの取引の連鎖であるといえよう。この流通の基本的役割は，需要と供給の調整にあるが，それ以外にも次のようなことが期待されている。

⑴ 効 率 化

流通は，市場経済では必要不可欠であるが，できるだけ効率的であって欲しいという要望は常にある。1960年代後半の経済成長が続いていた時も，生産の生産性は飛躍的に向上したのに消費者物価が上昇したので，生産部門の生産性向上の成果を消費者に伝えられないのは流通部門が非効率であるからだと指摘された。また，1970年代以降の貿易不均衡問題が議論された時には，いつも日本の流通の非効率性が非関税障壁の１つであるとアメリカやイギリスの首脳から指摘された。このように常に，低コスト，高効率での流通が求められている。

そのために，日本政府も流通近代化行政や流通システム化行政を展開した。たとえば，荷物を効率よく輸送するために，商品を一定の大きさの単位にまとめ，その単位に基づいて輸送・保管・荷役などを一貫して行うように努めた。これをユニット・ロード・システムといって，パレチゼーションやコンテナリゼーションが含まれる。

パレチゼーションは，パレットに商品を積み，そのままで，荷役，保管，輸送を一貫して行う方法である。なお，パレットは商品を載せ，一定の大きさに荷物をまとめる台で，フォークリフトのフォークが挿入できるようになっている。これにはいろいろな種類があるため，互換利用ができるようにJIS規格が定められており，T11型（1,100×1,100㎜）とＴ８型（1,100×800㎜）がある。

コンテナリゼーションは，コンテナに商品を積み，コンテナ単位で荷役・保管・輸送を行うものである。高速貨物列車はコンテナリゼーションの１つということができる。

このような各種の規格統一，荷役の機械化を進めたり，トラックターミナルや卸売団地を作るなど各種の工夫をして，物を大量に効率よく輸送できるように行政も後押ししてきた。

さらに，いま，求められているのは，小売業の効率化とか卸売業の効率化ではなく，生産者から消費者までの流通システム全体の効率化である。どこかの部門の効率化が他の部門の非効率によって達成されるような仕組みではなく，システム全体の効率化が求められているのである。そのため，情報システムと物流システムを効率よく結びつけ，なおかつ，製造業，卸売業，小売業が協力できるところは協力し合って，全体のコストダウン，効率化を目指そうとしている。

(2) 需要創造提案

流通システム全体の効率化が求められているが，他方では，流通の担当者である小売業には，新しいライフスタイル提案などの需要創造提案が求められている。流通はどちらかといえば受動的である。生産の変化，消費の変化に対応して流通は変化してきているので，流通は受動的なものと考えられてきているが，小売業の成長，巨大企業化は，受動的役割だけではなく，もっと積極的に需要創造のための提案をすることも求められてきている。

たとえば，アメリカ発の生活スタイルの１つにLOHAS（ロハス）がある。ロハスとはLifestyles Of Health And Sustainabilityの略である。日本では，「健康と環境を志向するライフスタイル」と意訳されている。あくまでも「おしゃれで楽しい生活」が前提だが，健康と環境に関心があり，環境に配慮した商品やサービスを選んで消費する生活スタイルである。あくまでも自分のためというのが前提である。このロハスの影響が衣食住に出てきている。

また，最近では，エシカル（ethical：倫理的，道徳的）という概念が，消費者の行動を理解するために重要であるといわれており，エシカル消費という用語もしばしば使われている。エシカル消費とは，ふだんの買物で社会的にいいもの（企業）を選ぶことを意味しており，これは市民の責任だという考え方もある[9]。

このロハスやエシカルという生活スタイルが日本にも浸透してくると考えたら，小売業はもっと積極的にロハスやエシカルの思想を消費者に伝え，ロハスコーナーなどを展開したりする必要がある。

⑶　社会的責任

流通の担当者である小売業は，消費者が家庭生活をするのに必要な商品を提供してきている。それも消費者が欲する時に，欲する場所で，欲するだけの数量を，欲する品質で，適正な価格で，快適な雰囲気のもとで提供するように努めてきている。

消費者が欲する時に購入できるように自動販売機が用意されたり，24時間営業の小売店も出現してきている。また，家の中でも移動中の電車の中でも購入できるように各種通信販売が発展し，携帯電話でも商品が購入できるようになってきている。夏に売れるスイカも１個でも売られているが，半分でも，４分の１でも販売されている。消費者が求める数量を提供しようとする表れである。品質についても，徐々にいつどこで収穫されたものかといった商品履歴（トレーサビリティ）が表示されるようになってきている。

このように消費者の求めるものに対応してきた流通であるが，その存在が大きくなってきたこともあって，社会的責任を意識するように求められてきている。

たとえば，成長が続くコンビニエンス・ストアであるが，１日に何台ものトラックが数万店に納品に来るのは，店舗周辺の交通渋滞を引き起こすとか，排気ガスが多くなるといった環境問題を生じさせているのではないかとの指摘があったり，自動販売機でタバコや酒を売ることが未成年者の喫煙や飲酒を増加させているのではないかという指摘もある。

また，高齢化社会には，健康で車も運転するという元気な強い消費者だけでなく，店舗まで商品を購入するために出かけるのが負担だという弱い消費者も多く存在する。さらには，「食料品等の日常の買物が困難な状況に置かれている買物弱者」が600～700万人いると推定されている[10]のであるから，買物弱者が負担なく買物ができるような流通システムも求められている。

移動販売車の導入，ネット・スーパーなどの成長がこの問題解決に貢献するかもしれない。そのため，政府も地方公共団体も移動販売などを助成している。

また，2016年６月に「規制改革実施計画」が閣議決定され，住環境を害さない，公益上やむを得ないといった条件をクリアすれば，第一種低層住居専用地域にもコンビニエンス・ストアの出店が許可される見通しになった。このように法的にも買物弱者をバックアップしている。

環境問題，未成年者の飲酒・喫煙問題，高齢化問題，まちづくり問題を流通の担当者も意識して今後，行動することが求められてきている。

注

1　ブランド（brand）は漢字では「商標」と表記される。他の同種商品や類似商品と自社商品を区別するために，また，品質の同一性と責任の所在を明確にするために，自社商品に付ける文字，図形，または記号，またはこれらの結合，またはこれらの色彩との結合のことである。

2　最も古い市は，大和の軽（かる）の市であるといわれている。初めのうちは，椿市など樹木の名のついた市が多い。その樹木の下で市が開かれたようである。久保村隆祐編著（1987）『商学通論』同文舘出版，19頁。

3　貨幣の起源は708年から鋳造の始まった和同開珎（わどうかいほう）であるとされている。久保村隆祐編著，前掲書，19頁。

4　２次データは，既存のデータのことを意味している。１次データは，原データとも呼ばれるもので，自ら新たに調査したデータである。

5　集団面接と呼ばれることもある。たとえば，ある食品メーカーが朝食に関連する新製品のヒントを見つけようとするために行う場合だと，小さな子供がいる30歳代の専業主婦といったように同じ属性の人を10人前後ある部屋に集めて，司会者（グループインタビュアー）が「朝の食事の準備をどのように行っていますか？」などと質問しながら気楽に答えてもらって，その会話の中から，ヒントを見つけようとするために行う消費者調査の一種である。

6　新聞社や放送局などの媒体に対して資料を提供して，商品や企業について有利なニュースや記事などを載せてもらう活動。

7　ダンボールに入った商品を，ケース単位と呼んでいた。かつてはすべての商品がケース単位で配送されていたが，コンビニエンス・ストアはケース単位ではなく，たとえば３個単位で注文し，配送することを求めた。これに応えるためには，配送センターの中で，ダンボールをカッターで開封し，中の商品を１個ずつ出して，保管する棚に一度並べる必要がある。この作業を「小分け」と呼んだ。その後，1980年代後半からはスーパーも多頻度小口配送を求めたので，現在では，商品によっては小分け作業は当然のように行われている。

8　F. E. Clark (1922) *Principles of Marketing*, p.11.

9　エシカルの概念及びエシカル消費については，石鍋仁美「エシカル消費の台頭（上）（中）（下）」『日経MJ』2010年9月6日号，10月4日号，11月1日号に依拠している。

10　総務省行政評価局（2017）『買物弱者対策に関する実態調査結果報告書』によると，買物弱者の定義は明確ではないが，「食料品等の日常の買物が困難な状況に置かれている者」をいうことが多いと説明されており，その数については，農林水産省では，自宅から生鮮食料品販売店舗までの直線距離が500m以上であり，かつ，自動車を保有しない人口が平成22年（2010年）時点で850万人程度（うち，65歳以上人口は380万人程度）であると推計していて，経済産業省では，生鮮三品（青果，鮮魚及び精肉）を取り扱う店舗を中心とした半径500mから1km（高齢者の平均的な徒歩移動可能距離）の円外に居住する単身または二人暮らしの65歳以上の者を推計対象としている。また，内閣府が実施した「平成22年度高齢者の住宅と生活環境に関する意識調査結果」において「日常の買い物に不便」と回答した者の割合（17.1%）に，平成26年の60歳以上の高齢者人口（4,198万人）を乗じ，買物弱者数を700万人程度と推計している。

Working

1　「希少性の価値」を強調している商品や売り方をしている例を2つあげなさい。

2　新聞の一面広告の媒体費（新聞社に支払う金額）を調べなさい。

Discussion

1　「流通はコストがかかるだけで，価値を生み出さないので，流通はないほうが望ましい」という意見に対するあなたの考えを述べなさい。

2　あなたは未成年者の飲酒・喫煙を小売業（たとえば，深夜営業しているコンビニエンス・ストア）が助長していると思うか？　あなたの考えを述べなさい。

第2章
流通の主体と客体

本章のねらい

生産者から消費者または使用者までの取引の連鎖を流通と考えると，少なくとも取引の主体と客体（取引されるもの）がある程度明確にならないと流通はわからないのではないだろうか。

客体については，あいまいな点が多々あるような気がする。たとえば，我々が日常使ったり，食べたりしている商品はどのように分類されているのか？　企業が事業遂行のために使っている産業財にはどんなものがあるのか？　取引の対象というのはどこまでをいうのか？

アイディアは取引の対象になるのか？　どんなサービスが取引の対象になるのか？

このような点を整理するのが，本章のねらいである。

Keyword

取引数単純化の原理　情報縮約・整合の原理
集中貯蔵の原理　アイディア　サービス
ビフォアサービス　アフターサービス　消費財
産業財　最寄品　買回品　専門品　非個性的商品
個性的商品

1 流通の主体

(1) 流通と商業

生産者から消費者または使用者までの取引の連鎖が流通であるから，生産者，卸売業者，小売業者，消費者，運送業者，倉庫業者等々がすべて流通の主体になりうる。

ただし，生産者は生産の主体であり消費者は消費の主体であって，流通の主体は商業者（ここでは便宜上，卸売業者と小売業者と考えておく）であるという考え方もある。つまり，生産者も消費者も取引をするのであるが，取引を専門にしているわけではないので，取引を専門にしている業者が流通の主体であるという考え方である。主体を，中心的役割を担うことと考えるとこのように解釈することもできる。この考え方に従えば，生産者と消費者は，それぞれの事情によって流通の役割の一部を担ってきていると考えられる（**図表2-1**）。

消費者の一部は，生活協同組合の活動の中で生活用品を経済的に入手するために生協スーパーを展開したり，共同購入活動をしている。その部分が流通活動と考えられるのである。また，生産者は農業協同組合や漁業協同組合を作って，その出荷組合が市場に出荷したり，小売業者に販売したりしている。

これらの生協，農協，漁協などの協同組合は，中小商工業者，農業者，消費者など経済的に弱い立場にあるものが，相互扶助の精神から組織する組合である。ここでは生協について少し詳しく見てみよう。

［図表2-1］ 流通の担当者

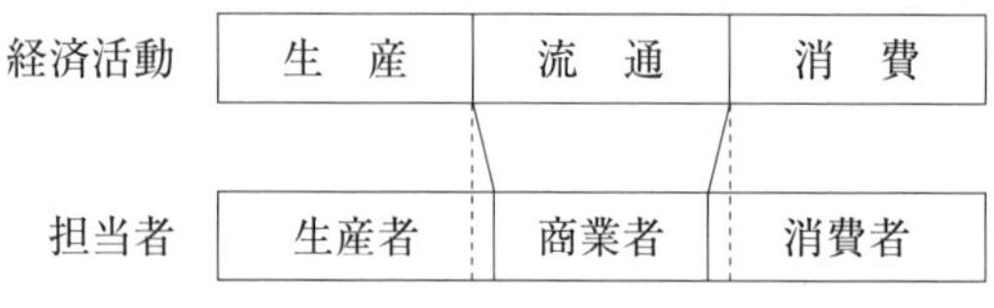

経済活動	生　産	流　通	消　費
担当者	生産者	商業者	消費者

消費生活協同組合（生協）は，消費生活協同組合法に基づき，生活用品の購入や医療などのサービスの利用をなるべく経済的にするために組織された協同組合である。この生協は，一定の地域を単位とし地域住民が組織する地域生協と，造船所や鉄工所などの工場，事務所などの従業員が組織する職域を単位とする職域生協，及び大学や学校法人の教職員及び学生によって組織される大学・学校生協に分けられる。生活用品の購入については，食料品や日用雑貨など最寄品に重点を置き，店舗はスーパーマーケットの形式をとっているものがほとんどである。

日本生活協同組合連合会による[1]と，2021年度の日本の生協の数は564生協で，生協組合員数は，3,017万人，総事業高は，約３兆7,692億円となっている。そのうち，地域生協は，会員数2,332万人で，総事業高は，約３兆1,832億円となっている。このうち，店舗での供給高が約9,237億円となっており，店舗数は938店舗である。生協の総事業高・組合員数は2010年と比較すると，若干であるが，増加しているといえる。

また，消費財メーカーは自社が生産する商品の効用を商業者や消費者に伝えるために流通過程に参入したり，あるいは計画的に販売するために流通過程に参入してきている。

たとえば，家電メーカーの多くは，家電系列店（例：パナソニックのパナチェーン）をもっている。歴史的に見れば，新しい家電製品，たとえばテレビが市場にでたとき，小売店が，テレビの操作説明をしたり，あるいは効用を説明したり，製品保証をするために故障した場合の修理技術を習得しなければならないが，小売店だけの力ではできないので，メーカーが製品知識や製品の効用を教えたり，修理技術を教えたりする必要があったのである。そのような知識提供をしたり，小売経営の支援をしたりして，それが結果的に各家電メーカーの系列店になっていったのである。当初から，いわゆる系列店を作ろうとしていたわけではなく，結果的にそのようになったのである。

資生堂も消費者に正しい化粧の知識を提供しようという意図が，全国の高校を訪問して化粧の仕方を教えたり，百貨店や有力小売店に美容部員を派遣したりしたのである。それが，結果的に，資生堂化粧品だけを取り扱う卸売業者である資生堂の販売会社を各地に設立し，全国に資生堂チェーン店（資生堂と契約をした小売店）を形成することにつながっていくのである。もちろん，資生堂もパナソニックも，既存小売業者の極端な安売り競争に悩んで，流通過程に参入してきたという側面もある。

以上のように，流通の担当者を中心にみれば，本来の流通の主体である商業者以外にも生産者や消費者も流通活動を担うようになってきていることがわかる。

また一方で，生産の担当者を中心にみれば，生産者だけが生産しているわけではなく，商業者も一部の商品の生産に関わっている。例えば，第1章で出てきた明治屋は小売業を営んでいるが，Myジャムの生産もしているし，生活協同組合も多くのCO-OP商品の生産に関与している。

流通の中心的主体は商業者であるが，取引の連鎖と考えれば，ほとんどの経済主体が流通の主体になっているといえよう。

(2) 商業が介在する理由

前項でほとんどの経済主体が流通の主体になれると述べたが，それでは取引を専門にする商業者が，生産と消費の懸隔を架橋する意味はあるのだろうか。商業者とは，生産者や消費者からは独立しており，財をみずからは生産せず他から購入して他に販売することによって利益の獲得を目指す経済主体である[2]。

流通の連鎖におけるパターンの中で，商業者が介在しない流通を直接流通，商業者が介在する流通を間接流通という。現実の流通では，直接流通は少なく，間接流通が多いだろう。また間接流通の場合，商業者は卸売業と小売業のように複数の段階に分かれることが多い。

商業者は生産と消費の懸隔を架橋するとはいえ，その活動に費用はかかり，また利益を求める。商業者の存在によって商品の販売価格は高くならないのだろうか。実は，商業者が介在するほうが流通全体に係る費用は節約される場合がある。流通費用の節約は，3つの考え方から説明される[3]。

①　取引数単純化の原理

少ない商業者で介在できると，介在したほうが，介在しない場合に比べて，流通全体の取引数が節約されるためである。**図表２－２**をみよう。全ての生産者と消費者が取引を行う場合，商業者が介在した間接流通のほうが，直接流通に比べて，それぞれを結ぶ線の数が減っている。図表の場合，取引総数が５×５＝25から５＋５＝10になる。ただし，商業者が多くなれば，その節約の効果は減少していく。

［図表２－２］取引数単純化の原理

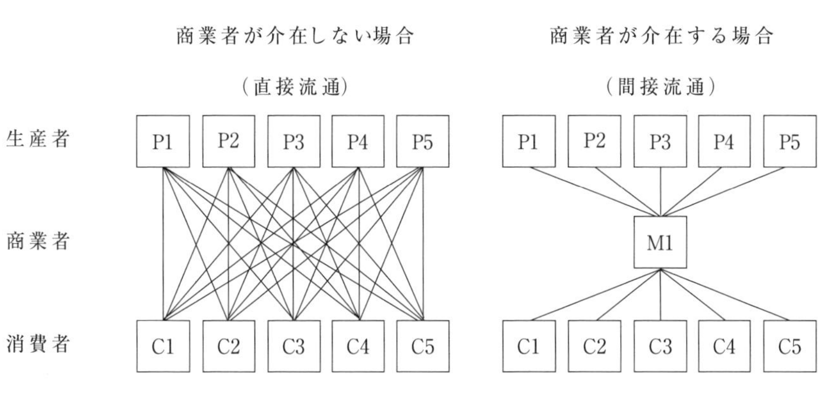

出所：田村正紀（2001）『流通原理』千倉書房，p.87に加筆。

②　情報縮約・整合の原理

商業者が介在したほうが，介在しない場合に比べて，生産者と消費者の探索や交渉の活動を効率化できるためである。その理由は，商業者は多くの生産者の商品を品揃えしているため，消費者は多くの情報を一度に集めることができるし，生産者は多くの消費者から選択される可能性があるためである。また，商業者の品揃えの価格は，その周囲の市場における生産者と消費者の需要と供給を反映したものとなるため，生産者と消費者の価格探索を円滑にする。

③　集中貯蔵の原理

商業者が介在し，商業者が集中して在庫を持った場合のほうが，商業者が介在せずに生産者個々が在庫を持った場合より，流通全体の在庫量が節約されるためである。理由は，異なる生産者の商品であっても同種の商品であれば，商品間の代替性が一定程度は働くためである。多数の生産者の商品を持つ商業者は，生産者個々の在庫の総和よりも，在庫量を節約できる可能性がある。

以上のような３つの場合，少ない商業者で生産者と消費者を介在できる場合，商業者が生産者と消費者の情報をうまく縮約できる場合，あるいは商業者が在庫量を削減できる場合，流通全体の費用が節約できるのである。

(3)　商業者数の推移

それでは，商業者数の推移を確認しておこう。**図表２-３**は，商業者の全ての事業所を対象にした商業統計および経済センサスにおける小売業者と卸売業者の事業所数の推移である。

小売とは最終消費者に対する販売あるいは家計目的による買手に対する販売を意味し，小売業者というと主に小売をしている事業者ないし個人を意味している。卸売とは，最終消費者以外に対する販売あるいは事業目的や利益動機による買手に対する販売を意味し，卸売業者というと主に卸売をしている事業者を意味している。

小売業者の事業所数は，1982年が最大の172万事業所であったが，その後，減少を続け，2021年には88万まで減少している。卸売業者の事業所数は1991年が最大の48万事業所であったが，2021年には35万まで減少している。

［図表２-３］事業者数の推移　（単位：万）

	1982	1985	1988	1991	1994	1997	1999	2002	2004	2007	2012	2014	2016	2021
小売業者	172	163	162	159	150	142	141	130	124	114	103	102	99	88
卸売業者	43	41	44	48	43	39	43	38	38	33	37	38	36	35

出所：経済産業省「商業統計表」（平成９年版，平成26年版），および「経済センサス-活動調査（事業所に関する集計）」（令和３年版）より作成。

⑷　経済における卸売・小売業の地位

ここでは流通の主な担い手である卸売・小売業が国民経済にどの程度貢献しているのかを確認しておきたい。

①　国内総生産と卸売・小売業

図表２-４に示されているように，卸売・小売業は，2020年で国内総生産の12.7%を占めており，産業別にみると，製造業に次ぐ第２番目のシェアである。このように卸売・小売業は，わが国の経済において一定の地位を占めており，重要な産業になっている。

同時に，**図表２-４**は，わが国の産業構造の変化も示している。産業は16業種に分類されているが，製造業はその中心である。この20年の間，順調に成長しているのは，「不動産業」「専門・科学技術・業務支援サービス業」「保健衛生・社会事業」の３業種である。

［図表2-4］ 経済活動別国内総生産（名目）

（単位：10億円）

	2000年	2005年	2010年	2015年	2020年
国内総生産	535,418	532,516	505,531	538,032	539,082
1．農林水産業	8,127	5,920	5,603	5,564	5,542
2．鉱業	611	411	312	409	382
3．製造業	120,213	114,083	104,980	110,095	107,819
4．電気・ガス・水道・廃棄物処理業	17,563	15,801	14,491	15,391	17,289
5．建設業	35,696	28,777	23,465	27,895	30,809
6．卸売・小売業	69,785	75,181	67,620	70,204	68,731
7．運輸・郵便業	26,123	27,116	25,786	28,496	22,755
8．宿泊・飲食サービス業	16,660	14,390	12,914	12,723	8,950
9．情報通信業	25,182	26,833	25,358	26,616	27,413
10．金融・保険業	26,788	32,358	24,499	23,002	22,662
11．不動産業	57,855	58,783	62,371	64,569	65,782
12．専門・科学技術，業務支援サービス業	29,334	32,898	36,178	42,216	46,965
13．公務	26,973	26,584	25,894	26,393	27,897
14．教育	19,499	19,086	18,670	18,809	19,119
15．保健衛生・社会事業	27,245	30,482	33,831	39,897	44,094
16．その他のサービス	28,043	26,248	23,502	22,599	20,173
小計	535,697	534,951	505,472	534,876	536,382
輸入品に課される税，統計上の不突合など	▲279	▲2,435	58	3,156	2,700

出所：内閣府「2021年度国民経済計算（2015年基準・2008SNA）」より作成。

②　就業者数と卸売・小売業

産業別就業者数のデータが**図表２-５**に示されている。2020年の日本の就業者総数は約6,701万人でそのうち卸売・小売業への就業者数は1,062万人で全体の15.8%を占めている。主な産業別にみると，製造業を抜いて第１位の地位にある。

このように就業者にとっては，卸売・小売業は極めて重要な産業になっている。国内総生産の推移とともに見れば，それだけ卸売・小売業は労働集約的産業であるともいえよう。

ただ，この間の推移を見ると，卸売・小売業への就業者数も製造業への就業者数も大きく減少している。増加しているのは，「その他」である。この統計には示されていないが，大きく伸びているのは「医療・福祉」である。2020年には867万人が就業している。2010年に比べて約200万人増加している。

[図表２-５]　産業別就業者数

（年平均，単位：万人）

年	合計	農林漁業	鉱業	建設業	製造業	卸売・小売業	金融保険，不動産業	その他
1995	6,457	367	6	663	1,456	1,449	262	2,254
2000	6,446	326	5	653	1,321	1,474	248	2,419
2005	6,356	282	3	568	1,142	1,084	258	3,019
2010	6,298	255	3	504	1,060	1,062	273	3,141
2015	6,401	229	3	502	1,039	1,058	274	3,295
2020	6,701	213	2	494	1,051	1,062	307	3,581

出所：各年の総務省統計局『労働力調査』より作成。

2　広義の商品

取引の客体は**図表２-６**に示されている広義の商品である。

流通コラム②　小売業とは

小売とは，最終消費者に対する販売，あるいは，家計目的による買手に対する販売である。その小売を主な事業としている企業・人が小売商あるいは小売業者である。ここで「主な」という意味は，商業統計上は売上の５割以上という意味である。したがって，売上高の５割以上が小売であれば，小売業となる。また，事業主体に「人」が入っているのは，小売業では個人商店があるからである。

それでは，次の①～⑤は小売業に分類されるのであろうか？

① マクドナルド
② 小僧寿し
③ インストアベーカリー
④ レンタルビデオ店
⑤ 自動車のディーラー

マクドナルドは小売業ではなく飲食店である。しかし，小僧寿しは小売業に分類されている。なぜだろうか？　実は，購入したハンバーガーを５割以上の人が店内で食べるのであれば飲食業になり，もしも５割以上の人が持ち帰りであれば，料理品小売業となる。そのため，小僧寿しは料理品小売業に入るし，持ち帰り弁当店も同様に小売業に入る。

自動車のディーラーは現在，主に小売業に分類されているが，もしもタクシー会社への販売や企業への販売が売上高の５割以上であれば卸売業に分類される。

それではレンタルビデオ店のTSUTAYAは小売業であろうか？　売上高の５割以上が消費者への物品販売であれば小売業であるが，TSUTAYAは売上高の５割以上はレンタル代金であると思われるので小売業ではなく，サービス業に分類される。

インストアベーカリーは店内で，パンを焼いて（加工して），販売している。つまり，加工という製造をし，販売（小売）もしているのである。これは製造業だろうか，あるいは小売業だろうか？　日本では製造小売業という言葉があり，これは小売業に分類されている。そのため，豆腐の加工販売，和菓子やケーキの加工販売も製造小売業として小売業に分類されている。したがって②③⑤が小売業である。

［図表2-6］　広義の商品

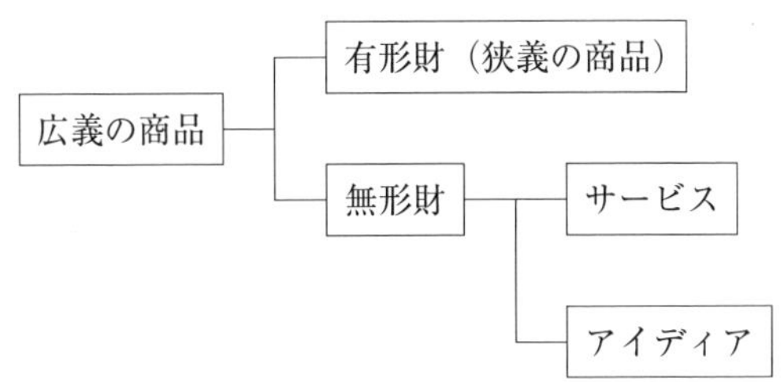

(1) アイディア

サービスとアイディアは，形のない商品である。アイディアは，「観念。考え。構想。」（『広辞苑』）と解釈されているが，取引の対象となるアイディアは，特許権（特許を受けた発明を独占的に利用しえる権利のこと）とか新たに開発されたコンピュータ・プログラム，登録商標等である。

(2) サービス

「service」という単語を『ランダムハウス英和大辞典』で引くと，「役に立つ働き，奉仕」という意味の他に「公益事業」「アフターサービス」「もてなし，客扱い」「公的勤務」「軍務」「礼拝」など多様な意味があることがわかる。各種専門用語辞典を引いても，書いてある内容はそれぞれ違う。

ここでは取引の客体としてのサービスを対象としているので，有料である事が前提となる。そのため，「奉仕」や「礼拝」は対象外となる。

また，「ビフォアサービス」や「アフターサービス」は取引の客体であろうか。たとえば，眼鏡について考えてみよう。

眼鏡を購入しようかと思って眼鏡店に行って，いろいろと購入前に相談したり，検眼してもらっても，眼鏡を購入しなければ無料である。つまりは，これらの行為はビフォアサービスである。また，眼鏡を購入した後で，フレームがゆがんだり，曲がったりしても眼鏡店は無料で修理してくれるのが普通で，その上，レンズをきれいにしてくれる。これらも無料であって，いわゆるアフターサービスの一環である。

このようにビフォアサービスやアフターサービスは，取引に付随して発生するもので，それ自体が取引の対象となるものではない。そのため，ビフォアサービスやアフターサービスは取引の対象としてのサービスではない。

取引の対象としてのサービスには，たとえば，次のようなものがある。

ⓐ 保　　険　無形財の代表的なものは，生命保険，損害保険（火災保険，地震保険など）である。保険証書があるだけで，正に形のない商品である。

ⓑ 技術サービス　車の修理，靴の修理，クリーニング，美容院，理髪店等が含まれる。

ⓒ 代行業務　株の売買の代行業務（主に証券会社），決済の代行業務（主にクレジットカード会社）や旅行の手配の代行業務（主に旅行代理店）などが含まれる。

ⓓ 輸送サービス　人や物を地理的に移動させるサービスである。電鉄会社，航空会社，運送会社，海運会社などが輸送サービスを提供している。

ⓔ 通信サービス　電話や電子メールが主な内容で，電話会社やプロバイダー会社が主に提供している。

ⓕ 医療サービス　病院・医院がサービスを提供している。

ⓖ 教育サービス　幼稚園，小学校から大学院までの各種の学校法人が主に提供している。

この他にも，ホテル業や経営コンサルタント業などさまざまな取引の対象となるサービスがあるので，このサービスの分類も多様な基準で試みられている。

なお，「教育」や「医療」を他のサービスと同様に取引の対象にすべきではないという価値観はかつてより存在している。「医は算術」も必要であろうが，「医は仁術」（医は，人命を救う博愛の道である）であって欲しいと願う人は多いのではないだろうか。

また，「教育」は「人を教えて知能をつけること」かもしれないが，知識の提供だけではなく，今こそ「全人教育」（知識・技術に偏ることなく，人間性を全面的・調和的に発達させることを目的とする教育）が必要とされているのではないだろうか。

また，サービスの特性としては，次の４つが指摘されている[4]。

ⓐ 無 形 性　形がないということである。ある理髪店で満足すると，他の理髪店に行くのは一種の賭けというか冒険になる。どのようなカットをされるか，どのような顔剃りをされるかわからないからである。つまり，無形であるからサービスの品質が事前にわからないという特性があるのである。

ⓑ 不可分性　生産と消費が同時に行われることを意味している。プロ野球を観戦に行ったときのことを想定してみよう。応援したいチームが勝つかどうか，好きな選手が活躍するかどうかはわからない。まさにそれが無形性であり，変動性である。同時に，試合自体がサービスであるから，サービスの生産と消費は同時に行われることになる。もちろん，選手だけでプロ野球というサービスを形成しているわけではなく観客の応援の仕方によっても消費者の満足度は異なってくる。サービス形成に観客も関わっているのである。その点，観客をサポーターと呼ぶＪリーグ，入場者をゲストと呼ぶディズニーランドはサービスというものをよりよく理解しているといえるのではないだろうか。もちろん，すべてのサービスに不可分性があるというわけではない。

ⓒ 変 動 性　サービスの品質は一定していないということである。プロ野球を観にいっても，応援したいチームが大差で負ける時もあるし、終盤に逆転して勝つ時もあるのである。医療サービスを提供する医師の場合、同じ医師でも、その日の体調や患者の特性によって対応が異なる場合がある。

ⓓ 消 滅 性　サービスは備蓄できないということである。航空サービス

を見るとわかりやすい。乗客が１人でも200人でも定時に飛ばなければならないのである。電車もバスもホテルも同様である。

また，この消滅性や不可分性という特性があるために，生産者と消費者の間に商業者が介在するというケースは有形財に比べれば少ないという特徴もある。

このような特性を持つサービスを専門に取り扱うサービス業は，前節で確認したように国内総生産の中では，すでに製造業以上の地位にある。そのため，サービス業についての知識を豊かにする大学教育もより重要になってきている。今後はますますサービス・マーケティングの研究・教育が必要になってくる。

3　狭義の商品

有形財である狭義の商品は，いろいろな分類基準によってさまざまに分類できる。

(1)　商品の物理的特性による分類

これは商品を単純に固体，液体，気体と分類するものである。

とても単純な分類であるが，企業の製品開発の発想の１つである。つまり，洗濯用の粉洗剤が飽和してくれば，液体洗剤を開発する。風邪薬や胃薬も粉から液体へという動きがある。食品についても，ヨーグルトがあると飲むヨーグルトが出るように，常に固体，液体，気体という発想がある。男性用の整髪料もヘアリキッド（液体），チック（固体），ヘアスプレー（気体），ヘアムース（泡），ワックス（液体と固体の中間）とその物理的特性が時代によって移り変わってきている。

(2)　需要主体による分類

主な需要者が最終消費者である財を消費財（consumer goods），主な需要者が産業用使用者である財を産業財（industrial goods）とする分類方法である。

消費財の分類は次項で行うので，ここでは産業財についての知識を整理しておきたい。

消費財と比較して，産業財の市場特性として，需要の価格弾力性[5]が小さいこと，合理的購買動機，組織的意思決定，購買単位が大きいこと，顧客の少数性と地理的集中性が高いことがある[6]。買手が消費者ではなく，業務用需要者（企業，政府機関，地方自治体，その他の非営利組織体）なので，購買単位が相対的に大きいとか，顧客が集中化しているとか，組織的意思決定であることはわかるし，消費者よりも商品についての知識が多いので合理的購買動機が強いこともわかるが，価格弾力性については必ずしも明確ではない。

この産業財は，さらに資本財（capital goods）と生産財（production goods）に分類されることもある。機械や設備などが資本財で，原材料，燃料，部品，消耗品などが生産財という分類の仕方である。減価償却[7]できるものが資本財，できないものが生産財という分類のようである。

このような産業財は次のⓐ～ⓔに分類されることもある。

ⓐ　主要設備品　マシニングセンター[8]などの各種工作機械，トランスファプレス（金属板などを打抜き，絞り，曲げなどの一連の形成を行う）などの大型プレスなど

ⓑ　付属品　トラック，モーターなど

ⓒ　業務用消耗品　燃料，機械油，文具など

ⓓ　加工用原料　鉄板，綿布など

ⓔ　原材料　綿花，ゴム，鉄鉱石など

(3)　消費財の分類

①　商品の使用期間を基準とした分類

消費財は，耐久性を基準に耐久消費財と非耐久消費財に分類されることがある。

ⓐ　耐久消費財　長期にわたり使用される商品である。自動車，家具，

家電製品，ピアノなどは一般に耐久消費財といわれている。

ⓑ　非耐久消費財　　１回または短期間の使用によってその効用が破壊されたり，消滅する商品である。食品や飲料は代表的な非耐久消費財である。

それでは下着はどちらなのだろうかという疑問が出てくる。下着や食器のようにある程度は使用できるが，まもなく効用がなくなるものもある。そのため，このような商品を半耐久消費財と呼ぶこともある。

②　消費者の購買慣習を基準とした分類

M. T. Copelandは，1923年に消費財の流通の類型化のために消費財を，消費者の購買慣習を基準に３分類した。それが，最寄品（convenience goods），買回品（shopping goods），専門品（speciality goods）である。

ⓐ　最寄品　　最寄品は，消費者の購買頻度が高く，すぐに商品の引き渡しを望むものであり，かつ買い物に際して最小限の努力しか払おうとしない商品である。最寄品の例としては，タバコ，加工食品，石鹼，歯磨き粉などがあげられる。

ⓑ　買回品　　買回品は，商品の購買時に，価格，品質，スタイルなどを比較したい商品で，通常は複数の店舗で比較するものである。買回品の典型例としては，外出用の洋服，メイクアップ化粧品，家具などがあげられる。

ⓒ　専門品　　専門品は，価格以外に魅力を持っている商品で，購買のために特別の努力を払い，その商品が売られている店に出かけて購買される商品である。専門品の例としては，自動車，高級家具，高級装身具などがあげられる。

この３分類は，今日でも使用されるほど用語が普及している。もちろん，気をつけなければいけないのは，消費者の購買慣習を基準にしているのであるから，ある商品に対する購買慣習は消費者個々によって異なるということである。

したがって，ジーンズは最寄品か買回品か専門品かと質問すれば，答えはバラバラになるだろう。

また，同じ牛肉でも普段家族で食べるときは最寄品や買回品でも，来客用に購入する時には専門品かもしれないのである。

このように，この３分類はとてもよく使われているが，同じ商品であっても個々人によって，商品分類は異なるかもしれないし，また，同じ人であっても購入目的によっても異なるかもしれないのである。

この３分類は，1950年代後半から多面的に検討されることになる[9]。特に，商品の選好マップ（商品の好ましさについての消費者の大雑把な順序づけ）と探索性向（買物に際して消費者が商品や店舗を探す努力の程度）の視点からの考察がなされた。そのような研究成果を十分に検討した後で，田村は，この３分類を次のように説明している[10]。

最寄品は，選好マップが弱く，探索性向が低い。買回品は，選好マップが買物の過程で形成され，情報探索性向が高い。専門品は，選好マップが強く，在庫探索性向が高い。

③　消費者の購買動機を基準とした分類

かつて消費の二極分化が話題になった。毛皮のハーフコートがとてもよく売れたのだ。購入者の主役は主婦層だった。そこで，日常はどのスーパーの牛乳が何円安いといって購買先を変えたりしているのに，当時20万円程度したハーフコートがなぜこんなに売れるのかという記事が出たりして，消費の二極分化という言葉も出てきた。学生も，日常の食事代はとても節約しているのに，テニスサークルの合宿のために新しいラケットやウェアを購入したりする。ここでも消費の二極化現象が見られた。

この消費の二極化現象はCopelandの３分類では説明できない。そのため，Walter J. Salmonの２分類法が注目を集めた。

Salmonは，ディスカウントストアの将来展望をするために，消費財を非個性的商品（non-ego-intensive goods：非自我主張型商品と訳されることもある）

と個性的商品（ego-intensive goods：自我主張型商品と訳されることもある）に分類した。消費者が購買に際して，自己の趣味，嗜好，価値観をあまり働かせないで購入する非個性的商品は，必需性の強い商品で，価格に敏感に反応するが，消費者が購買に際して，自己の趣味，嗜好，価値観を働かせて購入する個性的商品は，ファッション性，流行性があり相対的に価格にそれほど敏感に反応しない傾向がある商品である。

Salmonは，非個性的商品は，販売に際して付帯サービスをほとんど必要とせず，回転率の高い量販に適した商品であるが，個性的商品は販売に際して独自のサービスを提供する必要が多いので，前者は総合小売店で販売され，後者は専門店で販売される傾向があると述べている。そして，市場に新製品として投入されたときは，個性的商品でも時間の経過とともに非個性的商品になることが多いし，また，消費生活が豊かになればなるほど非個性的商品は多くなるので，小売業に総合的品揃えを促すように作用するとしている[11]。

しかし，この２分類法は，当初の意図とは異なり，消費の二極分化を説明しやすいのではないかという見方から，引用する人が多くなった。つまり，節約の対象になるのは非個性的商品で，個性的商品には財布の紐が緩むというのである。

④　商品に対する関与を基準とする分類

消費者行動研究の中で，情報処理パラダイムが中心になってから，関与と知識という概念が重要になってきている。前者は，消費者の情報処理への動機付けを規定するものといわれ，後者は，情報処理の能力を規定するものであるといわれている。関与（involvement）は，「こだわり」とか「思い入れ」のことだと説明されることが多い。この関与は，「重要性」とか「関心」に近い概念とも解釈される。一般に，消費者の商品に対する関与が高いほど，情報処理能力の配分量が大きく，情報探索量も多く，想起ブランド数も多いといわれている。逆に，関与が低いほど，情報処理能力の配分量が小さく，情報探索量も少なく，想起ブランド数も少ないといわれている[12]。そのため，商品に対する関与の大小によって有効なマーケティング戦略も異なるということになる。

このように商品に関する関与は，必ずしも商品分類のために開発された概念ではないが，この概念を使って，高関与商品（high-involvement goods）と低関与商品（low-involvement goods）とに２分類することができると考えられる。低関与商品は，消費者にとって，あまり関心もなく，重要でもない，こだわりの低い商品であるから，商品選択に時間をかけずに，価格に敏感に反応することが特徴となる。高関与商品は，こだわりの高い商品であるから，情報収集や商品選択に時間をかけ，自分にとって最適な商品を選択しようとする。そのため，相対的に価格に敏感に反応しない傾向にある。

この関与概念を用いた消費財の分類法は，消費の二極分化や最近いわれている四極分化[13]を説明するのにも有効である。

注■

1　日本生活協同組合連合会のHP「全国生協の総合概況」（https://jccu.coop/about/statistics/　閲覧日2023年10月30日），および同会のニュースリリース資料「全国の生協組合員数は2,600万人を超える」（2011年9月21日）（https://jccu.coop/info/up_files/press_110921_01_01.pdf　閲覧日2023年10月30日）。

2　商業の意味についてはわが国では論争が多かった。再販売購入説，配給組織体説，取引企業説などがある。詳細は福田敬太郎（1973）「商業概念に関する論争」久保村隆祐・原田俊夫編『商業学を学ぶ』有斐閣，12-13頁。

3　田村正紀（2001）『流通原理』千倉書房，80-94頁を参考にした。

4　フィリップ・コトラー著，月谷真紀訳（2001）『コトラーのマーケティングマネジメント（ミレニアム版）』ピアソン・エデュケーション，530-534頁。

5　弾力性とはａの変化率に対するｂの変化率の比であるから，需要の価格弾力性とはａが価格でｂが需要の場合である。つまり，製品やサービスの価格の変化率に対する需要の変化率の比である。

6　久保村隆祐・荒川祐吉（2002）『最新商業辞典［改訂版］』同文舘出版，113頁。

7　土地を除く有形無形の固定資産は使用することにより，また時間の経過とともに減価してゆく。この減価を一定の耐用年数や一定の計算方式によって算出して，投下資本の回収にあてる会計上の手続きを減価償却という。

8　工作物の加工を行うためには，面削り，穴ぐり，施削，穴あけといった多数の加工工程を必要とする。マシニングセンターは，このような加工をする工作機械であるが，工具の自動交換・自動選択装置を備えているので，数値制御によってこれら多数の加工工程を一度に施すことができる。

9　久保村隆祐・荒川祐吉編（1974）『商業学』有斐閣，195-197頁。

10　田村正紀（2001）『流通原理』千倉書房，191-192頁。

11　木綿良行（1980）「チェーンストアの原点を探る―アメリカのチェーンストアの発展に学ぶ―」『流通政策』第2号，84-84頁。

12　日本マーケティング協会編（1995）『マーケティング・ベーシックス』同文舘出版，82-85頁。

13　四極分化というのは，野村総合研究所が行った「生活者1万人アンケート調査」から出てきたもので「日本人の4つの消費スタイル」といわれている。縦軸は価格（高くても良い―安さ重視）で，横軸は関与度（自分のお気に入りにこだわる―特にこだわりはない）で，プレミアム消費（自分が気に入った付加価値にはたとえ高価でも対価を払う），利便性消費（購入する際に安さよりも利便性を重視），安さ納得消費（製品にこだわりはなく，とにかく安いものを求める），徹底探索消費（多くの情報を収集し，お気に入りのものをできるだけ安く買う）という4つの消費スタイルに分類している。『Chain Store Age』2004年，8月1日・15日合併号，15頁。

Working

1　図表2-4，および図表2-5の最新のデータを調べて，卸売・小売業の国内経済に占める地位を確認しなさい。

2　あなたにとっての最寄品，買回品，専門品を2つずつあげなさい。

Discussion

1　注記の13に「日本人の4つの消費スタイル」について説明されている。あなたはこの4分類ではどこに入るか？　また，この4分類は現在も有効だと思うか？　その理由とともに述べなさい。

2　消費財の3分類法（最寄品，買回品，専門品）と2分類法（低関与商品，高関与商品）では，現在，どちらが有効だと思うか？　その理由とともに述べなさい。

第3章
鮮魚の流通

本章のねらい

日本は世界有数の水産および消費国家である。国連食糧農業機関（Food and Agriculture Organization：以下FAO）による調査[1]では，日本の海面漁業漁獲量は，年間375.1万トン（2020年）と，世界第9位の生産量を誇る。

世界的に見ても有数の魚食文化が根付く日本であるが，鮮魚の流通が誕生したのは近代に入ってからである。中世に長崎で漁獲されたマグロが大阪に運ばれ売買されたという記録も実在するものの，そもそも現在のように卸売業者がその流通の中核を担うようになったのは，国家が泰平の世となり，江戸や大阪の巨大消費市場が形成された江戸時代に入ってからといわれている。

本章では，日ごろ食卓や飲食店で目にする魚，特に鮮魚がどのような流通を介してわれわれの口に入るのか，卸売業者の役割に焦点を当てて説明する。また，現在の市場環境の変化に準じてその流通が変容していること，さらに中核である卸売業者の役割の変化に関しても紹介する。

Keyword

卸売業者　仲卸業者
卸売市場（産地卸売市場・消費地卸売市場）
卸売市場法　取引（相対取引・セリ取引・入札取引）

1 鮮魚流通を規定する鮮魚の特徴

鮮魚流通を特徴づける卸業者の役割を議論する大前提として，まず鮮魚自体の特徴について議論する。鮮魚は「鮮度劣化の速さ」をはじめ以下のような特徴を持つため，その流通には多くの担い手が介在し，結果として多段階なものとなる。

① 生産（漁獲）の不安定性・季節性

② 形状・品質の多様性（規格化が困難）

③ 消費形態の多様性と販売先の多岐性

④ 生産者の零細性

⑤ 鮮度劣化の速さ

「生産（漁獲）の不安定性・季節性」という特徴は，そもそも漁業が魚介類や海草などの捕獲や養殖を生業とし，そのなかでも捕獲が中核であることに起因する。そのためその生産（漁獲）は，他の食品の生産よりも基本的に不安定なものとなる。また季節（時期）ごとに漁獲される，あるいは旬（しゅん）となる水産物の種類も異なり，加えて漁業の解禁期間も法律で定められているため，年間を通じて一定の漁獲量を確保し続けることは困難である。

もちろんわが国には養殖を生業とする生産者も存在する。しかしながら，まだまだ総漁獲量3,859千トンの約24.4％[2]，国内消費仕向量6,641千トンの14.2％[3]と，十分であるとはいえない。

「形状・品質の多様性」も，漁業が捕獲を主体とすることから生じる特徴といえる。養殖ではない限り，海や河川等を回遊する水産物の形状や品質を生産段階で管理することはできない。そこで漁業者は，漁獲した後，出荷前に選定を行い，その形状や品質を担保しようと試みる。

「消費形態の多様性と販売先の多岐性」とは，鮮魚の消費の仕方が多様であること，それゆえ，その流通に参画する販売先が多岐にわたることを意味する。われわれは魚を，刺身や焼き物，煮物や揚げ物等々，さまざまな形態に調理

(加工) し，食している。

スーパーの店頭をイメージしてほしい。そこでは，丸魚での販売だけでなく，ある程度の大きさに切り分けられ下処理しパック詰めされているもの，惣菜等に加工され販売されている商品が販売されていることであろう。鮮魚の流通ではこのような消費の多様性に準ずるかたちで，スーパーや魚屋をはじめとする小売店だけでなく，加工食品事業者や外食事業者等，多種多様な担い手が存在する。

「生産者の零細性」とは，生産者である漁業者の多くが個人経営体に属すことを指す。日本の漁業の特徴は，諸外国に比べ漁業者数および漁船数が極めて多く，小型漁船の割合も極めて高いという点である[4]。実際，わが国の水産業に関わる漁業経営主体の95.6%[5]は個人経営体である。この数値からも，わが国の漁業の生産現場が零細的事業体によって担われていることがわかる。

そして最後に，鮮魚の最大の特徴として「鮮度劣化の速さ」がある。現在，物流や冷凍・冷蔵技術の発展により，コールドチェーン（低温流通体系）と呼ばれる，「冷凍・冷蔵によって低温を保ちつつ，生鮮食料品を生産者から消費者まで一貫して流通させるしくみ」[6]が確立し，鮮魚をはじめ多くの生鮮食品がその鮮度を劣化することなく流通するようになってきている。しかし，そもそも腐敗しやすい食品であること，さらに生食が好まれる傾向にあることもあり，そのコールドチェーンを有していても，その品質を維持し続けることは鮮魚流通においていまだ大きな課題である。

もちろん上記の項目に関しては，鮮魚以外の生鮮食品についても該当するが，水産物の種類ごとにその高い専門性が求められることや，その鮮度の維持が難しいこと，また漁労が主である漁業の実態を鑑みると，他の生鮮品以上に鮮魚の流通を際立たせる特徴であるといえよう。

2　鮮魚流通における卸売市場の役割

鮮魚の特徴である「鮮度劣化の速さ」により，水産物の流通は近代に入るまで佃煮や干物といった加工品が主流であり，鮮魚の大半は産地近隣で消費されていた。近代化が進み流通インフラ（当時は鉄道や水運）が発達したことや，その後中央卸売市場法（1923年）に準じた公営卸売市場が設営されるようになると，現在のような流通構造が顕在化するようになる。

本節では，その卸売市場の役割と，その実態および近年の動向について議論する。

(1) 鮮魚流通における卸売市場の役割

卸売市場の役割とはどのようなものか。農林水産省は卸売市場の役割として以下の４つの機能を提示する。

① 集荷（品揃え)・分荷機能

② 代金決済機能

③ 価格形成機能

④ 情報受発信機能

まず「集荷（品揃え)・分荷機能」とは，「全国各地から多種・大量の物品を集荷，実需者ニーズに応じて，迅速かつ効率的に必要な品目，量へ分荷」を指す。つまり，場所的・時間的懸隔を架橋する機能を意味する。

次に「代金決済機能」とは「販売代金の出荷者への迅速・確実な決済」を指す。卸売市場には，支払サイト（取引代金支払いの締日から支払日までの期間）が比較的短い生産者であっても，出荷物による収益が迅速に回収される代金決済の仕組みが存在している[7]。

「価格形成機能」とは「需給を反映した公正で透明性の高い価格形成」を指す。卸売市場の基本的な取引は，セリ取引か入札取引である。荷受である卸売業者は，セリ人に荷主から預かった鮮魚を預ける。その後，仲卸業者をはじめとする仲買人やその他の買参権（ばいさんけん）を保有する買受人がセリに参加する。これらの取引形態により，買参権を持つ業者は誰でも鮮魚の取引に参加できるという公平性と，その取引状況において誰の目にも不正が介在しないという取引の潔白性が実現・維持されている。

「情報受発信機能」とは,「需給に係る情報を収集，および川上・川下への伝達」を指す。鮮魚は，上述したように,「形状・品質の多様性」と「消費形態の多様性と販売先の多岐性」という特徴を持つ。それゆえ市場では，買手の需要が日々異なるのはもちろん，市場に入荷する鮮魚の品質も一定ではないという状況が発生する。加えて，鮮魚は特に腐敗しやすい財である。よってその取引も迅速な対応が望まれる。

鮮魚の流通では，以上の背景要因により，需給の適合を迅速に調整する必要に迫られる。それゆえ需要に対する情報とともに，鮮魚の「目利き」能力のある事業者が多く介在する卸売市場が重要な役割を担うこととなる。

そもそも卸売市場とは，商流，物流，情報流の３つの流れを，集約化するものである。川上から川下まで迅速かつ円滑な流通が他の生鮮流通よりも重要視される鮮魚の流通においては特に，卸売市場は不可欠な存在である。

(2)　卸売市場の数と推移

生鮮食品の流通において重要な役割を担う卸売市場であるが，その実態はどのようなものであろうか。現在，生鮮食品流通の中核を担う卸売市場は減少傾向にある。消費地市場である中央卸売市場に参加する卸売業者の数は年々減少しており，2021年度（令和３年度）の業者数は昭和時期の約60％まで落ち込んでいる。

その中でも特に水産物の卸売市場の衰退は顕著だ。統廃合や地方卸売市場への転換により，2002年が53市場（46都市）であったのに対し，現在は34市場（29都市）にまで減少している。

また，卸売市場の流通全体における2019年（令和元年）の経由率は46.5％[8]と，市場外取引が半数以上を占めるようになっていることも水産流通の特筆すべき変化である。

前項で議論したように，鮮魚の流通には卸売市場が介在することが重要であるにもかかわらず，なぜその数や規模が減退傾向にあるのであろうか。それは鮮魚流通における中核的取引形態の変容が最たる理由として挙げられる。

(3) 鮮魚流通における取引形態とその変化

鮮魚の流通における取引形態には，セリ取引（売買），入札取引，相対(あいたい)取引の３つが存在する。

- セリ（口頭セリ）取引：荷主（卸売業者）によって任命されたセリ人がセリを代行し，より多くの買手（仲卸業者や売買参加者）に公開的な環境で競争的に値をつけさせ，最も高い値をつけた事業者に荷主が商品を販売するという取引形態。セリ取引には，価格を上げていく（上げセリ）と，価格を下げていく（下げセリ）がある。わが国では前者が主流となっている。
- 入札取引：荷主が提示した単価や必要数等に対して，最も高値を付けた買手がセリ落とすことができる取引形態。セリ取引（口頭セリ）との違いは，セリ人を介さず，投票形式のような形で買手が決定される点である。それゆえ買手は，セリ取引とは異なり，同時並行的に他の入札取引にも参画することが可能となる。買手は紙片に単価など必要事項を記入したものを荷受人に渡し，逆に荷受人はそれらを比較した後販売先を決定する。同じ価格の場合は，最も早く札を入れるか，提示した商材を全部買おうとする「全部買い」を提示した買手が購入権を譲渡されるようになっている。入札取引は主に産地卸売市場の取引において実施されており，水産物の種類や品質などによって，個体や小分けにされたボックスごとに振られた番号に対する入札である番号入札，あるいはある一定の数量をまとめて購入する希望入札がある。
- 相対取引：荷受と買手が，販売価格および数量について交渉し販売する取引形態。

水産物流通において，相対取引の割合が年々増加している。相対取引は，もともとは特例的取引形態であり，商品が売れ残ったときや，災害時，買手のやむを得ない状況の際にのみ採用されていた。しかし，1999年，そして2004年に卸売市場法が改正され，柔軟性を持った取引による市場活性化を目的とし，市場内取引制度が緩和されると，消費地卸売市場において相対取引がセリ・入札取引を凌駕するようになった[9]。

また取引形態に関わる法改正として，2018年に卸売市場法の再改正が可決された。その改正案では，消費地卸売市場の仲卸業者による産地からの直接集荷や，卸売業者による同一市場内の仲卸業者以外（第三者）への卸売は原則禁止であったものが，国一律の規制が廃止されることにより，卸売市場ごと，その所在地を管轄する地方自治体の判断に応じて許可されるようになる。加えて，改正後は，消費地卸売市場に関しては国が，地方卸売市場に関しては都道府県知事が，「認可」ではなく「認定」することで市場を開設することが可能となった。そのため，民間企業による卸売市場の開設も可能となり，消費地卸売を介さない市場外取引の増加や，市場内であっても特定の流通業者間の相対取引が促進されやすくなった。

このように，鮮魚の流通の要であった卸売市場は，大きな変化の岐路にある。法改正により，規制が緩和されたことさらに，コロナ禍において産地直送の販売手法が拡大したことで，卸売市場の役割とは何か，その存在意義が今まさに問われている。

3　鮮魚流通の実態と価格形成

(1)　鮮魚流通の実態

前節で議論したように，鮮魚流通において卸売市場が重要な役割を担ってきた。しかしその一方で，卸売市場内の主要取引形態の変容，さらに市場外取引の増加によって，その位置づけやそこに参画する卸売業者の役割が変わりつつある。卸売市場を取り巻く課題に関しては次節で議論するが，その議論をする前段階として，本節では具体的に，われわれが日ごろ食す鮮魚はどのようにして，生産地から届いているのか，その基本的な流通構造をみていこう。

加工品への流通を除く，鮮魚の基本的流通である市場内取引は，**図表3－1**の黒線矢印の流れとなる。つまり生産者（漁業者）→産地卸売業者（荷受）→産地仲卸業者（仲買人・買受人）→消費地卸売業者（荷受）→消費地仲卸業者

［図表３－１］　水産物の流通構造

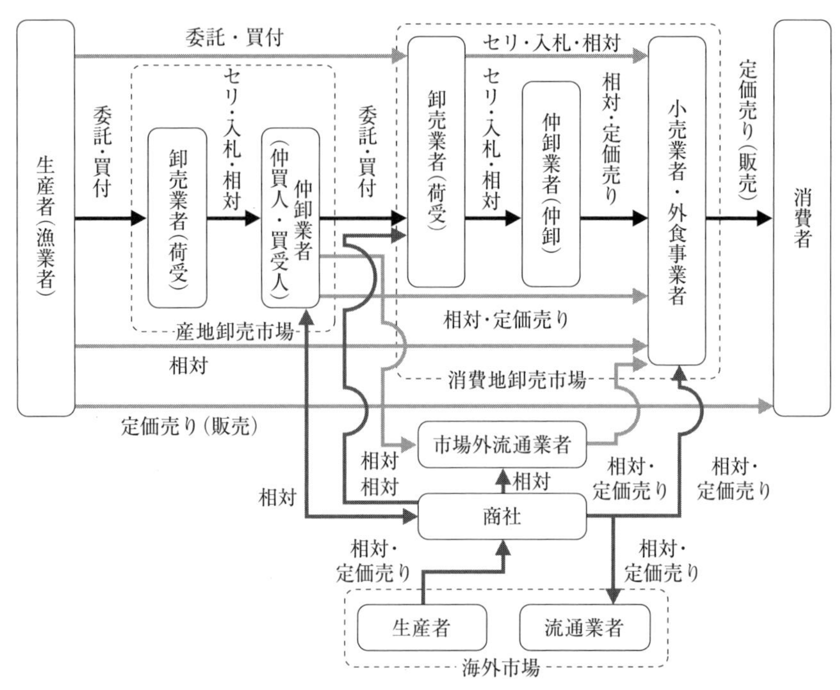

出所：濱田武士（2016）『魚と日本人 食と職の経済学』８頁を一部加筆修正。

（仲卸）→小売業者・外食産業事業者→消費者という，６段階から成る[10]。

それは，生産者である漁業者が，産地卸売市場において，漁獲したばかりの魚の販売を卸売業者（荷受）に委託，あるいは販売することからはじまり，その後，荷受である卸売業者が基本的には入札取引を介して，高値で魚が販売されるよう仲卸業者に対して販売する。そして鮮魚を購入した仲卸業者は，消費地卸売市場の荷受に魚の販売を委託し，その委託された荷受は消費地仲卸業者に対し，高い価格で魚を販売できるよう画策する。次に消費地卸売市場の仲卸業者が小売業者や外食事業者に対し，一対一での取引である相対取引での販売や，あるいは零細小売業者や外食事業者に向けて定価販売を行う。最後に，小売業者や外食事業者が，消費者であるわれわれに魚を提供することで，鮮魚の流通は完結する。

しかし鮮魚の流通は，先述したように卸売市場を介したものばかりではない。国内で漁獲された鮮魚の主な市場外取引には，以下の５つがある。

- 生産者（漁業者）→消費地卸売市場卸業者→小売業者・外食事業者→消費者
- 生産者（漁業者）→小売業者・外食事業者→消費者
- 生産者（漁業者）→消費者[11]
- 産地卸売市場仲卸業者→市場外流通業者（商社・問屋など）→小売業者・外食事業者→消費者
- 産地卸売市場仲卸業者→小売業者・外食事業者→消費者

(2)　鮮魚流通の担い手

上述のように鮮魚の流通は多段階であるとともに，さまざまな流通経路が存在する。では，鮮魚の流通業者の役割とは，またその特徴とはどのようなものか。本書では，生産者（漁業者），卸売業者，仲卸業者，小売業者に焦点を当てみていこう。

● 生産者（漁業者）の役割と特徴

まず生産者（漁業者）の業務である漁業は，大きく捕獲や採取を主とするものと，養殖業に大別できる。前者はさらに，沿岸漁業，沖合漁業，遠洋漁業に分けられるが，基本的には自身が専門とする海産物の漁労とともに，その水揚げや魚の選別・仕分けが主な業務となっている。

漁業は，法律によってその漁獲量や漁獲期間が決められていることや，先述した鮮魚の特殊性もあり，漁業者自らが管理することのできない生産力に対する制限が多く存在する。よって，多くの漁業者は，高い収益および安定的な収益を獲得するため，高い値段での取引や安定的で継続的な取引を，青果や畜産従事者よりもさらに重視する傾向にある。

• 卸売業者の役割と特徴

鮮魚に関わる卸売業者は，産地卸売業者と消費市場卸売業者に大別される。前者は漁業者から，後者は産地仲卸から鮮魚の販売を主に委託されるという，まさに荷受を生業とする。彼らの仕事は，荷主から鮮魚を受け取り，その後仲買人や買受人に販売した後，その販売代金から委託手数料と荷受に関わるコストを差し引いた，あるいは出荷量に応じて時に出荷奨励金を上乗せした金額を荷主に入金する。卸の委託料は，現在自由化されたものの実際は硬直状態にあり，販売価格に定率（東京都中央卸売市場【豊洲】市場では5.5％）を乗じた金額を順守したものとなっている。

ゆえに漁業者同様に卸売業者も，販売価格を高く，そして販売量を多く設定してくれる仲買人や買受人，売買参加者[12]へ販売したいという動機を持ち市場に参加している。

• 仲卸業者の役割と特徴

仲卸業者は荷受が主にセリ取引や入札取引を通じて販売する鮮魚を購入した後，それを消費地市場の荷受や，買参権を持たない買出人（かいだしにん）である小売業や外食事業者へ販売する業務を生業とする。仲卸業者は，荷受よりもさらに専門性を有することが求められ，たとえばマグロ類，青物，甲殻類等々，専門領域ごとに細分化される。

基本的な市場内取引は，セリ取引や入札取引である。そのため，たとえ小規模な仲卸であったとしても，その取引内で最も高値を提示することができれば，欲する鮮魚を入荷することができる（ただし，荷受へ支払う決済までの期間よりも小売業から仲卸への決済までの期間が長期となるため，仲卸がその生業を営むにはある程度の資本力が必要とされる）。また，仲卸は，「目利き」などの専門性を有することによって競合に対し差別化することも可能である。高い専門性を保有する仲卸は，多くの小売業や外食事業者に支持され，それらに対し高値で販売することで利益を享受することが可能となる。よって仲卸も，落札した鮮魚を，入荷した金額を超えるような価格帯で販売したいという動機を持つ。

●小売業者の役割と特徴

鮮魚の流通における小売業の役割とは，消費地卸売市場で卸売業者や仲卸から鮮魚を仕入れ，それを自社の店頭に陳列し，消費者へと販売することである。もちろん店頭に商品を揃えるうえで，切り分けやパック詰め，惣菜へと加工するのも小売の業務に含まれる。

加えて小売の流通における重要な役割には，消費市場の需要の動向を把握し，その情報を流通の川上川下まで伝達するというものがある。川上への伝達とは，最終消費者がどのような種類の水産物に需要を持ち，またそれをどのような食べ方で消費するのを好むのか，それらに関連する情報を卸売市場に持ち込むことである。一方，川下への伝達とは，旬の食材（魚種）の水揚げ状況や食にまつわる文化的背景などの情報や，水産物を使ったメニュー提案や料理の仕方の指導などを消費者に行うことを指す。

小売業にとって，競合に対して差別化を実現するような品揃えをすること，そしてそれを限りなく低コストで実現すること，具体的には，高品質な鮮魚を安く仕入れることが最大の課題となる。加えて，安定的な品質（鮮度）の商品供給を年間を通じて実現するために，自社バイヤーの強化や冷蔵技術などの向上とともに，確かな仕入れ先と関係を構築することも重要となってくる[13]。

(3)　鮮魚流通における漁業組合の役割と機能

青果や畜産に関わる生産者から構成される農業協同組合（以下：農協）と同様，漁業者から構成される組合，漁業協同組合（以下：漁協）が存在する。漁協は，「漁業者により構成される協同組合であり，水産業協同組合法に基づき設立され，漁場の利用調整，組合員の漁獲物等の加工・販売，営漁指導等の事業を実施」する団体である。また漁協は広域地域ごとにさらに組織化され，都道府県漁業協同組合連合会，そして全国漁業協同組合連合会といった漁連へと，段階的な系列（漁協系列）を構成する。基本的には，漁業も農協同様，生産者の操業が安定するような補助を中心的使命とする団体である。しかしその役割や流通における機能を鑑みると，産地卸売および仲卸に関わる業務の多くを漁

[図表3-2] 流通における漁協の役割とその組合員の対象

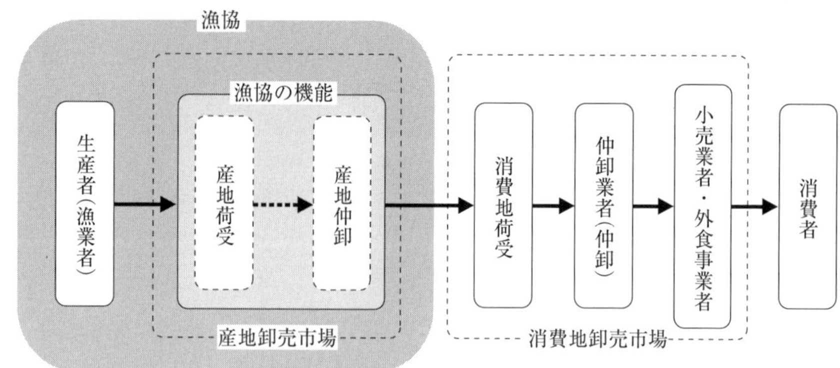

出所：内閣府（2017.9.20）「我が国の水産業の現状と課題」62頁，小松正之（2015）『漁師と水産業』92頁，および銚子漁業協同組合への調査を基に著者作成。

協が担っていることがわかる（**図表3-2**）。

漁協は，そもそも生産者である漁業者，漁業者を中心に設立された漁業生産組合従事者，あるいは中規模の漁業法人が正組合員として参画する共同体であり[14]，全国で873の組合が存在する[15]。青果や畜産市場においては，農協が同様の役割を担うが，漁協と農協との顕著な違いは，漁協のほうが事業規模が総じて小さいこと，事業総利益における販売事業の比重が高いことがあげられる。具体的には（2015年度のデータにはなるが），農協の販売事業の事業総利益における割合は８％であるのに対し，漁協における割合は43％と高い[16]。

加えて，漁協および漁連は859[17]ある魚市場のうちの75.9％（652市場）[18]を占める市場を開設・運営する，つまり産地市場を統括する主体でもある。近年では，地方自治体による市場の取り扱いが急減する一方で，漁協および漁連の運営する産地市場の取扱高減少がわずかであるため，水産物市場全体におけるその比重を高めている。

このような漁協の役割や流通における位置づけを踏まえると，現在の鮮魚の流通は，漁協（生産者）→消費地卸売市場卸業者（荷受）→消費地仲卸業者→小売業・外食事業者→消費者という経路が主流であるといえる。

⑷　鮮魚流通と価格決定

鮮魚の流通における事業者の役割と特徴を観ると，川上から川下までのどの流通事業者も，高く販売できる，あるいは収益が安定的な買手に販売したいという，最も基本的で経済的な取引関係を重要視していることがわかる。それゆえ，介在する流通業者の数に合わせて，商品の価格も段階的に高くなっていく。

ではその価格付けは，どのように形成されているのか。農林水産省の「食品流通段階別価格形成調査・水産物経費調査（平成26年度）」の数値を参考にみてみよう。

まず小売価格に占める各流通経費等の割合の流通段階別経費等を基に試算された，水産物10品目（めばちまぐろ，かつお，まいわし，まあじ，まさば，さんま，まだい，まがれい，ぶり，するめいか）の小売の平均価格（100kg当たり８万4,100円）における，生産者受取価格は31.6％となる。またそれ以外68.9％を占める流通経費の内訳は，産地卸売経費1.5％，産地出荷業者[18]経費23.5％，卸売経費（卸売手数料）2.3％，仲卸経費9.7％，小売経費は31.4％となる（**図表３−３**）。またこの数値を基に試算された，各流通段階の価格は**図表３−４**および**図表３−５**のように明示される。

［図表３−３］　水産物（調査対象10品目）の小売価格に占める各流通経費等の割合（100kg当たり）

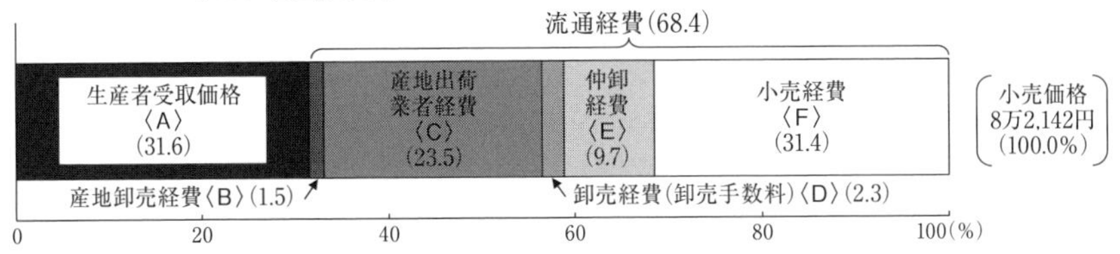

出所：農林水産省食料産業局（2019）「平成29年度食品流通段階別価格形成調査報告（水産物調査）」（平成29年度）。

[図表3-4] 水産物（調査対象10品目）における各流通段階の価格形成（100kg当たり）

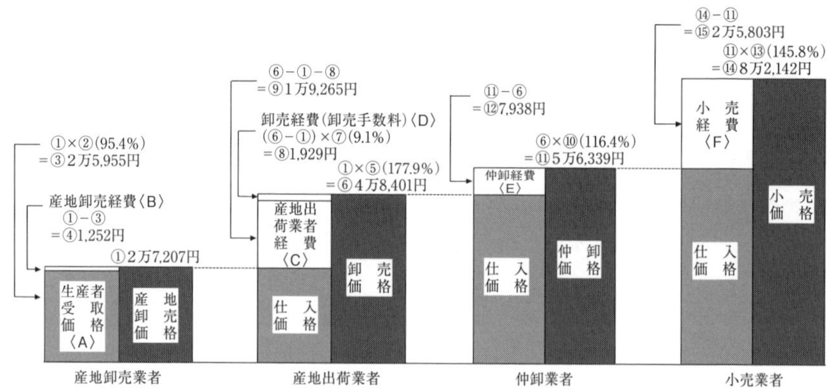

出所：図表3-3と同じ。

[図表3-5] 水産物（調査対象10品目）の各流通段階の価格形成及び小売価格に占める各流通経費等の割合（100kg当たり）

区分		産地卸売業者		産地出荷業者			仲卸業者	
	生産者受取価格 ①×②=③〈A〉	産地卸売金額に対する生産者への支払金額の割合 ②	産地卸売価格 ①	仕入金額に対する卸売金額の割合 ⑤	卸売価格 ①×⑤=⑥	卸売手数料 ((⑥−①)×⑦=⑧)	仕入金額に対する販売金額の割合 ⑩	仲卸価格 ⑥×⑩=⑪
	円	%	円	%	円	円	%	円
水産物（調査対象10品目）	25,955	95.4	27,207	177.9	48,401	1,929	116.4	56,339

区分	小売業者		流通経費					
	仕入金額に対する販売金額の割合 ⑬	小売価格 ⑪×⑬=⑭	計	産地卸売経費 ①−③=④〈B〉	産地出荷業者経費 ⑥−①−⑧=⑨〈C〉	卸売経費(卸売手数料) ⑧〈D〉	仲卸経費 ⑪−⑥=⑫〈E〉	小売経費 ⑭−⑪=⑮〈F〉
	%	円	円	円	円	円	円	円
水産物（調査対象10品目）	145.8	82,142	56,187	1,252	19,265	1,929	7,938	25,803

出所：図表3-3と同じ。

● 産地卸売価格および生産者受取価格及び産地卸売経費

まず産地卸売価格，つまり産地市場において生産者から水揚げされた最初の価格は２万7,207円①となる。そしてその時，生産者が受け取る受取価格（A）は，産地卸売価格①に，産地卸売業者の販売収入から産地卸売手数料等を控除した金額の割合95.4％②を用いて，①×②＝２万7,207円×95.4％＝２万5,955円③と試算される。一方，産地卸売経費（B）は，①－③＝1,252円④となる。

● （消費地）卸売価格，卸売経費（卸売手数料）および産地出荷業者経費

次に，（消費地）卸売価格に関してみていこう。産地出荷業者の水産物の仕入価格に対する卸売金額の割合は177.9％⑤となり，その数値を用いて算出された卸売価格は，①×⑤＝２万7,207円×177.9％＝４万8,401円⑥と試算される。一方，産地出荷業者（その多くは漁協）の産地出荷経費計に対する卸売手数料の割合が9.1％⑦となったため，卸売経費（卸売手数料）（D）は，(⑥－①)×⑦＝（４万8,401円－２万5,955円）×9.1％＝1,929円⑧となる。他方，産地出荷業者経費は，

⑥－①－⑧＝４万8,401円－２万5,955円－1,929円＝１万9,265円⑨となる。

● （消費地）仲卸価格および仲卸経費

（消費地）仲卸業者の水産物の仕入金額に対する販売金額の割合（推計値）は116.4％⑩であった。その数値を用いて，仲卸業者が産地卸売業者の卸売価格で仕入れると仮定し算出された仲卸価格は，⑥×⑩＝４万8,401円×116.4％＝５万6,339円⑪となる。その時，仲卸経費は，⑪－⑥＝５万6,339円－４万8,401円＝7,938円⑫となる。

● 小売価格および小売経費

小売業者の水産物の仕入金額に対する販売金額の割合（推計値）は，145.8％⑬である。小売業者が仲卸価格で仕入れると仮定し算出された，小売価格は，⑪×⑬＝５万6,339円×145.8％＝８万2,142円⑭となる。この時，小売業者の小売経費は，⑭－⑪＝８万2,142円－５万6,339円＝２万5,803円⑮となる。

以上のように，鮮魚の流通は，流通業者を介することで段階的に価格形成が

なされていることがわかる。そして当初，産地卸売価格２万5,955円①であった鮮魚は，最終的には小売価格８万2,142円⑭と，約３倍の価格で販売される。

4　消費地卸売市場事業者が直面する課題

本章の最後に，消費地卸売市場の課題を提示する。消費地卸売市場事業者が直面する課題には，大きく以下の５つある。

① 魚食需要の低下
② 規制緩和に伴う取引形態の変容と消費地卸売市場の機能の低減
③ 小売業の発展拡大による輸入水産物の増加
④ 生産者の六次産業化の推進
⑤ 世界市場における水産物養殖の拡大

現在，わが国の魚離れ，「魚食需要の低下」は業界内で大きな問題となっている。「家計調査年報」をみると，消費支出の低下とともに野菜類や穀物の支出が低下し，一方で肉類の支出が増加している中，魚介類の支出は大きく減少している（**図表3-6**）。

鮮魚の支出について注目すると，６万7,847円（2000年）から４万192円（2020年）まで，魚介類全体では11万868円（2000年）から７万3,136円（2020年）まで低下しており，大きく減少傾向にあることがわかる。一方，魚介類の低下とともに肉類の支出が相反して増加しており（８万1,140円〔2000年〕から９万6,655円〔2020年〕），魚食から肉食への変化もその減少の背景にあることが確認される。このように鮮魚の需要は低下しており，そのため業界関係者にはこの現状を打開するような施策が求められている。たとえばそれには，漁業関係者による食育事業としての魚食普及活動などがある。

「規制緩和に伴う取引形態の変容と卸売市場の機能の低減」とは，先述したように，法改正に伴って，消費地卸売市場を介さない流通が拡大しやすくなったこと，あるいは市場を介しても相対取引が中心となる流通へと変容していることを指す。特に新たな法の下では，市場開設は容易になる一方，鮮魚流通全

[図表3-6]　消費支出の変化

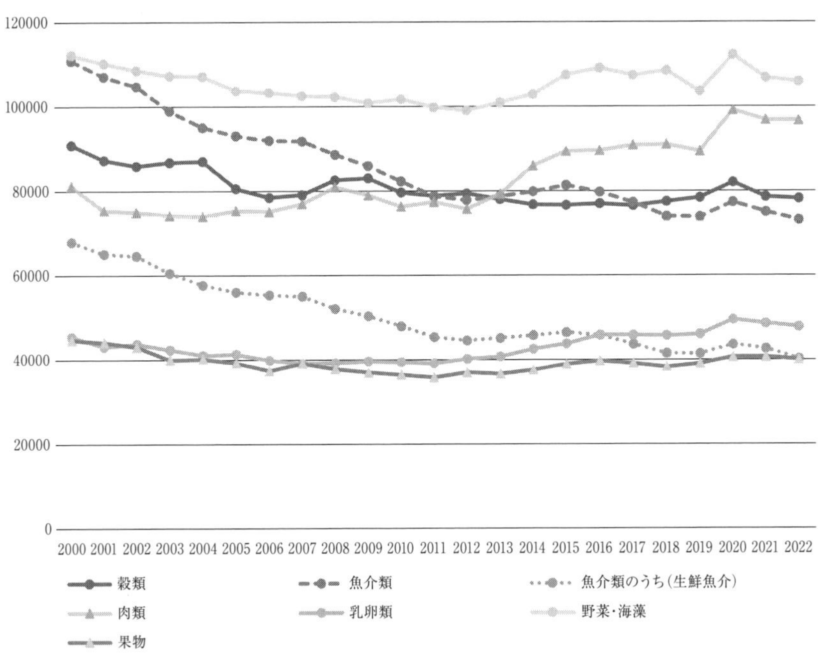

出所：「家計調査（二人以上の世帯_支出金額)」から著者作成。

体の取引の自由度が増すため，流通業者によっては必ずしも消費地卸売市場を介した取引を実施する必要がなくなる。その結果，卸売市場の役割や流通における重要性は低減することとなる。

「小売業の発展拡大による輸入水産物の増加」も，消費地卸売市場の役割を低減させる大きな要因である。競合との激しい競争環境のなか，生鮮三品（青果，鮮魚，精肉）を主力商材とするスーパーは，低コストで安定的に商品を確保したいという動機を持つ。その結果，スーパーは，不安定性を持つ国内の漁獲のみに頼るのではなく，欠品による機会損失がでないよう，あるいは他店との差別化を図るため，海外から主に水産物加工品（冷凍品を含む）を仕入れることでその補てんを試みる。水産物流通の全体像で示したように，輸入品は主に卸売市場を介さず，商社を通じた市場外取引によって賄われる。このことを踏まえると，輸入の比重が増えれば増えるほど，卸売市場の機能の重要性は低減する。

近年では，スーパーと生産者である漁業者との直接取引も徐々に増えており，その取扱量や販売額も大きいこともあって，これらの市場外取引の増加は卸売市場関係者が危惧する課題となっている。

さらに，卸売市場関係者を悩ませる要因には「生産者の六次産業化の推進」というものがある。六次産業化とは，農林水産省の言葉を借りると，「一次産業としての農林漁業と，二次産業としての製造業，三次産業としての小売業等の事業との総合的かつ一体的な推進を図り，農山漁村の豊かな地域資源を活用した新たな付加価値を生み出す取組」である。2010年に六次産業化・地産地消法が公布されて以降，漁協をはじめとする水産物従事者による直売所が多く開設されるようになった。「2018年漁業センサス」によると，直売所の数は218施設（2008年）から316施設（2018年）へと増加し，水産物直売所の過去１年間の利用客も1,314万5,200人と，2008年と比べ66万9,600人（5.4％）増加している（2013年の利用人数からは，44万人程度も減少している）。

産地の鮮魚流通が活性化する一方で，鮮魚自体の市場規模は縮小傾向にあるため，六次産業化が進めば進むほど卸売市場のシェアは奪われるかたちとなる。このように漁業者の六次産業化に伴う直販の躍進は，消費地卸売市場関係者にとってその役割を揺るがす課題となる。

そして最後に「世界市場における水産物養殖の拡大」も，消費地卸売市場の立場を揺るがす大きな課題である。これは，先述した課題である，輸入水産物の増加をさらに誘発する要因であり，市場を介さない市場外取引の拡大につながるものである。国連食糧農業機関（FAO）の調査では，水産物の世界的生産量は増加傾向にあり，2022年の年間漁業・養殖業生産量（海草類を除く）は約１億7,780万トンとなった。そのうち養殖が占める割合は49.2％（約8,750万トン）を占めている[19]。

この魚介類の養殖に特に力を入れている国こそ中国であり，2020年では約4,962万トン，（海草類を除く）水産養殖全体の約56.7％を占める生産量を生み

流通コラム③　産地卸売市場における漁協の戦略：銚子漁業組合の取り組み

消費地卸売市場が消費者需要の変化や生産地の多様化等の課題に直面する一方，産地卸売市場を悩ます課題は，主に漁業者の減少というわが国の生産構造に関わる問題である。他の生鮮食品産業同様，漁業もその生産者である漁業者の高齢化や，跡継ぎとなる労働者の減少もあり，その規模は縮小し続けている。特に沿岸漁業従事者の減少が著しいが，イワシ類の漁獲量減少や，国際基準の改定によるわが国の経済水域や漁獲量に対する制約の増大もあり，沖合漁業や遠洋漁業事業者も同様に減少している。そのため，水揚げ場である漁港およびそこに付随する産地卸売市場間での沖合・遠洋漁業事業者の獲得競争，つまり産地間競争が課題となっている。この課題の背景には，先に述べたコールドチェーンの発展により船上での水産物の鮮度が維持されやすくなり，漁業者にとって魅力的な産地卸売市場を，水揚げ時に選びやすくなったことがある。

年間約28万トン[20]と，日本一の水揚げ量を誇る千葉県銚子市場では，その市場開設主体でもある銚子市漁業協同組合（以下，銚子漁協）により，産地間競争のためのさまざまな施策が行われている。

まずひとつは，日々変動する市場価格以外の魅力を生産者である漁業者に提供するため，銚子市場では漁業者にとって利便性の高い施設を目指し，高度衛生管理システム（マグロ類専用）などの新技術の採用，日本最大級の海水製氷工場の設置に加え，漁船乗組員の福利厚生施設として安価に入浴できる浴場施設の設置や給油設備など，漁業者にとって利便性の高いサービスの拡充を進めている。また銚子市場では，漁業者にとって安定的で迅速な取引が可能になるよう，仲卸業者を中心とする，銚子市場の買参権を持つ多くの買受人の利用率向上を推進するような取り組みも実施している。たとえば，入札取引の迅速化のための電子化である。実際，電子タブレットを用いた鮮魚管理を実施した結果，従来であれば30分程度かかっていた入札取引が，現在では10－15分まで短縮され，漁業者や買参人にとって便利になっただけでなく，短くなったことで鮮魚の鮮度低下を抑制することができている。

出している。2030年ごろには，水産物市場は養殖中心へと移行すると予測されている（FAO)。養殖市場の拡大傾向も考慮すると，国内市場においてもさらに輸入が加速化し，それに伴う市場外取引の増加も予想される。

実際，市場環境の変化により，消費地卸売市場における卸売業者や仲卸の再編も進んでいる。また，加工品生産の現場の中心が国外へ移行したことに誘発され，産地卸売業者も同様の再編が進んでいる。今後は，その存続のため，わが国の卸売市場関係者はこれらの課題に対応する新たな取り組みが求められている。

注■

1　国連食糧農業機関（FAO）(2022)，*The State of World Fishers and Aquaculture 2022*, 213頁。(EU加盟国の生産量は，統合して測定されている。)

2　農林水産省（2023)「漁業・養殖業生産統計（令和４年度)」から算出。「漁業産出額（令和３年度)」では，国内養殖（海面養殖および内面養殖の総計）は，全体の約40.5%を構成している。

3　国内消費仕向量に関しては，農林水産省（2021)「食料需給表（令和３年度)」。数値は，「漁業・養殖業生産統計（令和４年度)」の養殖算出量を国内消費仕向量で割ったもの。

4　農林水産省（2020)「2018年漁業センサス報告書」をみると，わが国の漁業従事世帯員・役員数は13万4,466人，無動力漁船・船外機付漁船も含め20トン以下の漁船比率は99.3%と，零細漁業者の数が多いことがわかる。水産庁（2022)「令和４年度水産白書」では漁業就業者数は12万9,320人。

5　農林水産省（2023)「漁業構造動態調査（令和４年11月１日現在)」。

6　『大辞林』。

7　農林水産省大臣官房新事業・食品産業部食品流通課（2022)「卸売市場をめぐる情勢について（令和４年８月)」によると，卸売業者から生産者への決済は約７日程度，仲卸業者から卸売業者へは17日程度，小売業者や外食事業者などから仲卸業者へは約１カ月程度であることが記されている。

8　農林水産省大臣官房新事業・食品産業部食品流通課（2022)「卸売市場をめぐる情勢について（令和４年度８月)」７頁。数値は農林水産省「食料需給表」，「青果物卸売市場調査報告」等を用いて，推定されたものである。

9　卸売業から仲卸への水産物取引の87.5％は，相対取引が占めている（セリ・入札の割合は残りの12.5％）。詳しくは，農林水産省大臣官房新事業・食品産業部食品流通課（2022）「卸売市場をめぐる情勢について（令和４年度８月）」３頁。

10　詳しくは，濱田武士（2016）『魚と日本人 食と職の経済学』８頁を参照のこと。

11　生産者→消費者への直接的な取引は，生産者による直売所開設や，消費者による取り寄せという形で存在するものの，鮮魚流通における取引数はまだまだ限られたものである。

12　売買参加者とは，場内取引に参加できる買参権を持つ，小売業者や加工食品業者を指す。

13　北九州地域を拠点とし，スーパーを展開する株式会社ハローデイへのインタビューをもとに執筆。ハローデイでは，新鮮で時節に合った料理用途に適した鮮魚を提供すべく，水産物バイヤーが毎朝市場で直接買い付けを行い，その後，市場から自社保冷車で各店舗に配送する。ハローデイは，近年のように魚需要が低下する市場において，その需要喚起を行うことも小売業の役割であるとし，鮮魚の食べ方や料理の仕方などを，店頭で消費者に指導するような取り組みを実施している。

14　沿岸地区漁協の正組合員に認定される漁業者（漁民）は，「組合の地区内に住所を有し，かつ，90～120日の定款で定める日数を越えて，漁業を営み又は従事する漁民」を指す。またここでいう中小規模の漁業法人とは，「従業者数が300名以下で，かつ漁船の合計総トン数が1,500～3,000トン以下であるもの」とされている。また，准組合員としては，正組合員以外の漁民，正組合員の同世帯の者，組合地区内の水産加工業者や遊漁船業者等が含まれる。2021年における正組合員数は11.4万人，准組合員数は14.3万人となっている（詳しくは水産庁（2022）「令和４年度水産白書」を参照のこと）。

15　水産庁（2022）同上書を参照のこと。

16　内閣府資料（2017.9.20）『我が国の水産業の現状と課題』を参照のこと。

17　2018年における魚市場の数は803となっている（詳しくは農林水産省（2020）「2018年漁業センサス報告書」）。

18　漁連が開設する11市場を差し引くと，漁協が開設する市場は全体の約74.6％（641市場）となる（詳しくは，農林水産省食料産業局「2013年漁業センサス」）。

19　ここでいう産地出荷業者とは，「産地卸売市場において卸売を行う産地卸売業者から主として生鮮の水産物を買受け，全国の中央卸売市場のうち水産物の卸売数量が全国計の６割を超えるまでの上位中央卸売市場へ出荷する産地出荷業者」を指し，産地と消費地を架橋する出荷者が対象となっている。しかし，先述したように産地市場の多くが漁協によるものであることを考慮すると，ここでいう産地出荷者のほとんどが漁協，つまり生産者であると解釈することができる。

19　国連食糧農業機関（FAO）(2022), *The State of World Fishers and Aquaculture 2022*, 3頁

20　銚子市漁業協同組合「令和３年主要魚種別水揚高」より。

Working

1　水産物流通における鮮魚流通の割合の推移を調べなさい。

2　鮮魚流通には主要な品目が存在する。その主要品目ごとの取引量の推移を調べなさい。

Discussion

1　鮮魚の消費地卸売市場経由率を高める方策を考えなさい。

2　鮮魚の流通では，産地卸売市場と消費地卸売市場ごとにその役割が異なる。鮮魚の消費需要が減少する中，それらの果たすべき役割を考えなさい。

第4章

化粧品の流通

本章のねらい

化粧品の流通は伝統的流通経路からインターネットによる取引まで幅広く利用され，現代のチャネル政策の縮図的業界といえる。化粧品業界特有の流通販売形態である制度品システム登場の経緯と一般品システムとの違い，および通販品システム，訪販品システムなどの無店舗販売の現代的ビジネスモデルについて解説している。また制度品や一般品，訪販品別の価格構造についても説明し，一般品流通の比重が高まっている状況もデータを使って触れる。

Keyword
制度品　一般品　リベート　流通チャネル
マーケティング・チャネル　美容部員

1 化粧品業界

映画『プラダを着た悪魔』ではシュウウエムラが高級な化粧品ブランドとして登場する。国際的に有名なブランドとしてシュウウエムラ（植村秀）が活躍したのは，ハリウッド映画でのメイクアップアーティストとしてである。ハリウッドに日本人初のアトリエを開設し，その後1982年にシュウウエムラ化粧品会社を設立した。オイルクレンジング方法や水墨画の濃淡を応用したイノベーティブな美容技法を彼は数多く生み出した。

同じくマックスファクターもロシア帝国劇場で衣装技術者として名声を得たのがスタートで，移住したハリウッドという新興世界でメイクアップ技術の高い評価がそのまま独自の化粧品ブランドとしての評価につながっていった。既存の化粧品では自らの美意識を体現できないためメイクアップアーティスト達は独自のブランドを立ち上げ，企業化する中で，メイクアップアーティストの業務技術が一般消費財市場で強い愛顧を得ていった。

しかしその後，これらの企業は，販売ルートでグローバル戦略を有する大手の化粧品会社の傘下に入ることになる。独自の美容技術法の開発能力と商品販売力とは別次元の能力であった。シュウウエムラ化粧品会社は世界的な化粧品会社ロレアル社に2004年に買収され，現在では売上高の約75％を日本国外で獲得している。マックスファクター社も米国のプロクター＆ギャンブル（P&G）社によって1991年に買収された。このP&G社は1924年，世界で初めての“マーケティングリサーチ”部門を社内に開設し，消費者のニーズを研究する部署を作り上げた。さらに同社は1930年代，ブランドごとに担当者を割り当て，販売・製品開発とそれらに関連する業務を遂行する“ブランドマネジメント”を実施した。同手法は他社ブランドとの競争と共に自社ブランドとの競争に曝される手法であったが，マーケティングイノベーションのシンボル的存在と今では高く評価されている。P&G社は美容業界が高収益を確保できる業界であることを悟るとマックスファクター社を買収し，ブランドマネジメントとマーケティングリサーチを両輪として，巨額のテレビ広告費を投じ，高収益をあげ，2010年代には化粧品事業を同社の主軸事業に育て上げた。

このブランドマネジメントの経営手法は，ロレアル社にも導入された。同社は同手法による成功から，傘下に“宝石”の如く強いブランド力を持つ事業体を持ち，ロレアルはその“宝石箱”であると評された。同社の2017年12月の通期決算は，売上高約3.5兆円（260.2億ユーロ），営業利益約6,219億円（46億7,630万ユーロ）を達成した。

これに対して日本のトップメーカーである資生堂は2017年12月期の通期決算で売上高1兆円を創業140年にして突破した（売上高1兆50億円，営業利益804億円）。これも2017年6月に発売したシワ改善クリームの好調な売れ行き，インバウンドの旺盛な需要が後押しした結果である。シワ改善クリームは同社の技術革新による新規市場開発の結果であり，まさにマーケティング力が後押ししたといえよう。

シワ改善クリームの開発は2017年の1月にポーラが資生堂に先立って厚生労働省の認可を受け，世界で初めて医薬部外品とし『リンクルショット』として売り出した高額化粧品で，即座に大ヒット商品となった。対抗して資生堂も6月にブランド名『エリクシール』を約半額で発売し，11月には美白効果機能を加えた商品を同ブランドに加え大ヒットし，2017年末までに約170万個を売り上げ，売上高1兆円超えに貢献した。これら新製品開発は今後数十年の化粧品業界を牽引する技術革新であると高く評価されている。

現在では商品力に加え，サービス面でも，化粧品専門小売店の活性化対策としてエステ事業を手がける化粧品メーカーが存在する。専門のエステサービスの料金に比較して安価な費用でエステサービスを受けることができるため順調に売り上げを伸ばしている。化粧品の成長を支える原動力は各種のイノベーティブな技法・商品開発力による新たな市場を創造する能力であり，体現されたブランドを育成・管理する企業戦略がそれを支えた。

2 流通経路の特徴

化粧品の流通経路（チャネル）を概観する。ここでいうチャネルとは商品の所有権移転および物的移転の経路をいい，より概念的な定義としては，メーカーから消費者にいたるまでの取引で結ばれた，取引主体がおりなす関係の連鎖をいう。

(1) 流通経路

制度品とは，特定のメーカー品だけを販売する販売会社（系列の卸売業）を通して小売業に卸され，販売している製品である。そのため制度品はメーカー，次にメーカーの系列販売会社，最終的に契約小売店（契約化粧品店）というルートを経て消費者に販売される（**図表4-1**）。

この販売経路を採用しているのは，資生堂，カネボウ・花王，プロクター&ギャンブル・マックスファクター，コーセー・アルビオンで，この4社が代表的な制度品メーカーとなっている。小売店が制度品を扱うには，メーカーとの間にチェーン店契約を結ぶ必要があり，その契約のもとで，販売員が化粧品に関して消費者に説明する「対面販売」が義務付けられている。

これに対して一般品とはメーカーから（一般）卸売業者を通じて小売業者に卸され，消費者に提供される化粧品をいう。一般品はセルフ商品とも呼ばれ，対面販売に関わる人件費が発生せず，スーパー，ドラッグストアやコンビニエンス・ストアで扱われるような比較的安価な商品群を指す（**図表4-2**）。

[図表4-1]　制度品流通

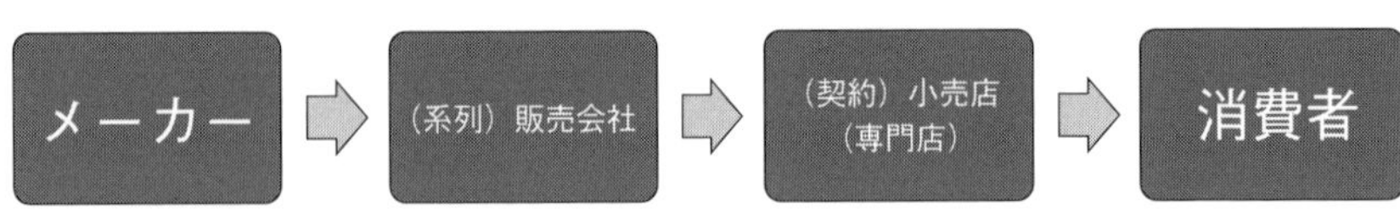

[図表4-2]　一般品（セルフ品）流通

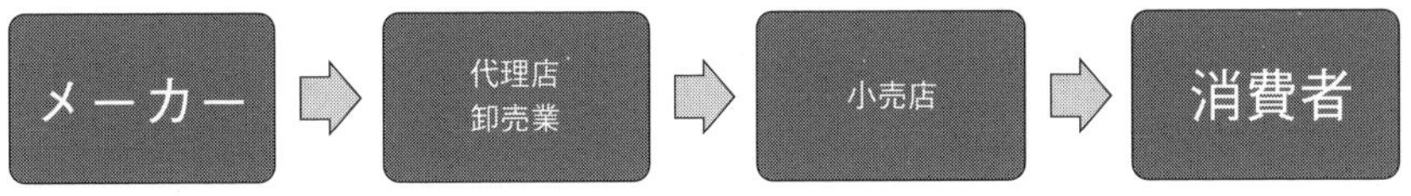

[図表4-3]　メーカー直販品流通

一般品はキスミー（伊勢半）やマンダム，ピアス，ジュジュ化粧品，桃谷順天館，さらにエイボン，ライオン，ユニリーバ・ジャパンなどの商品がこのルートを通じて消費者に提供される。これらの一般品メーカーに加え，国内制度品メーカーもセルフ専用の子会社を設立し，セルフ化粧品を提供している。ルート内の化粧品卸売業としては，井田両国堂が代表的である。トイレタリーと一緒に化粧品を取り扱うケースもあり，PALTAC，あらた，CBグループマネジメント（旧中央物産）などの卸売企業がある。

次に，メーカーが販社や化粧品卸を通さずに直接，商品を小売業に卸し，店頭で販売するケースがある。これをメーカー直販品流通といい，**図表4-3**で表したように，メーカーから小売店を通じて消費者に提供している経路を指す。

日本ロレアル，エスティローダー，クリニークラボラトリーズ，などの外資系の化粧品メーカーやアルビオン，イプサ，ディシラ，アユーララボラトリーズなどのブランドの商品はこの経路を利用している。

さらにメーカーから直接消費者に提供されるのが**図表4-4**で示される，通信販売流通である。代表的企業はDHC，ファンケル，再春館製薬所，悠香，オルビス，ドクターシーラボなどである。これは電話やインターネットなどで商品を受注し，直接利用客に届ける販売形態をとる。異業種から参入した化粧

［図表4-4］　通信販売流通および訪問販売流通

品メーカーは，このルートを利用する場合が多い。

また**図表4-4**で示されるように，訪問販売の流通は通販の流通ルートと同様であり，メーカーのセールスマン，セールスレディーが直接，顧客の家庭や職場を訪問して販売する。ポーラ，ノエビア，日本メナード化粧品などのメーカーがその代表で，ほかにも数多くの中小のメーカーが存立する。

このような多様な流通経路がある中で，特定のルートのみの販売に特化しているメーカーもあれば，大手化粧品メーカーなど，制度品のみならず一般品や業務用品[1]など多岐にわたって商品を提供している企業もある。

(2)　制度品流通の特徴

制度品流通は特定のメーカーの商品が独自の経路を通り契約小売店に並ぶ。メーカーにより資本投入や人事交流などでコントロールされた販売会社は契約した小売店（化粧品専門店）にメーカー商品を卸す。外部から他社のメーカーの商品が流れてこない経路であるため閉鎖型チャネルと表現される。制度品は末端までメーカーの意思が貫徹しやすく，消費者に一番近い小売店にメーカーの販売政策が最も確実に伝わるようなしくみになっている。これらの契約小売店へは店舗規模や立地を勘案し，合理的な専用の販売スペースをメーカーが作成し，店内に設置する“店内コーナー設置[2]”や“美容部員の派遣”，さらに“累進的リベート”などの恩恵を提供している。特に，小売店でメーカーの販売会社から派遣された美容部員と称する社員が顧客の特徴を診断し，ニーズに応じた商品を提供し，消費者に直接商品のPRを提示している。ただこのような契約化粧品店は経営者の高齢化や後継者不足で縮小しているのが現状である。また百貨店での販売は制度品流通の中でも大手化粧品メーカーが主に力を入れてきた象徴的市場である。そのため美容部員を派遣しているメーカー販売会社は百貨店市場などで多額の人件費を支出している。

制度品の価格構造はメーカーが製造原価（原料費，容器包材費，研究開発費）とブランド管理費用を支出する。後者はブランドイメージを形成するために必要な広告宣伝費で多額のTVCM費用として支出される。また，制度品の廉価販売を阻止するため，売れ残り在庫は返品後，メーカーのほうで廃棄処分する。そのための費用が在庫処分費用に組み入れられている。次に卸売機能を担う系列の販売会社が商品の物流費用と小売に対する営業費用を請け負う。この営業費用とは小売店での営業を支援するリテールサポートのための費用として支出される。具体的には小売店に派遣される美容部員への教育支出が主である。加えて美容部員の販売員人件費がここから支出される。メーカー及び販社の取り分は最終小売価格の約７割程度を占める。残り３割が契約小売店の粗利となる。契約小売店はこれを原資に，店舗の維持経費を支払い，顧客誘致のためのチラシやダイレクトメールに支出し，残りが契約小売店の利益となる。

(3)　一般品流通の特徴

一般品の流通経路は卸売業者が小売店に商品を配荷する形態である。メーカーから独立した卸売業者，小売業者を利用するために，メーカーの希望する小売価格が設定されにくく，度を越した低価格販売（乱売）を起こす可能性が高い。反面，一般日用品の流通ルートを利用するため，広範に商品が展開され，消費者の多様な消費（購入）ニーズに対応している。

一般品メーカーのうち元々，トイレタリーメーカーであった場合も多く，その場合，化粧品とトイレタリー製品と化粧雑貨は境界が曖昧となる。通常，これらのメーカーはトイレタリーを扱っている問屋・卸売業者（代表的なのがPALTAC，あらた，CBグループマネジメント）に卸している。制度品メーカーは系列下のトイレタリー事業専用の企業を利用し，資生堂であればエフティ資生堂が男性用化粧品を，コーセーはコーセーコスメポートが美容水，化粧水などの一般化粧品を提供している。また制度品メーカーは再販売価格維持制度の撤廃以前にセルフ化粧品市場での需要の伸長に備え，資生堂は資生堂コスメニティー（現資生堂フィティット），コーセーはコーセーコスメニエンス，カネボウはカネボウコスメットを設立した。これら企業は自社のセルフ商品を制度品の専門店（チェーン店）に流通させ，きめの細かいリテールサポートにより一般品メーカーに対抗した。

一方，これらの動きに先立ち化粧品問屋やトイレタリー製品を扱う卸売業者は平成の時代に入り，交通網の整備や情報化の進展により合併統合を繰り返し，数社に集約されていた。物流力，情報力，金融力を持つ大手卸売企業である，PALTAC，あらた，中央物産（現CBグループマネジメント）が地方の卸売企業を集約した。しかしあくまでトイレタリー部門の卸売企業であるので，化粧品分野でのきめの細かいリテールサポート能力は低く，制度品メーカーとその販社には対抗できないのが現状である。唯一残った化粧品問屋の井田両国堂はメーカー志向を強め，自社ブランドの化粧品開発に傾注している。したがってこれらトイレタリーの卸売業者を利用する一般品メーカーはリテールサポートの面で制度品メーカーに対抗できず，結果，価格面での競争に入ることになる。

さらに制度品メーカーの販売会社は地域別販社体制から流通別販社へと組織を変更し，セルフ市場の変動に対応した。成長著しいドラッグストアと量販店の場合は本部折衝の契約内容を各店舗で履行する形式をとるので，地域別販社体制時で行ってきた地域別，個別交渉形態とは異なる契約となる。いち早くドラッグストア専用の販社部門を設立した資生堂とコーセーの後を追い，過去にはカネボウも各地域本部に流通部と称してその中にドラッグストア支社，ストア支社，チェーン支社と称する営業組織を設置していた。

次に一般品の価格の内訳は製造原価の項目は制度品と同様で，制度品に比べ容器包材の原価が低く抑えられる程度の差しかない。しかしブランド管理者原価としての広告宣伝費やPR費用は美容部員などのリテールサポートがないぶん，小売店頭でのブランド認知や商品特性をPRするため，制度品以上の支出が必要となる。メーカーは全体の約４割程度で卸・問屋に流し，問屋は主に物流費と利益分を約２割上乗せし，小売店に流す。制度品の場合，メーカーが請け負っていた在庫処分を卸売業者が代わって請け負うこともあり，卸が買い取りを条件にすると，卸の仕入れ値が4割を切ることもある。制度品と違い，美容部員にかかる販売人件費や美容部員への教育支出は存在しないので，その分小売店の粗利となり4割近い取り分を小売店は受け取る。そこから小売店は小売管理費（家賃）や顧客へのチラシ・DMの費用と値引き費用を除いた残りが小売利益となる。この値引き費用は，通常，1.5割程度だが，競合店舗間競争が激化している地域では，さらに2割から3割の値引きを必要とする場合もあり，小売店の利益を圧迫している。

(4) メーカー直販流通

メーカーが小売業に商品を直接提供するこの流通経路は特に，外資系の化粧品メーカーが利用する。この経路では直接小売店にメーカーの販売方針が伝わりやすく高級感を出して高い価格帯の商品を展開している。しかしながら，百貨店や大手スーパー・量販店の専門売場などで対面型の販売を採用しているため商品がカバーする店舗の範囲である，“ストアカバレッジ”は狭い。

(5) 訪問販売流通・通信販売流通の特徴

無店舗販売ルートは，メーカーの販売員が直接消費者の家に訪問し商品を販売する訪問販売と，テレビなどのマス媒体を利用した広告を打ち，直接顧客に商品を送付する通信販売とに流通形態が分かれる。最近では通販のほうが高い成長を遂げている。通販の普及は納品段階での宅配事業の発達，発注段階ではカタログ通販以外にテレビ通販方式，インターネット通販方式などの多様な発注方法の普及が挙げられる。テレビ通販方式は衛星放送，ケーブルテレビなどの普及で番組コンテンツの不足から通販番組が歓迎され普及し始めた。またインターネット発注では，ショッピングサイトをメーカーが低い経費で設定できる。また仲介業者（小売型，ショッピングモール型）が主催するサイトの場合ではこれら仲介業者は商品在庫を持たないで販売分のみ補充納品させるか，または直接メーカーから顧客に配送させ，手数料を得る方式もある。このように低い設定経費と低い在庫リスクにより新規企業が参入しやすい販売方法である。

さらに加えて，商品の発注から納品，代金回収までの活動をフルフィルメントと称するが，これらの活動を個別に社外で請負う“アウトソーシング”企業が出現している。テレビ通販でもインターネット通販でも，電話注文は自社でオペレーターを雇用しなくてもテレマーケティング企業が請け負い，苦情処理や商品相談なども対応可能である。配送は宅配業者が請負，代引き機能で代金回収もアウトソーシングが可能である。商品の品質に自信がある他業種のメーカーなど元々，化粧品流通チャネルを持っていない企業がこのルートを利用し，参入してきている。ちなみに通販でトップのDHCは大学翻訳センターの略称で異業種からの参入者である。

この業界ではCPO（Cost Per Order）という新規顧客1名を獲得するのに要した費用を算定する単位があるが，テレビ通販やインターネット通販ではカタログ通販などに比較してその測定効率と精度ははるかに高く，またプロモーションの効果測定が容易に算定できるので効率の良いプロモーションを見極めて導入しやすい。

これに対して訪問販売は総じて低迷している。従来の販売員が直接顧客の自宅に伺う方法は制度品販売と同様濃厚な顧客とのコンタクトを有し，注目される販売方法であった。低迷の原因は女性の就業率の上昇により女性の在宅率の低下と販売員の質の低下が挙げられる。訪販で最大手のポーラは現在では他の商品，健康食品，宝飾品などの販売に進出し，無店舗販売から店舗販売に切り替え，ポーラ ザ ビューティーというエステ併設店舗を2010年で500店舗展開し，カウンセリング機能を強化した店舗販売方法に参入している。また本来の無店舗販売分野では，オルビスというポーラの企業名は伏せたアウトオブブランドを立ち上げ，2018年度の通販事業において第1位のシェアを獲得した。

通販品の原価は製造原価，ブランド管理者原価，卸売者原価，小売者原価すべて通販会社が請け負う。製造原価は自社が製造機能を有している企業は少なくほとんどがOEM（Original Equipment Manufacturer）方式という製造を社外の業者に委託する方式を利用している。そのため，製品の他，原料，容器包材等の在庫処分費用も通販会社が負うので2割程度の製造原価がかかっている。卸売機能に関わる費用としアウトソーシングする場合もあるが，商品受注費用としてコールセンター維持費（オペレーター人件費，通信設備費，通信料など）が中心となる。また商品の輸送費用として流通センター経費や代金回収業者（信販会社，コンビニ，金融機関）への代行費用の支払いが挙げられ，卸売機能の費用は全体の約2割を占める。また小売機能としてはダイレクトメール費用が主で2割程度に抑えられれば残余分が利益として確保できる構造となって高い収益を確保しやすい。

これに対して訪問販売品の場合，製造原価やブランド管理者原価は他のルート同様それぞれ2割程度となっている。卸売機能として物流費用の他に販売員の管理費用が該当する。メーカーによっては多大の教育費を支出し，地域販社を設置し強固な販売組織を持つ企業と，このような組織化に投資するよりも販売員への利益を多く配分しインセンティブを高める経営を行うメーカーもある。したがって販売員の取り分は20%から50%とメーカーによって幅が生じる。

3　メーカーの小売店管理と対策

(1)　制度品メーカーのチェーン店管理

制度品の代表企業である，資生堂の契約小売店である化粧品チェーン店のコントロール政策として，次の3点をあげることができる。

①　コーナー設置

当初は化粧品店では店に入るとたとえば右にカネボウ，左に資生堂などとそれぞれのコーナーがあり店舗内での売り場獲得競争が繰り広げられていた。欧米諸国では特に百貨店において，専用コーナーと美容部員の派遣があるが，日本では百貨店のみならず，一般小売店においても展開されていた。

コーナーの設置では，自社の製品を専用に扱うスペースを確保し，小売店舗の売り場規模に合わせ，適正なコーナータイプをメーカー本社が提案し，店づくりをメーカーが主導的に進めた。コーナーの設置費用はチェーン店と分担した。この共同出資はメーカーと小売店とが強いリレーションシップ（関係性）を構築する手段となっている。

② 美容部員派遣

設置された専用コーナーには美容部員を派遣し，美容相談と販売促進活動を行う。発足当時化粧品の小売店はほとんどが，零細で家族従事者による販売が中心であった点に着目し，化粧品に関する専門知識を習得した美容部員を店舗に派遣することで，個々の顧客の相談に合わせて多種多様な商品を紹介する，きめの細かい対応を実現した。

店舗経営者にとっても，仕入商品の選別で特別な知識も必要なく，販売促進時の専門知識を美容部員に依存することで，店舗内の人件費の削減が図れるなどのメリットがあり，メーカーによる店づくりを歓待した。

③ 高率累進リベート

チャネル管理の手法としてリベートは最も代表的な管理方法である。その中でも，資生堂は，小売店舗で自社製品をより多く取り扱ったほうが他社を上回る売り上げを達成した場合やコーナースペースを資生堂側により多く提供した場合，累進的にリベートが高くなる設定も行った。さらに，累進リベート（報奨金）は年間仕入高によって，５段階に分類されていた。これは単なる販売刺激ではなく取引の利益の分配金的側面を持っていた。次に実際のリベート率は当時の月間仕入高に応じたリベート率で，資生堂・カネボウ・コーセーの競合３社がほぼ同じリベート体系となっていた。総じて，上記商品は荒利7.5掛けと７掛けの商品群があった。現在1,050円以上の商品は小売マージン率30％でリベート15％ほどとなっていた。

1997年に再販売価格維持制度が撤廃され，カウンセリング販売の合理性が最高裁で認められてから，2001年に制度品システムの強化策として資生堂はチェ

流通コラム④　美容部員

女子学生に人気のある美容部員とは，百貨店などの化粧売場で化粧品メーカーのコーナーにおいて化粧品を販売する販売員のことをいう。呼び名は“ビューティーアドバイザー”，“ビューティーコンサルタント”とメーカーによって違うが，総じてメーカーの系列の販売会社に所属している。

仕事の内容は，カウンセリングという販売方法を採用している。美容部員が顧客の特徴などを把握し，時には肌診断機などの計測機械を用い顧客の肌の特徴を把握し，肌の状況や性質にあった商品を推奨する。美容部員としてメイクに関しての知識が求められる。色彩と肌や髪との関係や顔立ちに合わせたメイクの技法が要求される。ただ，本質的には販売員であるわけでその点，まず，顧客との対話から特性を引き出すために必要なマナーや対応などの接客の能力，顧客の興味をひきつける話法，顧客の特徴を把握するためのヒアリング力が求められる。美容部員へは，売上実績に加え，特定の商品の販売数，接客数，カウンセリング数，新規会員獲得数などにおける活動目標が課せられる。

次に販売する化粧品に関する知識，最後に売れた分，商品を補充するための発注業務や商品の在庫の数量を把握するための在庫管理などの商品管理に関する知識も必要となる。

勤務形態は本来，直接派遣店舗に出勤し，所属する販売会社へは月数回出社する。そのため百貨店の営業時間に合わせた勤務時間となっている。週末勤務となっているので交代制で休みを取っている。最近は百貨店のほか大手量販店での販売も力を入れており，営業時間が9時−11時と延長され，二交代制（早番と遅番）を採用しているところもある。同じ店舗に派遣されるセクション美容部員，とイベント開催中の店舗などを回るフリー美容部員がいる。通常，ブースには数名が配属されており，相談してローテーションを組み，休みをとっている。正社員の企業もあり，または契約社員の形式を採用する企業もある。契約社員ではボーナスが期待できないが，売上高に応じた報奨金を出している企業もある。

ーンストア契約制度を改訂した。契約ではチェーンストアの卸売販売，および通信販売も禁止する条項が含まれ，商品の横流しを規制する内容であった。これと同時に取扱い全店（当時2万1,000店）にPOSレジを無償提供し，店頭売り上げ状況の把握と迅速な補充対応の実現によるサプライチェーンの充実を図

流通コラム⑤　リベートと利益供与

リベート（割戻金）とは，一定期間の取引高に基づいて得意先に対して払い戻す金銭のことで，具体的には，販売した先（小売・卸）への営業活動を，販売元が評価し，支払いを受けた一部を割り戻してやる金銭的供与のことである。その中には，取引高の維持・増大を目的とした，①定率リベート（購入金額に関わりなく，購入したという実績に対して定率に支払うもの）と，②累進リベート（メーカーが定める一定の基準を達成することにより累進して支払うもの）がある。また，代金の回収の促進を目的とした，③決済リベート（現金払いを促進する現金割引）などがある。

このほかの利益供与の方法として代表的なものとして，①現品添付（販売商品に同一の商品を無償で添付すること），②景品（商品の販売に付随し相手方に提供する経済上の利益のうち，リベートと現品添付，便益供与を除いたもの），③便益供与（販売助成のため，コーナー設置や美容部員派遣など，販売施設や販売員などを相手方に供与または貸与するもの）などがある。

り，専門チェーン店の資生堂への囲い込みを実施した。またリベート制度も変更し，従来の最大15％のリベートを最大13％に引き下げ，追加でPOSレジを導入した場合１％，返品率が基準内であれば２％のリベートを払い，さらに店舗内売り上げを達成した場合，報奨金であるアローワンスとして２％を提供する方式に変更した。店頭在庫の把握により，過剰在庫を抑制し，販社営業による一時的に販社の営業員の売り上げ実績を上げるためのいわゆる押し込み販売の抑制と，安売店への卸売としての横流しが抑制された。

同じ制度品販売でも，百貨店での契約は通常の専門店での契約と異なる。元々，百貨店としても，化粧品販売はブランドイメージがよく，定価販売で，返品が可能で委託取引に近い条件で仕入れができ，派遣美容部員による販売形態はまさに百貨店の販売体質に合致した販売方法であるため，売り場も１階のメインフロアを割り当て重要な商材と位置付けている。メーカー側と百貨店側の力関係で，コーナーの設置場所と費用，美容部員の派遣の有無（場合によっては化粧品メーカーの制服を着た百貨店社員が販売することもある）などで納入掛け率が左右される。

(2) 制度品メーカーのチャネル管理：消費者の組織化

制度品メーカーは小売店をチェーン化しつつ，さらにその先の消費者についても組織化を図った。資生堂は「花椿会」，カネボウは「ベルの会」，小林コーセーは「カトレアの会」，マックスファクターは「マックスファクタークラブ」，アルビオンは「孔雀会」，日本メナードは「白ゆり会」などである。

特に資生堂の花椿会は最も古く，昭和12年設立で母娘代々会員ということも多い，その制度の特典として以下の点があげられる。

ⓐ　年間買い上げ額に応じた消費者プレミアム（景品）の贈呈。

ⓑ　会員への恩恵として会員雑誌の無料配布。

ⓒ　各種美容講習会招待，美容部員の優先的利用。

特にⓐの景品の贈呈は消費者会員にとって魅力的なものとなった。またチェーン店サイドとしてもこれらの個人情報を基に顧客管理が可能となり，ダイレクトメールやセールの送付や，美容部員も顧客の購買履歴をもとに顧客の肌の体質や年齢などによって顧客に適合した化粧品などを推薦できた。花椿会は花椿CLUBメンバーとして，現在もチェーン店づくりの中核となっている。カウンセリングの徹底と専門店化への積極支援策として「花椿CLUB資生堂化粧品保証制度」などの新施策を導入した。「スキンケアハウス資生堂」という理念の基にこれからもスキンケアを資生堂の競争上の核となる要因（コア・コンピタンス）として取り組んでいく意図が込められている。「花椿CLUB資生堂化粧品保証制度」と称される，化粧品業界では初めての「ギャランティーシステム」を導入した。これは，花椿CLUBメンバーが資生堂化粧品（コスメニティー，ファイントイレタリーは除く）について十分に満足できなかった場合，購入から30日以内に購入店へ申し出れば，商品の取替えあるいは返品（返金）の措置をとるという「購入品取替えサービス」と，1998年4月以降に生産を終了した商品（コスメニティー，ファイントイレタリーは除く）について花椿CLUBメンバーから継続して使用したいという申し出があれば，その商品を取り寄せ，あるいは製造して提供するという「愛用品取り寄せサービス」の２つからなる。特に後者には大変な手間が掛かるが，コスト面からしても他者が容易に追随できるものではなく，「要望があればたとえ一品であっても製造し届ける」という顧客満足を図る究極的なサービスであった。

このような，「21世紀型の専門店づくり」という目標に向けて，「スキンケアハウス資生堂」の理念のもと，顧客満足の向上を図る「花椿CLUB資生堂化粧品保証制度」の実践組織と「専門店化支援策」がバックアップするという構造になっていた。

⑶ 制度品メーカーの百貨店対策

百貨店でコーナーを確保することは化粧品メーカーにとっても企業自体のプレステージを高める効果を生んだ。結果，企業名がそのままブランド名となり企業価値を高めた。国内の制度品メーカーは専門チェーン店で採用していた高級ブランドを百貨店に投入していたが，量販店のチカラが強まった時期，顧客の利便性に応え量販店でこれらの制度品ブランドを投入した。資生堂であればクレ・ド・ポー ボーテ，インウイなどである。これに対して百貨店サイドから量販店と同じブランドを百貨店で並べることへの不満が生じ，メーカーは百貨店向けのブランドの開発と展開を進めた。その結果，カネボウはアシュエフ，ルソナル，インプレス，キッカを，コーセーはボーテ・ド・コーセーを，花王ソフィーナはエストを百貨店専用ブランドとして開発した。

ところが百貨店では外資系ブランドが企業単位でなく，ブランドごとに独自のコーナーを確保している。外資系化粧品はブランド名で知られているが企業としてはロレアルグループ，エスティローダーグループ，LVMH（ルイヴィトン・モエヘネシー）グループの３つの親会社に集約される。それぞれグループ内に有名ブランド事業を複数保有している。ロレアルグループはランコム，ロレアルパリ，イヴ・サンローラン，ヘレナルビンスタイン，シュウウエムラ，アルマーニを有し，エスティローダーグループはエスティローダー，M・A・C，クリニーク，ボビィブラウンなど，またLVMHグループはクリスチャン・

ディオール，ジバンシィ，ゲラン，KENZOなどのブランドを保有している。それぞれ百貨店に個別のブランドが独自のコーナーを獲得する，ビジネス形態は百貨店にコーナーを確保することに成功したクリニークが最初に行った。それだけでなく同ブランドは科学的診断方法を導入し，初めて来た顧客へサンプルやトライアルキットを提供し，その後，購買顧客に導く方法など現在では当たり前に実施されている販売方法を最初に導入した。外資系のビジネスの勢いをみるに国内メーカーは自らもそのようなビジネスを展開するため，アウトオブブランドと呼ばれるブランド展開を開始した。親会社の名前を出さず，企業形態も独立採算の別会社とし，当然パッケージには親会社である資生堂，カネボウ，コーセーなどの名前は記載させず，独立したブランドとして展開を始めた。資生堂は百貨店用ブランドとしてイプサを最初に投入し，その後，アユーラ，ナーズを，コーセー・アルビオングループは特にアルビオンが若年層を対象にデザイナーズブランドの化粧品の製造と販売を子会社の株式会社テクノラボに手がけさせ，アナスイ，ソニアリキエル，ポール＆ジョー，で成功を遂げている。花王・カネボウグループは設立した子会社エキップにより，RMK，SUQQUを育成している。

⑷　制度品市場から一般品市場への移行

従来から区分されてきた化粧品の流通経路は現在では，ボーダレス化しつつある。特に制度品メーカーのセルフ市場（一般品を主とした化粧品市場）への切り替えは急速に進んでいる。1997年に再販売価格維持制度が全面廃止されると量販店やドラッグストアにおける化粧品の割引販売が実施され，それに伴い化粧品市場におけるシェアを急速に拡大するようになった。

2018年度以降の国内化粧品市場のチャネル別販売額構成比（**図表4-5**）を見ると，専門チェーン店と百貨店を合わせた市場シェアは，下降傾向にあることがわかる。一方，量販店（GMS），ドラッグストア，SMそしてコンビニエンスストアなどの，セルフ市場は，年々微減しているものの，未だ40%を越える市場シェアを担う流通チャネルである。

［図表４－５］ 国内化粧品市場のチャネル別販売額構成比

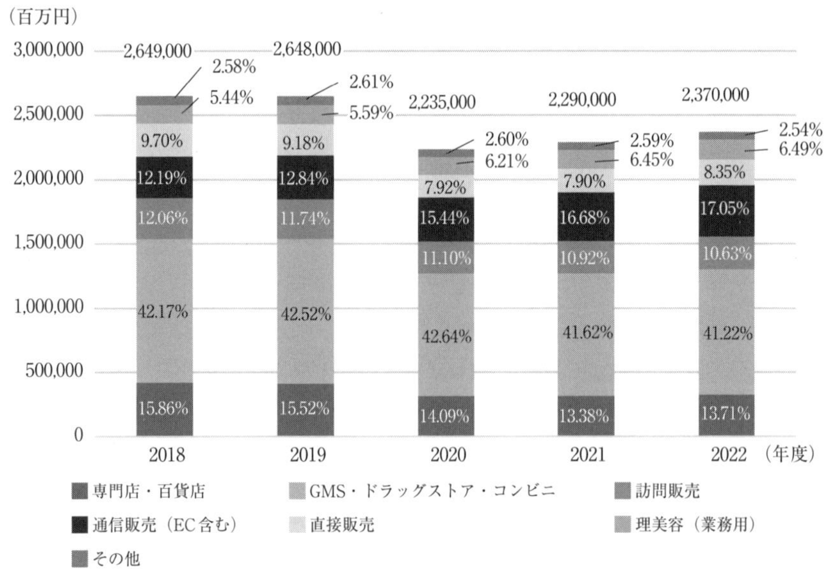

出所：矢野経済研究所『2023年版　化粧品マーケティング総鑑』11頁および178頁[3]を一部加筆修正

また近年の傾向として注目すべきは，通販品に内包されるインターネット経由（EC）の化粧品の販売である。通販品のシェアは，2018年度以降増加傾向にあるが，特にコロナ禍以降，それは増加傾向にある。

メーカーサイドも，一般品市場へのシフトに加え，通販品市場への対応といった，市場トレンドに合わせた新たな販売方法を考察しなければならなくなっている。例えば資生堂は，20－30歳代の女性を対象に“ワタシプラス”を中核事業に据え，インターネットでの化粧品の適性診断から対象化粧品の選択，そして購入店舗の検索機能である“お店ナビ”により自社製品の販売を促進している。お店ナビでの都内の登録店舗は2,199件，その約80％はドラッグストアが占め，専門チェーン店は２割程度と，資生堂は主要なチャネルとしてドラッグストアを設定している。主力ブランドとして“エリクシール”，“マキアージュ”，“インテグレート”，“アクアレーベル”を開発し，投入している。

4　化粧品メーカーの特徴とマーケティング・チャネル

各業種別の商品の流れを示したものを“流通チャネル”と表現するのに対して，個別企業のマーケティング目的の基に，個別企業が構築した商品の流れを“マーケティング・チャネル”と表現して区別している。ここで，代表的制度品メーカーのマーケティング・チャネルを見てみる。

(1)　資生堂のマーケティング・チャネル

資生堂のマーケティング・チャネルは，以前は販売会社が資生堂のチェーンストアを束ね，さらに百貨店やドラックストアなどへの販売活動を担っていた。しかし2015年10月，資生堂は会社分割を実施，それに伴い資生堂販売が日本国内における化粧品事業の一部を継承することになる。資生堂販売は，その社名を資生堂ジャパンに刷新し，マーケティング，人事，IT，財務といった，製造以外の化粧品に関する事業を司る企業体へと変革した。その結果，約90年に及ぶ資生堂の販売会社制度は，この期を境に廃止される運びとなった。

2023年の調査では，資生堂ジャパンの専門チェーン店は，全国で約3,600店

[図表4-6]　資生堂のマーケティング・チャネル（2022年度）

出所：矢野経済研究所『2023年版　化粧品マーケティング総鑑』343頁[4]を一部加筆修正

舗あるという。

⑵ カネボウのマーケティング・チャネル

往年の繊維企業からスタートしたカネボウ（鐘紡）は多角事業を展開し，化粧品事業が中心の企業体に変容していた。そのカネボウ（化粧品，トイレタリー，食品，薬品）が化粧品部門（現カネボウ化粧品）を独立させた。その後，2005年にカネボウ化粧品は花王に買収され，花王は100年以上の伝統を持つ化粧品のカネボウを手に入れ専門チェーン店流通の販路を確保した。残されたカネボウ本体は社名をクラシエとし，残りの事業部門であるトイレタリー，食品，薬品の３事業でスタートした。花王グループの下，再スタートしたカネボウ化粧品は，専門チェーン店とともに，セルフ市場へ進出し，販売体制も流通経路別組織体制を構築した。しかし，2016年１月に，花王はその販社を一体化し，花王から花王カスタマーマーケティングへ変革，その際にカネボウ化粧品販売も内包する形で，「花王グループカスタマーマーケティング（KCMK）」が設立された。現在は，カネボウ化粧品のすべてが，KCMKを介し販売されている。

図表4-7　カネボウ化粧品のマーケティング・チャネル（2022年度）

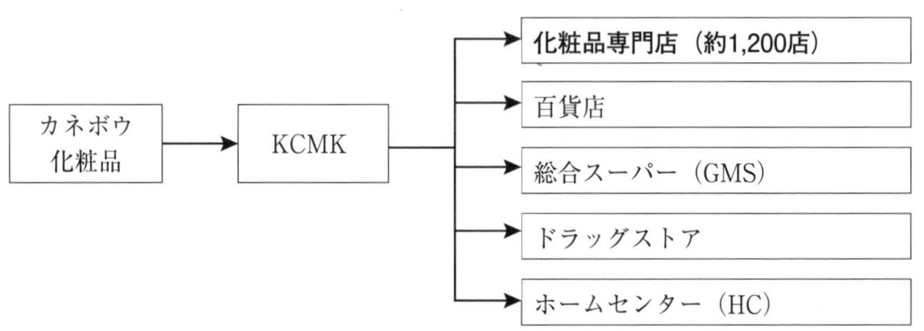

出所：矢野経済研究所『2023年版　化粧品マーケティング総鑑』333頁[5]を一部加筆修正

注■

1　一般消費財ではなく，産業財の範疇になるが，理容室やサロン，エステ，ホテル，ゴルフ場などの施設で利用するための商品を開発して主に販売会社から商品を流す業務用ルートを持っている。現在は大手の化粧品メーカーも注目すべき市場として位置づけている。

2　設置費用は小売店側が負担しており，２社以上のメーカーと契約を締結すれば店舗のほとんどが完成してしまうといわれた。

3　矢野経済研究所へのメールインタビュー結果も踏まえて（2023.11.30）

4　矢野経済研究所へのメールインタビュー結果も踏まえて（2023.11.29）

5　矢野経済研究所へのメールインタビュー結果も踏まえて（2023.11.29）

〔参考文献〕

梅本博史（2011）『化粧品業界の動向とカラクリ』秀和システム。

田中利見（1980）『資生堂対カネボウ』評言社。

野田實（1980）『流通系列化と独占禁止法』大蔵省印刷局。

富士経済（2010）『化粧品マーケティングトレンドデータ（2010）』富士経済。

矢野経済研究所（2023）『化粧品マーケティング総鑑2023年版』矢野経済研究所。

Working

1　制度品，一般品，の代表的商品を２つずつあげなさい。

2　それら商品の最近の変化・動向について調べてまとめなさい。

Discussion

1　制度品メーカーは，小売チェーン店組織を今後どのように活用すべきか？

2　制度品メーカーが大学生を顧客として取り込むためにはどのような工夫をすべきだと思うか？

第5章 PB商品の流通

本章のねらい

プライベート・ブランド（PB）は，小売業者が開発し，その企業だけで扱われる商品である。差別化の手段となるために，現代の小売業者はPBに力を入れている企業が多い。PBによる差別化は，従来は価格が中心であったが摸倣されやすいために，小売業者は品質の高い多様なPBに取り組み始めている。

PBの製造は一般に製造業者に委託される。ナショナル・ブランドを所有する製造業者にとって，PBは脅威であり，その製造受託は複雑な問題である。一方，小売業者にとってPBの製造委託は品質に影響する大きな問題である。わが国においてPBは徐々に浸透してきたが，その程度は小売業者や製品カテゴリーによって異なる。市場構造や，製造業者を含めた企業の戦略的行動に影響を受けるためである。

PBは，小売業者と製造業者における従来の役割と関係に変更を求める。まずは小売業者と製造業者にとってのPBの目的と課題を理解したい。そして最後に，需要を創造する価値創造型PBについての事例を記載した。どのように品質を高めてきたのか理解してほしい。

Keyword

プライベート・ブランド（PB）
ナショナル・ブランド（NB）　プレミアムPB
スタンダードPB　エコノミーPB
特定ニーズに基づくPB　価値創造型PB
PB比率　PBによる差別化　PBへの対応策

1 PBとNB 問題の所在

プライベート・ブランド（PB）商品とは，小売業者あるいは卸売業者が企画・開発に関与し，独自のブランドを付与し，その企業あるいは企業グループだけで扱われる商品である。多くの場合，企画・開発は製造業者と共同で行い，製造は製造業者に委託する。その企業だけで取り扱われるために差別化の手段となり，競争力の要因となるために，現代の大手小売業者はPBに力を入れている企業が多い。わが国の大手小売グループであるセブン＆アイ・ホールディングス（以下，セブン＆アイ）社やイオン社も，それぞれPB「セブンプレミアム」，「トップバリュ」に力を入れている。また食品業界以外では例えば，ドラッグストアのウエルシア社，ホームセンターのカインズ社，ディスカウンターであるドン・キホーテ社などがあげられる。さらに，ユニクロ社やニトリ社などは，独自のブランド名を付与していないが専用の商品を開発している。つまりPB中心の品揃えで成長を続けている。

PB商品でない商品は，ナショナル・ブランド（NB）商品と呼ばれる。NBとは，製造業者が企画・開発しマーケティングを行う商品であり，複数の小売業者で販売される商品である。典型的には，マス広告を中心にして全国展開される日清食品社の「カップヌードル」などである。ただ，ナショナル・ブランドといっても，必ずしも全国展開される必要はなく，小規模製造業者の商品でも，複数の小売業者で販売されていればNBである。

小売業者にとってブランド力のあるNBは，集客のために，また消費者から品揃えとして期待される商品であるために必要である。しかし，NBは他の小売業者でも扱われている。NBしか扱わない小売業者が，品揃えで差別化しようと思えば，その価格を下げるしかない。仕入価格が一定だとすれば，利益を低下させることになる。したがって，PBに取り組む動機が高まるのである。

しかし，PBによる差別化は，従来から，そして現在においても価格がその中心である。価格訴求型のPBは，他の小売業者に摸倣されやすく，製造業者に対抗されやすいことには注意が必要である。したがって，現代の小売業者はPBの品質を高め，また多様なPBに取り組み始めている。品質の高いPBに取り組むには，NBの仕入れとは異なる能力が必要になる。その開発を主体的に行い，品質に責任を持つ必要がある。とは言え，多くの小売業者は，工場といった製造施設まで自ら所有することはしない。つまり，PBの製造は自ら行うのではなく，製造業者に委託する。したがって，製造業者との複雑なやり取りが必要になる。PBによる差別化は容易なことではない。

一方で，製造業者にとってのPBはやっかいな存在である。PBを開発し販売する小売業者は，製造業者にとってブランド間の競争企業となる。これまで小売業者は，マーケティング・チャネルとしてNBを販売する顧客であったのが，NBの競争相手にもなったのである。その上，小売業者は，売場の商品構成を決めることができるため，非常に強い競争相手である。製造業者のPBへの対応策は，ブランドとして競争することに加えて，PBの製造を受託するという選択肢もある。

PBは，小売業者と製造業者における従来の役割と関係に変更を求める。以下では，市場とPBの規模が大きいので，食品中心の小売業を対象に述べる。

2　PBの多様化

かつて，PBはNBに比較して，価格は安くかつ品質も劣るものであったが，品質は向上しNBに匹敵するようになった。そして，現在でも，価格訴求型のPBが多くの割合を占めるが，多様な品質階層のPBが生じている。また，消費者のライフスタイルの変化から生まれたニーズに訴求するPBも現れている。さらには，PBが新たな需要を創造した場合，価値創造型PBと呼ばれる場合もある。PBの分類は様々あるが，大きく３つに分類して説明しよう。

⑴ 品質・価格に基づく３層のPB

PBによる差別化は価格が中心であるが，多様な品質階層のPBが生じている。３つの階層に分けることが一般的であるが，実際には企業によって，階層の数，その程度は異なる。プレミアムPB，スタンダードPB，エコノミーPBと呼ばれる。プレミアムPBはカテゴリーにおける主要なNB以上の品質であり，価格はNB以上の場合もあれば，NB以下の場合もある。スタンダードPBはNBと同程度の品質で，価格はNBに比べて５～25％低いと言われる。エコノミーPBは価格訴求のより強いPBであり，価格はNBに比べて20～50％低いと言われる。また，スタンダードPBは，NBの品質だけでなくパッケージ等を模倣してNBに対する低価格を強調することがあり，その場合は模倣型PBとも言われる。**図表５-１**は，セブン＆アイ「セブンプレミアム」とイオン「トップバリュ」の多様なPBを示している。なお，両社とも３層に分かれているが，イオンは2023年現在，ブランド階層を集約中であり[1]，個別ブランドが３層のいずれにあたるかの解釈が難しく，図表では個別ブランドをあげるにとどめている。

３つの階層の割合は，スタンダードPBが最も多い。またエコノミーPBは，価格が低いため，粗利益も低くなる課題があるが，もともと低価格業態との競

［図表５-１］　セブン＆アイとイオンの多様なPB

	セブン＆アイ 「セブンプレミアム」	イオン 「トップバリュ」
品質・価格に基づくPB（高品質↕低価格）	「セブンプレミアム ゴールド」 「セブンプレミアム」 「セブン・ザ・プライス」	「トップバリュ セレクト」 「トップバリュ」 「トップバリュ ベストプライス」
特定ニーズに基づくPB		「トップバリュ グリーンアイ」

出所：「セブンプレミアム」，「トップバリュ」のホームページより筆者作成（それぞれのURLは，［https://7premium.jp/　閲覧日2023年10月12日］，［https://www.topvalu.net/　閲覧日2023年10月12日］）。

争のために導入されたものである。プレミアムPB，エコノミーPBともに，現状では全てのカテゴリーに導入されているわけではない。

(2)　特定ニーズに基づくPB

特定ニーズに基づくPBとは，消費者のライフスタイルの変化によって生まれたニーズに対応したPBである。例えば，オーガニック（有機），健康的な生活，フェアトレード，環境配慮などへのニーズである。これらのニーズに対応したNBがなかったわけではない。しかし，PBは多くの製品カテゴリーにまたがるので，これらのニーズに対してカテゴリー横断的に一貫性のある価値を提供できれば，そのニーズを持つ消費者にとっては望ましいブランドになる。

わが国ではイオンが，「トップバリュ グリーンアイ」として，このタイプのPBに早くから取り組んできた。オーガニック以外には例えば，自然にやさしい飼育や養殖の方法で開発した畜産物・水産物に力を入れている。

(3)　価値創造型PB

PBは，既存の生産・流通の仕組みを作り変えて，需要を創造する場合もある。ハードディスカウンターのアルディ社（ドイツ），家具・インテリア業界のIKEA社などは，サプライチェーンやマーケティングのプロセスを変革することによって，NBと同等の品質のPBを著しく低い価格で提供している。これを価値創造型（value innovator）PBと呼んでいる研究者もいる[2]。

わが国のコンビニエンスストア（以下，CVS）の惣菜，またイギリスの食品スーパーの冷蔵調理済食品などは，もともとNBが弱い分野，あるいは製品カテゴリーが存在しなかった分野において，小売業者がPBによって主導的に生産・流通の仕組みを構築し，需要を創造してきたといえる[3]。

ここでは，このような生産・流通の仕組みを構築し需要を創造するPBを，価値創造型PBといおう。価値創造型PBという名称は，まだ一般的ではないが，視野を広げれば事例はいくつか見ることができる。前述したユニクロやニトリも当てはまるだろう。第6節でこの事例として，CVS市場でシェア1位のセブン－イレブン・ジャパン（以下，セブン－イレブン）の惣菜について取り上げる。

3 PBはどの程度，浸透しているのか

それでは，PBは市場にどの程度，浸透しているのであろうか。PB浸透の程度は，国，小売業態，小売業者，製品カテゴリーによって大きく異なる。そのPB浸透に影響を与える基本的な要因は，小売業者と製造業者の市場構造，およびそれぞれの企業の戦略的行動と考えられる。市場構造を示す指標としては，市場シェア，または売上高上位企業の市場シェアを合計する市場集中度がよく用いられる。市場シェアは企業のパワーを示している。パワーとは小売業者と製造業者にとってはそれぞれの相手方に対する影響力である。企業の戦略的行動としては，小売業者の場合には，前述した多様なPBをどのようなブランド体系で提供するのかといった戦略などがあげられるだろう。製造業者の場合には，製品開発戦略やブランド戦略などのマーケティング戦略があげられる。PB浸透の程度は，企業や市場レベルでのPB比率で示されることが多い。

(1) 小売業者，小売業態による影響

まずは小売業者，小売業態によるPB浸透の違いを考えよう。大手小売グループであるセブン＆アイとイオンから考える。PB比率は公表されていないので，決算資料から算出した。セブン＆アイ，イオンのPBを取り扱う事業の売上高を分母としたPB比率は，2022年度でそれぞれ21.2％，14.3％であり，2015年より伸びている（**図表5-2**）。両社の，わが国の食品・日用雑貨品市場における市場シェアは正確にはわからないが，市場地位は1位，2位と考えられる。

それに対して，食品スーパー301社を対象にした調査によると，PB比率の平均値は10.3％であった[4]。セブン＆アイとイオンはパワーが強く，多様なPB体系を展開していることもあり，食品スーパーよりPB比率は高い。

また，セブン＆アイの決算関連資料（2022年度）によると，グループ内最大

[図表5-2] わが国の大手小売業者のPB比率

	「セブンプレミアム」		「トップバリュ」	
	2015年度	2022年度	2015年度	2022年度
PB比率（%） ①／②	16.2	21.2	12.2	14.3
PB売上高（億円）①	10,000	13,800	7,637	9,025
PB取扱事業売上高（億円）②	61,639	65,007	62,685	62,947

注 ：PB取扱事業売上高の対象は，セブン＆アイは国内CVS全店とイトーヨーカ堂などの国内スーパーストア事業である。イオンは総合スーパー，食品スーパー，CVS，ディスカウントストアである（国際事業は含めない）。

出所：セブン＆アイは『コーポレートアウトライン 2022年度版』および『セブン＆アイ・ホールディングス事業概要－投資家向けデータブック（2015年度版）－』，イオンは「決算補足資料」（2016年2月期・2023年2月期）より筆者作成。

手企業でCVS業態であるセブン－イレブンの食品領域でのPB比率は30%とある[5]。その比率はグループ全体より高い。CVS業態のPB比率が高い理由は，品揃えの絞り込みによって単品販売量が大きくなるためと指摘されている[6]。欧米でも，品揃えを絞り込んだハードディスカウンター業態のPB比率が高いことが知られている[7]。業態によってPBの浸透は異なるのである。

(2) 製品カテゴリーによる影響

次に，製品カテゴリーの違いをみよう。**図表5-3**は2015年時点であるが，食品スーパーにおける，カテゴリー別の製造業者の市場集中度（4社）とPB比率である。カテゴリーは市場集中度の高いあるいは低いカテゴリーを3つだけ例示している。全体のPB比率は8.6%であった。市場集中度の高いカテゴリーをみると，例えばビール類のPB比率は3.0%であった。ビール類の市場集中度は95.5%であり，上位企業で市場の大部分を占めており，積極的なブランド・マーケティングが行われている。PB比率が低いのはその影響と考えられる。それに対して，市場集中度の低いカテゴリーをみると，冷凍素材（冷凍野菜など）のPB比率は42.9%と非常に高い。市場集中度の低さから，製造業者のマーケティング活動，製品開発力が相対的に弱いと想像できる。製品間の差

[図表5-3] 製品カテゴリー別の市場集中度とPB比率（2015年）

	市場集中度（%）	PB比率（%）
ビール類	95.5	3.0
炭酸飲料	86.6	3.7
緑茶飲料	85.9	5.4
⋮	⋮	⋮
冷凍素材	26.8	42.9
豆腐	26.0	10.9
漬物	18.0	11.2
全体	60.8	8.6

出所：食品スーパーのPOSデータより47カテゴリーを対象に筆者作成。

別化が失われ，商品選択が価格で行われる商品をコモディティというが，コモディティ化が進んだカテゴリーはPB化が進むと言われている。

(3) 国による影響

最後に，国別のPB比率，市場集中度をあげよう。2012年時点であるが，イギリス，アメリカ，日本のPB比率は，45.0％，19.1％，7.5％であり，それらの国の食品系小売業の市場集中度（４社）は60.2％，41.9％，21.8％であった[8]。欧米のPB比率は，小売業者の市場集中度とともに随分と高い。日本のPB比率は徐々に高まりつつあるものの，低いことがわかる。

以上のように，小売業者と製造業者の市場構造や戦略によって，PBの市場への浸透は大きく異なるのである。

4 小売業者にとっての目的と課題

冒頭では，PBの目的は差別化と述べたが，PB導入と拡充の目的には，実は様々なものがある。まずは小売業者の目的を整理し，次いで課題を整理する。

(1) 小売業者にとっての目的

小売業者にとってPBに取り組む目的は主に4つある。1つ目は，他の小売業者との差別化のためである。小売業者はPBの品質を高め，多様なニーズに対応したPBに取り組み始めているが，現在においてもその差別化は価格が中心である。そして，価格による差別化は，価格によって対抗されやすいことに注意が必要である。わが国で，早い段階からPBに取り組んできたのはダイエー社である。ダイエーは，1960年代からジェネリックPBや開発輸入型PBなど様々なPBに取り組んできた。しかし，競合小売業に模倣され，製造業者に値下げで対抗され，PBによる差別化を継続的に持続することはできなかった[9]。海外では，特定のPBに高い選好を持った消費者であっても，市場参入したウォルマート社に対して大幅な支出を移したという調査がある[10]。

2つ目は，PBは粗利益率が高いので利益への貢献が大きいためである。NBは競合企業が扱っているため，その競争から価格を下げがちであるのに対して，PBはそういうことがない。また，PBは後述するように仕入価格を低く抑えることができるため，PBはNBに比べて粗利益率が高くなるのである。ただし，粗利益率はPBのほうが高くても，1個当たりの販売価格はNBのほうが高いため，結局粗利益額はNBのほうが高いということもあるので注意が必要である。

3つ目は，製造業者に対する取引交渉力を高めるためである。PBの導入によって，PBと代替性が高いNBは売行きが鈍る可能性が高くなる。それだけ小売業者の製造業者に対する取引交渉力が高くなる。実際に，PB比率が高い製品カテゴリーのNBは，小売業者の粗利益が高いという調査がある[11]。PBはそれ自身の粗利益率が高いというだけでなく，NBにも影響して粗利益を高めるのである。

4つ目は，顧客の店舗ロイヤルティを高めるためである。1つ目の差別化と関連するが，PBの品質が高まれば，店舗ロイヤルティは高まっていくと考えられる。顧客がPBの品質，価値に満足することで，店舗を変更する心理的なコスト（スイッチング・コスト）が高まるためである。また，PBは多くの製品カテゴリーにまたがる点も，店舗変更のコストが高まりやすい理由である。

(2) PBの仕入価格を低くできる理由

PBの仕入価格を低くできる理由はいくつかある。大きな点として，小売業者と製造業者のパワー関係がある。PBの製造業者は一般に規模が小さいため，小売業者はパワーを行使して仕入価格を低くすることができる。それに加えて，製造業者段階のコストを低くできる，以下のような合理的な理由もある。

1つ目は，商品在庫のリスクを小売業者が引き受けるためである。PBは，一般的には，製造を委託した生産量を全て小売業者が買い取る。つまり商品在庫のリスクを小売業者が引き受けるため，製造業者は売れ残る心配をしなくて済み，コストを低くできる。

2つ目は，製造業者の広告宣伝・営業費また研究開発費などが不要なためである。そのため，製造業者はコストを低くできる。なお，広告宣伝は小売業者自身が行うので，コスト低下にはつながらないとも考えられるが，PBは多くの製品カテゴリーにまたがるため，製造業者に比べるとそのコストは低くなる傾向があると言えるだろう。

3つ目は，規模の経済性である。製造業者は，PBの製造受託によって工場の稼働率を高めるため，製品1個当たりの製造原価を低くできる。また，工場の固定費は，基本的にはNBで回収できていると考えると，PBではその変動費分さえ回収できれば良いという考え方も成り立つ。製造業者がこのように考える場合，小売業者は交渉によってPBの仕入価格を低くすることができる。

(3) 小売業にとっての課題，商品開発

PBには様々なメリットが考えられるが，PBを導入し拡充していくためには，NBの仕入れとは異なる能力が必要となる。課題はいくつかある。1つ目は，品質の高いPBを開発し続けるために商品開発の仕組みを構築する必要がある。2つ目は，PBは自社のブランドであり品質に責任を持つ必要があるために，

品質保証の仕組みを構築する必要がある。

以下では，商品開発の仕組みについて考える[12]。PBの開発期間は製品，企業によって幅があり，4カ月を目安とする場合もあれば，1年以上という場合もある。いずれにしてもNB導入の期間より長い。また，多様なカテゴリーにわたる多くのPBを定期的に改良し続ける必要がある。ここでは1つの商品の開発プロセスを簡単に紹介しよう。

①製品カテゴリーのレビュー：商品開発の機会を特定するために，製品カテゴリーについて，売上，利益，市場シェア，市場調査や顧客調査等の観点から分析が行われる。消費者ニーズが特定され，製品属性が検討される。

②製品仕様書の作成：製品に求めるものを明確にするために製品仕様書が作成される。その内容は，品質，価格，サイズ，色，内容，他の技術的属性，原材料，パッケージなどについての詳細である。ヨーロッパの進んだ小売業者は，技術的な検討や商品検査を自ら行うために，商品の研究所を持ち，テクノロジストと呼ばれる技術者を多数抱えている。食品化学・技術，生物学，栄養学などの専門家である。わが国にも研究所を持っている小売業はある。

③製造業者の探索・決定：製造を委託する製造業者を探索する。多くは既存の取引のある製造業者から探索される。新規の場合には，第三者認証制度の利用や，自らの基準に基づく工場検査などによって選定される。

④製造業者との共同開発：製造業者との綿密なやり取りが行われ，製造業者によって試作品が作られる。試作品に対する各種の検査などを通じて，仕様書の要求が達成できているかなどの確認が行われる。

⑤消費者モニター調査の実施：試作品を評価するために消費者モニター調査や社内調査が実施される。小売業の場合，顧客の組織化が可能であり，消費者モニター調査が重視される。この評価が低ければ，引き続き改良が行われる。

⑥販売，販売後の評価：販売が行われ，販売実績の評価が行われる。

5 NB製造業者にとってのPB

製造業者の中には，実はNBを営業の主とする製造業者と，PBを主とする製造業者がある。PBを主とする製造業者は，一般には知られていないが，後述するセブン－イレブンの惣菜の製造業者の多くはPBを主としている。ここでは，NB製造業者にとってのPBの脅威，対応策を考える。NB製造業者の方が，PBの脅威がより大きく，対応が難しいためである。

(1) PBの脅威と対応策

PBが導入，拡充されると，それだけNBのシェアは低下する。また，小売業者は売場の商品構成を決めることができるので，PBを有利に展開するために，PBを主要なNBの横に配置したり，NBの価格を高めたりすることがある。NB製造業者にとって，PBは大きな脅威である。

NB製造業者の対応策はまずは，NBの品質や機能を高めること，またはブランド力を高めることである。PB導入によって大きな影響を受けるのは，一般に市場の下位の製造業者である。消費者に支持されるNBとなることが，小売業者の品揃えにとっても欠かせない存在につながるので，重要である。ただし，対応策には，PBの製造を受託するという選択肢もある。

(2) PB製造受託の目的

PB製造受託の主な目的は次の4点が考えられる。1つ目は，販路を確保し売上を高めるためである。これまで述べてきた通り，PBはNBに比べて，リスクが少なくかつまとまった量の売上を確保しやすい。2つ目は，工場の稼働率を高めるためである。工場稼働率の向上は製造原価の低下につながり，それはNBにとっても好ましいことである。3つ目は，小売業者との関係を強化するためである。PBで小売業者の要望を聞くと，NBの配荷や取引条件の改善などが期待できる。4つ目は，他の製造業者のPB製造受託を阻止するためである。どうせ，他の製造業者がPBを受託し脅威が高まるのであれば，自社で受託し，PBと自社NBとのポジショニングを調整し，競争の程度を少しでもやわらげようという意図である。

以上のように，PBはNB製造業者にとって脅威であるが，メリットもあり，悩ましい課題である。NB製造業者がPB製造受託を行うかどうかは，これまで次のような傾向があると言われてきたが，その傾向も変わってきている。

(3) PB製造受託の傾向

PB製造受託の傾向は，製造業者の市場地位や規模が大きいほど受託しない，小さいほど受託する傾向にあると言われてきた。理由は次の通りである。大手，または市場１位の製造業者は，ブランド力があり，もともと工場稼働率が高いため，受託のデメリットのほうが大きくなると考えられる。それに対して，中小，または２位以下の製造業者は，ブランド力が弱く，工場稼働率が低いため，メリットが大きくなると考えられる。

しかし，この大手NB製造業者が受託を行わないという傾向は，最近変わってきた。理由はこれまで述べてきた通り，PB比率が高まり，その品質が高くなってきたことである。小売業者がPBに高い品質を求める程，技術力のある大手NB製造業者に依頼する傾向が強くなるだろう。実際に市場１位の企業である，日清食品，カルビー社，キユーピー社，山崎製パン社，日本ハム社などは，PB受託を柔軟に行っている[13]。

それでは，大手NB製造業者はPB製造受託を行うべきか。これまで述べてきた要因に加えて，長期的な視点が必要である。製品開発力やブランド構築力によってPBとの差別化を図り続けることができれば，PB受託のデメリットは少なくなる。また，次の例のように，NBとPBのポジショニングが異なり，かつ何らかの相乗効果が見込める場合には，メリットが生じることになる。

(4) 大手NB製造業者のPB受託事例

セブン＆アイのプレミアムPBの即席カップ麺で，有名ラーメン店の味を再現した「すみれ」「一風堂」などは日清食品が製造受託したものである。日清食品にとっても意義があると思われる。セブン－イレブンは味を再現するために開発力のある製造業者として日清食品に依頼した[14]。それに対して，日清食品は，有名ラーメン店は全国どこでも食べられるわけではなく，即席麵として発売されれば，熱狂的なラーメン・ファンが飛びつくだろう[15]，つまり新たな需要を創造すると考えて受託したと思われる。2000年の発売以来，現在も販売が続いている。また，セブン－イレブンの棚をみると，NBは絞り込まれているものの日清食品の主要NB「カップヌードル」は存在し続けている。

6　価値創造型PB

セブン－イレブンの惣菜におけるPBは，これまで述べてきたPBとはかなり異なる。小売業者が中小の製造業者を組織化し，製造業者間の協働と専用工場化によって，品質の向上とバラエティのある商品開発に取り組み，需要を創造してきた。このような組織化は稀といえるが，品質が競争の鍵となっているPBにとって示唆に富むと思われる。

(1)　惣菜市場の成長とコンビニエンスストア

セブン－イレブンの惣菜（おにぎり，弁当，惣菜，調理パン，調理麵など）は，PB「セブンプレミアム」には含まれない。しかし，セブン＆アイのロゴが付され，セブン－イレブンでのみ販売されている商品である。セブン－イレブンの資料では，フレッシュフードと呼ばれ[16]，PB「セブンプレミアム」とともに独自商品に位置付けられ[17]，成長の基盤であると認識されている[18]。独自のブランドは付与されていないが，差別化という目的からPBと考えて問題はないであろう。惣菜カテゴリーの売上割合は，22年度で29.5％である[19]。また，非食品を除いた食品の中で考えると，前述した通りPB「セブンプレミアム」の割合は30％であるのに対して，惣菜の割合は43.8％となる。

セブン－イレブンが惣菜に取り組んだのは，創業２年目の1976年に弁当を発

[図表5-4]　惣菜市場の業態別動向

兆円 %

コンビニエンスストア
食品スーパー
惣菜専門店
総合スーパー、百貨店
コンビニエンスストア（シェア）
食品スーパー（シェア）
惣菜専門店（シェア）

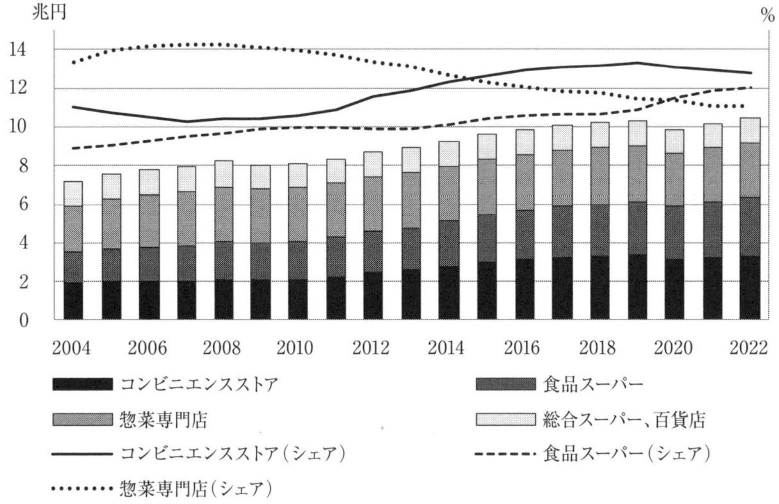

出所：日本惣菜協会『惣菜白書』（2015年版・2021年版）より筆者作成。

売してからである。惣菜はだれもが食べるものであり，徹底的に味を追求すれば必ず顧客に支持される[20]と考えたためであった。惣菜市場の規模は1980年代末には約3兆円であった。1990年代にはミールソリューション概念の輸入によって食の豊かさが求められるようになり，惣菜専門店，食品スーパー，CVSが競争を展開するようになった[21]。**図表5-4**は2004年以降の惣菜市場の業態別動向である。現在，市場は10兆円を超えるまでに成長した。CVSは順調に成長を続け，2010年代後半には業態別シェアは3割を超え最大の地位を占めるようになった。CVSは惣菜市場の成長に貢献したと思われる。

(2)　セブン-イレブンと製造業者との関係

セブン－イレブンが惣菜で行ってきたことは品質の追求であった。そのための大きな特徴が，製造業者を組織化し，協働して商品開発，品質管理，原材料

[図表5-5] PBにおける小売業者と製造業者の関係

図表5-5-1 価格訴求型PBの場合

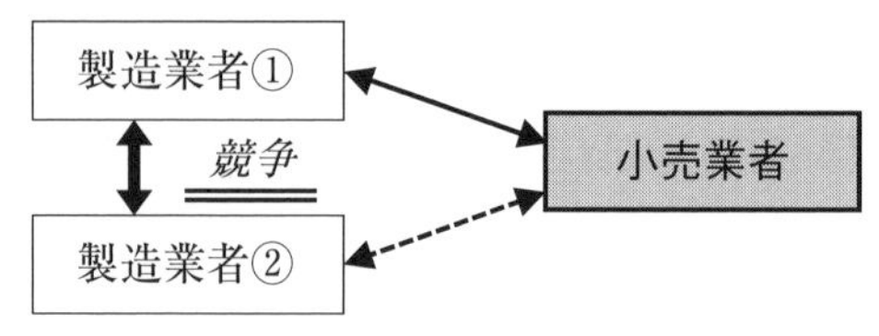

図表5-5-2 セブン－イレブンの惣菜の場合

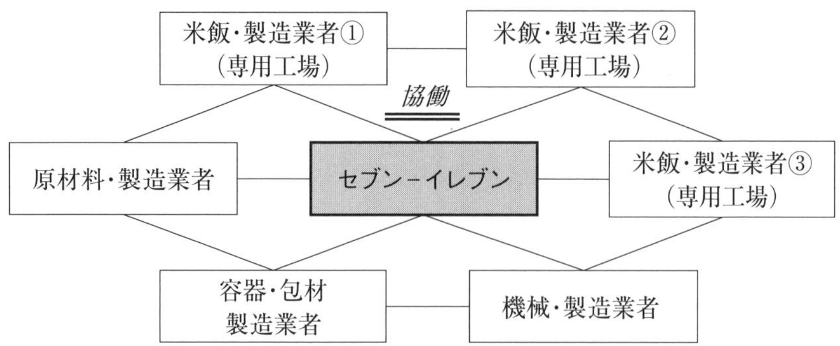

出所：5-5-2はセブン－イレブン『セブン－イレブンの横顔 2022-2023』(p.22) を参考に筆者作成。

調達を行うようになったことである。まずは製造業者との関係から整理しよう。

製造業者との関係は，価格訴求型のPBの関係と比べれば，非常に異なることが理解できる。コモディティ化したカテゴリーの価格訴求型PBの場合から考えよう。その場合，製造できる製造業者は複数存在することが多いため，小売業は製造業者間の競争を利用し，より低価格の企業に委託する（**図表5-5-1**）。PBは特定小売業向け専用商品であるが，実は市場取引に近い面も持つ。

それに対して，セブン－イレブンの惣菜における製造業者との関係には，２つの特徴がある[22]（**図表5-5-2**）。１つ目は，小売業と製造業者間の協働だけでなく，製造業者同士の間にも協働が存在することである。協働は製品カテゴリーごとに行われるが，米飯（弁当やおにぎり）カテゴリーの商品開発をイメージすると，まず複数の米飯の製造業者が参加している。同じカテゴリー内の製造業者は，本来は競争しているため，特定の小売業者のために協働することは考えにくいが，この関係に加わっている。そして，具材などの原材料・製造業者，容器・包材の製造業者，さらには必要に応じて，おにぎりなどの製造機械の製造業者なども加わり，製品や製法の開発が行われている[23]。

２つ目の特徴は，米飯の製造業者における工場の多くが，セブン－イレブン向けの商品だけを製造している専用工場である点である。特定小売業者向けの専用工場は，製造技術が固有の経営資源だと考える製造業者にとっては，その実現は考えにくいものである。しかし，セブン－イレブンにとっては，専用工場であれば，製造業者に対して影響力を発揮しやすい。協働で得た知識をもとにして専用工場に対して，品質管理の水準を高めるように，あるいは機械を他の工場と統一するようにといった働きかけが行われている。

なぜ，こういった組織化が実現できたのか。ここでは，歴史的な説明も必要である。セブン－イレブンが設立された頃，惣菜の商品生産は，地域の中小規模の製造業者が主であった。一方でセブン－イレブンは創業以来，店舗数を急激に増大させていたため，複数の製造業者と取引を行っていた。その中で，取引していたある製造業者がその企業主宰のチェーンで食中毒を発生させたのである。セブン－イレブンと製造業者は，１つの地域で１つの製造業者が食中毒を発生させてもチェーン全体に影響を与えると気付いたのである。そこで1979年に，製造業者が協働して品質管理の向上を図ることを目的に組合（日本デリカフーズ協同組合）が設立された。当初の活動は，品質管理が主であったが，原材料調達，商品開発へと広がった。その後，加盟製造業者は増え，2023年２月末で63社，176工場，うち専用工場159工場となっている[24]。

協働関係が維持・発展したのは，この組織の形成に加えて，セブン－イレブンが製造業者との取引において排他的な関係を志向したことが大きい[25]。競合小売業と取引しないことを求める排他的な関係は，セブン－イレブンの差別化につながるだけでなく，それぞれの製造業者にこの協働への参加意欲をより促すためである。そして製造業者の専用工場への投資を引き出したのは，セブン

－イレブンが製造業者に担当地域を割り当てて投資回収の見通しを立てやすくしたことなどが指摘されている。

(3) 商品開発はどのように行われているのか

協働によって商品開発はどのように行われているのか。商品開発には２つのレベルがある。１つは，品質を高めるために従来の製法や原材料を見直し，新しい製法や製品のタイプを開発するものである。もう１つは，時期に合わせて頻繁にバラエティのある商品を開発するものである。これらの開発は，製品カテゴリーごとに，また本部だけでなく地域ごとにも分かれて行われている。

製法や原材料の見直しによる商品開発は，通常の開発とは異なるプロジェクトで行われる。おにぎりで言えば，米，具，海苔，製法，包材にこだわって改良が積み重ねられてきた。その一部でしかないが，**図表５－６**に示した通りである。成型方法で言えば，ご飯はふっくらと手作り感がでるように改良が続けられてきた。その中で，次のようなエピソードが惣菜の協働において重要と思われる。ご飯をふっくらさせると，おにぎりが袋の中で滑って崩れやすくなることがわかった。そこで，包材の見直しが求められた。包材を見直すと，おにぎりの製造機械の調整が求められた[26]。惣菜における品質の高さは，個々の原

[図表5-6]　おにぎりの改良の経緯

1978年	「手巻きおにぎり」発売（パリッとした海苔の食感が楽しめる包装）
1983年	「ツナマヨ」味発売
1996年	「赤飯おこわおむすび」発売
2001年	「こだわりおむすび」発売（具，ご飯，製造方法，包装の改良）
2003年	成型方法の変更（具をご飯の真ん中に包み，ふっくらと握る方法に）
2004年	ホット成型機の導入（ご飯を温かい状態で成型して，炊き立ての味）
2006年	「七穀米のおむすび」発売
2012年	振り塩製法の導入（無塩水炊飯のご飯を最後に振り塩で味付け）
2014年	「金のおむすび」発売（米，海苔，包材の改良）
2017年	「手巻きおにぎり」全面刷新（米の管理，精米基準，成型方法の改良）
2023年	老舗米屋監修の「こだわりおむすび」発売

出所：吉岡（2018，p.51）を基に，各種資料より筆者作成。

流通コラム⑥　PBのリスクと品質保証の仕組み

PBは，自社のブランドであり，製造を委託するためにリスクが存在する。かつて，次のような事故もあった。日本生活協同組合連合会のPBである中国産の冷凍ギョウザで起こった中毒事故である。2007年から2008年にかけて，その商品を食べた７名の消費者が重大な中毒症状を発症した。製造委託先は国内企業であり，製造工場は中国の製造業者であり，事故発生前にはその工場に対する１年に１回程度の査察は行われていた。原因は冷凍ギョウザに農薬が混入されたためであった。

したがって，本文中で指摘したように，品質保証の仕組みの構築が必要である。その仕組みは体系的に考えることが重要である。商品設計段階からあらゆるリスクを想定し，製造委託先の選定，原材料の管理，商品の検査，発売中の工場の点検，流通段階の管理などを行う必要がある。

商品の検査については，日本生活協同組合連合会やイオンは，仕様書の品質を満たしているかを確認するために，自前の研究所によって，栄養成分検査，食品アレルギー物質検査など多くの検査を自前で行っている。

（出所：日本生活協同組合連合会ホームページ「品質保証レポート・関連資料」[https://goods.jccu.coop/quality/approach/　閲覧日2024年２月４日]，イオントップバリュ社ホームページ「安全を担保するために」[https://www.topvalu.net/brand/kodawari/safety/quality/　閲覧日2024年２月４日]）

材料の良さだけでなく，製品全体のバランスが重要であると思われる。そのため，企業間の協働が有効であると思われる[27]。

頻繁な商品開発は，惣菜であれば，次のようなイメージである[28]。まずセブン-イレブンによって，１年間の品揃えの大まかな計画がジャンルと価格を基につくられる。品揃えの品目数が，例えば25品目程度，惣菜とサラダは毎週少なくとも１品目の新商品発売と決まる。１つの品目の商品開発は，複数の製造業者から特定の企業が割り当てられる。その試作品は，毎週行われるセブン-イレブンと製造業者が集まる会議で検討される。他の製造業者からも様々な意見が出され，試作と試食が繰り返される[29]。なぜ，製造業者は他社が担当する試作品にまで意見をいうのだろうか。１つの理由は，製造業者は担当地域を割り当てられているので，試作を担当した製造業者以外の地域では，他の製造業者が製造を行うためである。もう１つは，品揃え全体が顧客に支持されることが，結局自らにとっても望ましいと理解しているためと思われる[30]。全ての製造業者の協働への強いコミットメントをうまく引き出していると思われる。

注

1　『日経ＭＪ』2023年３月31日。「トップバリュ」の機能を高めた結果，「セレクト」との差別化が難しくなったと思われる。
2　Kumer and Steenkamp（2007, pp.61-74）。
3　浦上（2022，pp.273-275）参照。
4　全国スーパーマーケット協会他（2022年，p.74）。
5　セブン＆アイ『コーポレートアウトライン 2022年度版』（p.28）。
6　矢作（2014，p.93）。
7　Kumer and Steenkamp（2007, pp.62-67）。
8　矢作（2014，p.49）。
9　矢作（2014，pp.61-74）。
10　Hansen and Singh（2008）。
11　Ailawadi and Harlam（2004, p.159）。
12　商品開発の仕組みは，Johansson and Burt（2004），藤岡（2014）参照。
13　浦上（2014），浦上・矢作（2014）。
14　『日経ビジネス』（2001年9月17日）。
15　安藤（2010，p.118）。
16　セブン‐イレブンのHP「お客様相談室『フレッシュフード』とはどのような商品ですか」（閲覧日2023年10月11日）参照。カテゴリーの範囲なども記載されている。
17　例えば，セブン＆アイ「2023年度 第１四半期決算説明資料」（p.11）。
18　例えば，セブン＆アイ『セブン＆アイ経営レポート（2022年1月12日版 一部補訂版）』（p.17）。
19　セブン＆アイ『有価証券報告書2023年２月期』から算出した。なおセブン‐イレブンの惣菜は売上区分として「ファスト・フード」に分類されている。
20　セブン‐イレブン・ジャパン編（1991，p.114）。

21　1980年代と90年代については戸田（2015）。

22　この項の以下の記述については，特に断らない限り，矢作（1994），セブン-イレブン・ジャパン編（1991）に依拠している。

23　おにぎりの商品開発の様子については，吉岡（2018，pp.50-69）を参照。

24　セブン＆アイ『コーポレートアウトライン 2022年度版』（p.33）。

25　矢作（1994, p.254）によると，93年２月期で，セブン-イレブンへの販売依存度90％以上の企業は，製造業者57社のうち43社であった。

26　吉岡（2018，pp.57-61）。

27　商品開発のプロセスや組織，成果については，藤本（2001）参照。

28　緒方・澤田（2004）。

29　『日経ビジネス』（2015年4月27日・5月4日），セブン-イレブン『セブン-イレブンの横顔　2022-2023』（p.26）。

30　２つの理由については『日経ビジネス』（1996年9月30日），吉岡（2018，p.55）。

〔参考文献〕

Ailawadi, Kusum L. and Bari Harlam (2004), "An Empirical Analysis of the Determinants of Retail Margins: The Role of Store-Brand Share," *Journal of Marketing*, 68 (1), 147-165.

Hansen, Karsten and Vishal Singh (2008), "Are Store-Brand Buyers Store Loyal? An Empirical Investigation," *Management Science*, 54 (10), 1828–1834.

Johansson, Ulf and Steve Burt (2004), "The Buying of Private Brands and Manufacturer Brands in Grocery Retailing: A Comparative Study of Buying Processes in the UK, Sweden and Italy," *Journal of Marketing Management*, 20 (7-8), 799-824.

Kumar, Nirmalya and Jan-Benedict E. M. Steenkamp (2007), *Private Label Strategy: How to Meet the Store Brand Challenge*, Boston: Harvard Business School Press.

安藤宏基（2010）『カップヌードルをぶっつぶせ！』中央公論新社。

浦上拓也（2014）「PBの台頭とNBメーカーの戦略」矢作敏行編著『デュアル・ブランド戦略―NB and/or PB』有斐閣。

浦上拓也・矢作敏行（2014）「トップメーカーのデュアル・ブランド戦略」矢作敏行編著『デュアル・ブランド戦略――NB and/or PB』有斐閣。

浦上拓也（2022）「プライベート・ブランド調達における研究課題」『商経論叢』，57

(3), pp.269-283。

緒方知行・澤田和宏（2004）「進展するセブン-イレブンの『惣菜マーチャンダイジング商品革新』（後編）」『2020 AIM business design』オフィス2020新社，2004.3, pp.76-82。

セブン - イレブン・ジャパン編（1991）『セブン - イレブン・ジャパン――終わりなきイノベーション　1973 ～ 1991』。

全国スーパーマーケット協会・日本スーパーマーケット協会・オール日本スーパーマーケット協会（2022年）『2022年 スーパーマーケット年次統計調査報告書』。

戸田裕美子（2015）「食品流通・外食産業・中食産業の発展」日本惣菜協会編『中食2025』。

藤岡里圭（2014）「イギリス食品小売業のPB開発」矢作敏行編著『デュアル・ブランド戦略—NB and/or PB』有斐閣。

藤本隆宏（2001）『生産システム入門Ⅱ』日本経済新聞社。

矢作敏行（1994）『コンビニエンス・ストア・システムの革新性』日本経済新聞社。

矢作敏行編著（2014）『デュアル・ブランド戦略―― NB and/or PB』有斐閣。

吉岡秀子（2018）『セブン-イレブン 金の法則』朝日新聞出版。

Working

1　ある小売業のある製品カテゴリーを取り上げ，PBと主要なNBについて，その価格，品質，パッケージ，製造業者などの点から比較分析をしなさい。

2　多様なPBを持つ小売業を取り上げ，スタンダードPB以外のPBがどのようなカテゴリーにあるのか，またその特徴などを調べなさい。

Discussion

1　大手NB製造業者によるPB製造受託の例を取り上げ，その企業のNBや戦略，またそのカテゴリー全体に対する影響を評価しなさい。

2　価値創造型PBは，なぜどのように需要を創造したのか，従来のPBとどのように違うのか，整理しなさい。

第6章

無店舗販売：ネット通販を中心に

本章のねらい

日常生活の中で，私たちが商品を購入する場所（小売業の商品販売形態）に注目すると，有店舗と無店舗の場合がある。ここでは後者の無店舗販売に注目する。無店舗販売の代表的な商品販売形態には，通信・カタログ販売や訪問販売，自動販売機による販売などがある。その中でも1990年代以降，ICT（情報通信技術）の進展に伴い成長してきたのが，インターネット通信販売である。

本章では，まず，有店舗販売と異なる無店舗販売の特徴を無店舗小売業の定義から確認するとともに無店舗販売の代表的な販売形態をいくつか示し，それぞれの特徴や状況について解説する。次に，無店舗販売の形態の中でも，特に成長しているインターネット通販に注目し，その市場規模や企業の特徴などを整理するとともに，有店舗販売と無店舗販売を比較することで，無店舗販売の特徴について解説する。

Keyword

無店舗販売　通信・カタログ販売　訪問販売
自動販売機による販売（自販機販売）　その他の販売
インターネット通信販売（ネット通販）
プラットフォーム型　オムニチャネル型　O2O
デジタル・ディスラプション

1 無店舗販売の分類

みなさんは，日常生活の中で買い物する場合，店舗（店頭販売）での購入が多いだろうか。それとも無店舗で購入する場合が多いだろうか。どちらも同じくらいの割合で購入しているだろうか。

店舗か無店舗かの違いについて，ここでは総務省・経済産業省の『令和３年経済センサス-活動調査』にある「無店舗小売業」の定義を確認するところから考えてみよう。無店舗小売業の定義は，以下の通りである[1]。

「小売販売額の商品販売形態別割合」の店頭販売の割合が０％及び売場面積が０㎡の事業所」

このように，店頭での販売の割合がないことや売場面積がないこと，つまり，店舗を有することなく商品を販売することが，無店舗という販売形態の特徴といえる。なお，ここでは有店舗での店頭販売を主とする場合を，店舗小売業と呼ぼう。

ところで，無店舗小売業だけが無店舗での販売方法を実践しているわけではない。店舗小売業がネットスーパーやインターネット通信販売など，無店舗の商品販売形態に該当する販売活動を実践する場合も多く存在する。

こうした実情を考慮すると，無店舗販売という商品販売形態には，狭義と広義の観点から捉えることができる。狭義の無店舗販売は，無店舗の商品販売形態で販売方法を採用する無店舗小売業となる。それに対し，広義の無店舗販売は，無店舗の商品販売形態を採用する店舗小売業となる。ここでは，無店舗販売の対象範囲について，狭義を基本としながらも，店舗小売業による無店舗販売活動を含む広義の観点から無店舗販売を捉えることとする。

また，上述の『経済センサス-活動調査』によれば，商品販売形態は，店頭販売，訪問販売，通信・カタログ販売，インターネット販売，自動販売機によ

［図表6-1］　広義と狭義の無店舗商品販売形態

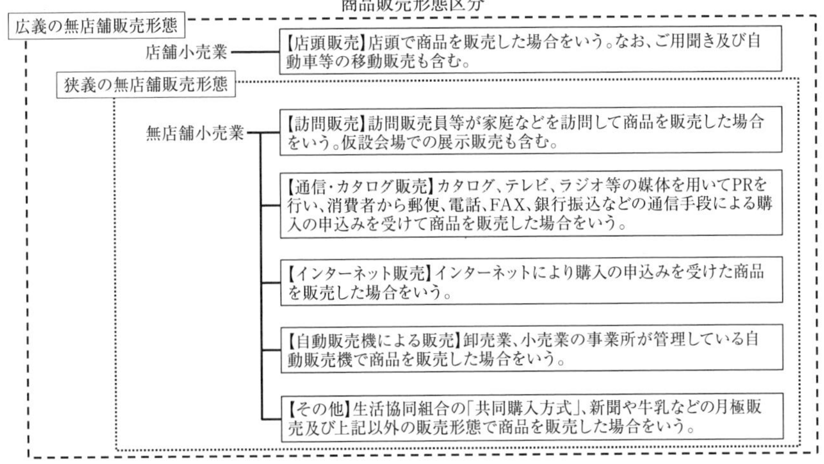

出所：総務省・経済産業省（2023）『令和3年経済センサス-活動調査　産業別集計（卸売業，小売業に関する集計）結果の概要（用語の解説）』より筆者作成。

る販売，その他に区分されている。このうち，店頭販売は店舗小売業の商品販売形態であり，それ以外は無店舗の商品販売形態となる（**図表6-1**）。

では，店頭販売と無店舗販売では，事業所数や商品販売額にどの程度の違いがあるのだろうか。先ほどと同様に，総務省・経済産業省の『経済センサス-活動調査』の結果をみてみよう（**図表6-2**）。

［図表６－２］　商品販売形態別の事業所数及び年間商品販売額の推移

商品販売形態別	2015年度		2020年度		事業所数の増減率
	事業所数	構成比	事業所数	構成比	
小売計	574,034	100.0%	536,177	100.0%	-6.6%
店頭販売	444,289	77.4%	415,352	77.5%	-6.5%
無店舗販売	129,745	22.6%	120,825	22.5%	-6.9%
訪問販売	41,647	7.3%	37,144	6.9%	-10.8%
通信・カタログ販売	11,141	1.9%	11,396	2.1%	2.3%
インターネット販売	28,454	5.0%	31,882	5.9%	12.0%
自動販売機による販売	12,916	2.3%	9,139	1.7%	-29.2%
その他	35,587	6.2%	31,264	5.8%	-12.1%

商品販売形態別	2015年度		2020年度		年間商品販売額の増減率
	年間商品販売額（億円）	構成比	年間商品販売額（億円）	構成比	
小売計	1,293,047	100.0%	1,319,908	100.0%	2.1%
店頭販売	1,115,342	86.3%	1,117,857	84.7%	0.2%
無店舗販売	177,705	13.7%	202,051	15.3%	13.7%
訪問販売	55,397	4.3%	48,264	3.7%	-12.9%
通信・カタログ販売	32,825	2.5%	41,144	3.1%	25.3%
インターネット販売	34,092	2.6%	59,252	4.5%	73.8%
自動販売機による販売	9,403	0.7%	11,905	0.9%	26.6%
その他	45,988	3.6%	41,487	3.1%	-9.8%

注：商品販売形態は，法人組織の小売業のみを調査対象としている。

出所：経済産業省大臣官房調査統計グループ・総務省統計局（2018）『平成28年経済センサス－活動調査　産業別集計（卸売業，小売業）　産業編（総括表）』，総務省・経済産業省（2023）『令和３年経済センサス－活動調査産業別集計（卸売業，小売業に関する集計）結果の概要』より作成。

図表6-2は，2015年度と2020年度の法人組織の小売業のみを調査対象とした結果であり，それぞれの市場規模全体を捉えているわけではない。ただし，一律の基準で商品販売別の形態を捉えているため，ここではこの調査結果を参考とする[2]。2020年度の事業所数は店頭販売を行う事業所数が41万5,352事業所であるのに対し，無店舗販売合計は12万825事業所である。小売計に占めるそれぞれの割合は，店頭販売が77.5%，無店舗販売は22.5%となる。また，2015年度から2020年度にかけての販売形態別の事業所数の増減率をみると，小売計は6.6%減，店頭販売は6.5%減，無店舗販売合計は6.9%減とそれぞれ減少傾向にある。しかし，無店舗販売の中でも通信・カタログ販売は2.3%増，インターネット販売は12.0%増と増加傾向にある。続いて2020年度の年間商品販売額もみてみよう。店頭販売は111兆7,857億円であるのに対し，無店舗販店は20兆2,051億円である。小売計全体に占めるそれぞれの構成比は，店頭販売が84.7%，無店舗販売は15.3%となっており，消費者の多くが店頭で商品を購入していることが窺える。こちらも2015年度から2020年度にかけての増減率をみると，小売計が2.1%増であるのに対し，店頭販売は0.2%増，無店舗販売は13.7%増と増加率が異なっている。なお，無店舗販売の中でも増加率が高い販売形態区分は，インターネット販売の73.8%増，自動販売機による販売の26.6%増，そして通信・カタログ販売の25.3%増である。

このように，店頭販売と無店舗販売の事業者数及び年間商品販売額を比較すると，構成比からみれば店頭販売が主であり，無店舗販売は店頭販売の補完的な役割として存在していると考えられる。しかし，2015年度と2020年度を比較すると，店頭販売の増加率は低いが，無店舗販売は増加率の高い傾向にある。その中でも特にインターネット販売の成長は顕著といえる。

2　無店舗販売における代表的な販売形態について

ここでは，無店舗販売の販売区分である通信・カタログ販売，訪問販売，自動販売機による販売，その他の無店舗販売について，それぞれの特徴や状況をみていこう。

(1) 通信・カタログ販売[3]

通信・カタログ販売とは，カタログ，テレビ，ラジオ等の媒体を用いてPRを行い，消費者から郵便，電話，FAX，銀行振込などの通信手段による購入の申込みを受けて商品を販売する方法である。この販売方法の起源は，中世ルネッサンスの時代のヨーロッパのカタログ販売といわれている。なお，現存する最古のカタログは，1498年に発行された書籍のカタログである。

通信・カタログ販売は，19世紀後半のアメリカで本格的に展開されていく。その背景には，南北戦争の終結，郵便制度や鉄道網といった交通通信網の発達があり，農村地域における農民の買い物の不便さに対応する形で販売活動が活発化していく。こうした通信・カタログ販売の代表的企業には，モンゴメリー・ワードやシアーズ・ローバックが挙げられる。1872年創業のモンゴメリー・ワードは，農村地域の農民が販売する安価な農産物に対して，農民がよろず屋などから購入する商品には高い値段がついていることに対する不満を解消するべく，農民（消費者）と直接取引をするグレーンジ結社（農民共済組合）から仕入れ，中間業者を排除した形で農民に対してカタログ販売にて商品を安価に提供することを実践していった。なお，モンゴメリー・ワードのカタログ販売は，1875年に返品及び返金に対応する，という消費者保護の観点も取り入れられている。一方，1886年創業のシアーズ・ローバックは，1890年代後半には200ページを超える大判総合カタログに多くの商品を掲載することで，農村地域に住む人々の生活を支えていた。

いずれにせよ，店頭販売に対する不満への対応や取扱い商品範囲の広がりの中で，店頭販売などの兼業であった通信・カタログ販売業を専業として確立したことが，近代的な通信・カタログ販売の始まりといえる[4]。

他方，日本での通信販売の始まりは，トウモロコシの種苗の通信販売である。そもそも種苗は古くから販売されていた商品の１つといわれており，日本では津田塾大学の前身である女子英学塾を開いた津田梅子の父である津田仙が1875

年に学農社農学校を設立し，翌1876年に農業雑誌を発行する中で販売している。こうした日本の通信販売の始まりの背景にも郵便制度の存在がある。1871年には東京―京都―大阪間に郵便制度が確立され，1873年には全国約1,100箇所の郵便取扱所が開設されている。

なお，日本における通信販売の本格的な成長は，1970年代以降といわれている。それは，通信販売に利用されるメディアがカタログや新聞からテレビ・ラジオなどの電波メディアへと移行していくことによる。特に，通信販売の成長を支える土台となったのは，以下の４点である。第１に，フジサンケイリビングサービス（ディノス・セシール）や髙島屋といった，マスメディアや百貨店による通信販売事業である。これは消費者に通信販売を信用させることに有益に働いた。第２に，通信販売において全国的なヒット商品が生まれたことである。それは，現在「通販生活」を展開する日本ヘルスメーカー（現カタログハウス）のルームランナーである。第３に，ヤマト運輸の宅急便事業である。個人宅宛ての宅配市場（小口荷物）を創造したことが，通信販売の物流網を支えている。そして，最後に通信販売のルールとしての訪問販売等に関する法律（昭和51年法律第57号，以下，特商法）の制定である。これにより不正業者の横行といったリスクを回避できるようになった。

1980年代以降は，化粧品などのメーカー系やクレジットカードなどの外資系，その他地場産品を扱う業者など，参入企業が多様化していく中で広がりを見せている。そして，1990年代後半以降になると，インターネットを利用した通信販売が主流となっていく（ネット通販については，後述する）。

それでは，通信販売業界の市場規模をみてみよう（**図表６-３**）。

図表６-３に示されるように，1998年以降，23年連続で通信販売業界の市場規模は拡大傾向にある。2022年度は12兆7,100億円の市場規模となり，直近５年の平均成長率も10.7％となっている。

なお，日本通信販売協会『第30回　全国通信販売利用実態調査報告書』（2022年）によると，通信販売で購入される商品の上位は，婦人衣料品，食料品（健康食品，地方特産品・産直品・飲料を除く），化粧品，香水，美容，健

[図表6-3]　通信販売業界の市場規模（推計）の推移（1997-2022年度）

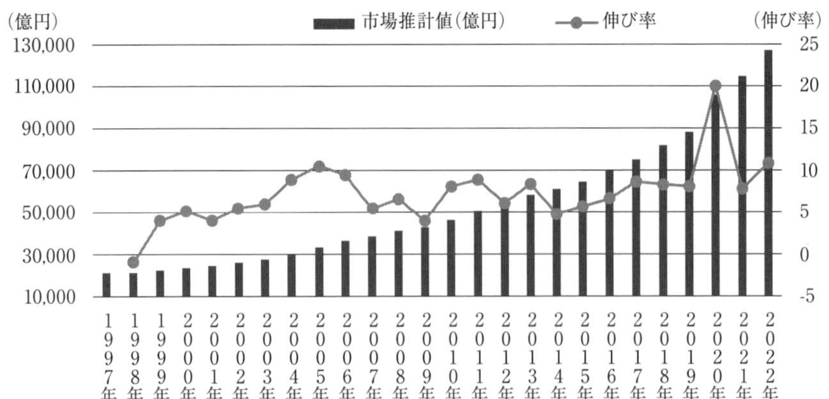

出所：日本通信販売協会「全国通信販売利用実態調査報告書　各年版」、JADMA「2022年度通販市場売上高調査」より作成。

康・医療器具（コンタクト，マスク等），靴・鞄，紳士衣料品，本・雑誌・コミック（オンラインコンテンツを除く），家庭電気製品，飲料などである。

⑵　訪問販売

訪問販売は，販売業者等のセールスパーソンが家庭などを戸別訪問して商品やカタログなどを見せて販売する販売形態である。日本においては，江戸時代中期（元禄期）から始まったといわれており，その中でも，富山の薬売り（富山売薬）は訪問販売の代表格といえる。薬売り（売薬）は，富山以外に大和売薬や近江の日野売薬，佐賀売薬などが有名である。置き薬による行商は，雪深い山村や人里離れた地方，医療に恵まれない人にとって重要な存在であったため，江戸中期から全国に普及していった[5]。ここでは，富山の薬売りの販売方法から訪問販売の特徴について確認してみよう[6]。

置き薬行商とは，その名の通り，薬屋が各家庭を訪問し，薬を販売（置く）していく方法である。富山の薬売りの場合，「先用後利（せんようこうり）」という独特の販売方法を有している。その特徴は，行商人が1年のうちに数回，決まった時期に顧客宅を訪問し，面談しながら薬の入った薬袋や薬箱を置いて

（預けて）いき，顧客が利用した薬の分だけ代金を受け取り，また使った薬を補充していくという販売方法である。なお，この対面での対話の中では，商品の説明だけでなく世間話なども行うことで，家族構成や家族の健康状態，近隣の家庭の情報収集（新規客開拓のための情報収集）などが行われている。つまり，face to faceのコミュニケーションを通して，信頼関係を醸成しつつ継続的な販売，新規顧客獲得につながる活動を行っているのである。

また，置き薬と同様に化粧品でも訪問販売を主な販売方法とする企業が多く存在する。例えば，ポーラやノエビア，日本メイナード，アシュラン，ニュースキンジャパン，シーボンなどが挙げられる。訪問販売を行う化粧品メーカーは，商品自体の説明やその使用方法の説明，肌の手入れの仕方や肌の状態に合った化粧品の推奨など，対面でのコミュニケーションが欠かせない。また，アフターサービスや新規顧客開拓に関する情報収集など，訪問してコミュニケーションをすることが信頼関係の醸成にも有効と捉える企業が多いと考えられる。

それでは，訪問販売業界の市場規模をみてみよう（**図表6-4**）。

［図表6-4］　訪問販売業界市場規模（売上高推計値）の推移（1979-2021年度）

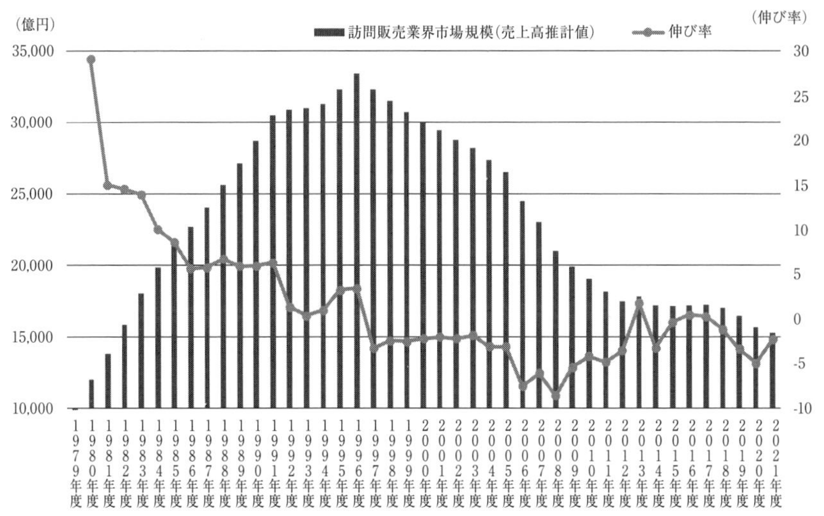

出所：公益社団法人日本訪問販売協会「訪問販売業界売上高推計値」より作成。

1979年から1990年代中頃までは順調に成長したものの，1996年度の３兆3,400億円をピークに減少傾向にある。2021年時点では，１兆5,275億円となり，ピーク時の半分以下の市場規模にまで減少している。なお，訪問販売の売上高上位３商品は，1998年度から2021年度まで①化粧品，②健康食品，③清掃用品である。

90年代後半以降の市場規模の減少は，通信販売の躍進などもあるが，一方で，訪問販売を活用したトラブルなどが生じていることも原因である。

こうしたトラブルを取り締まるべく特商法が定められている。同法は，「事業者による違法・悪質な勧誘行為等を防止し，消費者の利益を守ること」を目的としている。特に訪問販売は，「事業者が消費者の自宅等に訪問して，商品や権利の販売又は役務の提供を行う契約をする取引のこと」を指し，キャッチセールスやアポイントメントセールスといった，セールスパーソンの訪問がないものも訪問販売に含まれている。

キャッチセールスは，「営業所等以外の場所において呼び止めて営業所等に同行させる」ことを要件としており，一方，アポイントメントセールスは，ビラ，パンフレット，電話，郵便，住居訪問などにより「契約の締結について勧誘をするためのものであることを告げずに来訪を要請」したり，「他の者に比して著しく有利な条件で契約締結できる旨を告げて来訪を要請」することをその要件としている。消費者庁などに寄せられるアポイントメントセールスの相談においては，「強引」や「説明不足」，「長期勧誘」といった迷惑な勧誘に対する苦情相談が寄せられている[7]。

(3)　自動販売機（自販機）による販売

自動販売機（以下，自販機）による販売の起源は古く，最初の自販機は紀元前215年頃にエジプトの寺院に置かれた聖水自販機といわれている。また，日本で最初の自販機は，1888（明治21）年に俵谷高七氏が発明したたばこなどの箱入り商品の自販機である[8]。

総務省の「日本標準商品分類（1990（平成２）年６月改定)」によると，自販機は，物品等自販機とサービス情報自販機に区分される。物品等自販機は，飲料自販機や食品自販機，たばこ自販機，券類自販機，切手・はがき・印紙及び証紙自販機，新聞・雑誌自販機，日用品・雑貨自販機，その他の物品自販機に分類され，サービス情報自販機は就職情報自販機，パソコンソフト自販機，その他のサービス情報自販機に分類されている。

わが国での自販機の普及の要因には，10円玉（1953年発行）や100円玉（1957年発行）などといった硬貨の流通や治安の良さ，切符など乗車券売機の存在が指摘される。加えて，自販機の普及を牽引したのが飲料自販機である。

飲料自販機は，1960年代から1970年代にかけて普及していく。1960年代には，コカコーラの飲料自販機への本格導入や星崎電気（現ホシザキ）の開発した噴水式飲料自販機の「オアシス」の人気，ビンやカップだけでなく，缶容器の登場とその台頭，そしてホット・コールド機の登場などにより，自販機の飲料の多様化が進んでいく。その一方で，空き缶の散乱問題も指摘され，リサイクルといった環境問題も同時に取り組まれるようになっていく[9]。

1980年代以降はスポーツドリンクやウーロン茶系飲料，緑茶系飲料，ミネラルウオーターなどに対応したメーカーの参入により商品が多様化し，そして1990年代以降のビール系飲料メーカーの参入もあり，2005年に清涼飲料の自販機設置台数は228万台を超えている。

2000年以降の清涼飲料自販機は，オフィスや工場，店舗，病院，駅構内など，設置場所に合わせて１台に複数の飲料メーカーの人気商品を揃える「ミックス機」の登場や，災害時支援型自動販売機の展開，自販機の住所表示，消費電力削減対策なども行なわれている。

それでは，自販機の普及状況をみてみよう（**図表6-5**）。

日本自動販売システム機械工業会によると，自動販売機及び自動サービスの普及台数は，2000年度の560.8万台をピークに減少傾向にある。2022年度は400万台を割り込み，397.0万台となっている。また，2022年度の機種別普及状況のうち自販機の普及状況をみると，構成比が最も高いのは飲料自販機の224.2万台であり全体の56.4%を占めている（清涼飲料50.2%，コーヒー・ココア

［図表6－5］ 自動販売機普及台数の推移（1995-2022年度）

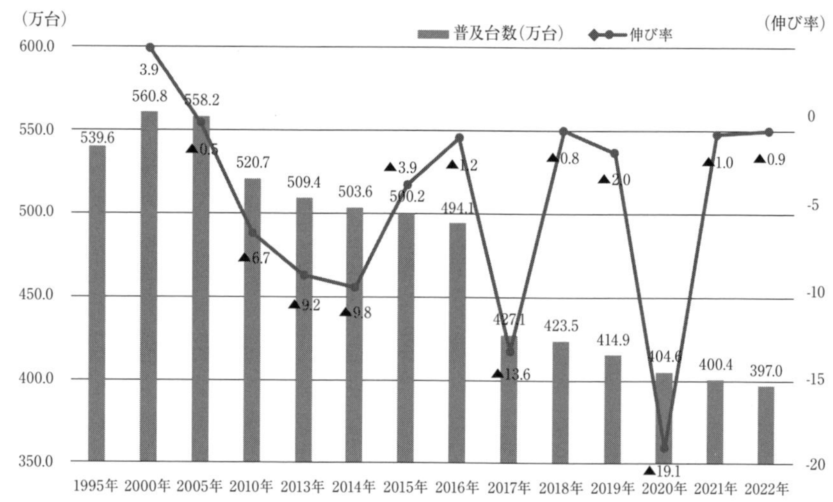

原注：2017年の台数減については「日用品雑貨自動販売機」の統計機種再考による。
出所：一般社団法人日本自動販売システム機械工業会「自動販売機普及台数」より作成。

3.2%，乳飲料2.5%）。次いで，日用品雑貨自販機5.1%，たばこ自販機2.3%，食品自販機2.0%と続いている。なお，最近では，空港や駅やホテルなど様々な場所でふるさと納税自販機が設置されている事例も増えている。

⑷ その他の無店舗販売

その他の無店舗販売は，生活協同組合（以下，生協）の「共同購入方式」，新聞や牛乳などの月極販売などの販売方法である。ここでは地域生協の共同購入方式についてみてみよう。

生協は出資金を支払った組合員が対象となる。この生協の共同購入方式は，安全・安心な食品や生活用品を適正な対価で得られる仕組みを作ることを基礎としている。当初，この方式は，店舗がなくても品物が手に入るようにするため，近隣の組合員が数世帯ずつまとまった班を作り，班ごとにまとめて購入し，まとめて届いた商品を班長宅まで取りに行くといったグループでの購入方式であった。しかし，女性の社会進出による共働き家庭の増加などを背景として，班長宅まで取りに行く手間や煩わしさにより，自宅の玄関先まで届ける個人単位の個別宅配への変更が増えている。

地域生協の中でも，パルシステムは他の地域生協に先駆けて1990年代初頭から個別宅配サービスを実施していった。なお，2023年９月時点で全国の主要地域生協の宅配サービスを見ると，宅配全体に占める個別宅配の割合は８割近くを占める状況となっている[10]。

また，パルシステムは，2000年以降に産直取引を推進しているが，そこでは，つくる人と食べる人がともに健康で安心なくらしを実現するため，リスクも利益も分かち合える関係に基づいている。加えて，商品づくりの考え方として，取り扱う商品についても，①作り手と顔の見える関係を築き，信頼から生み出された商品，②食の基盤となる農を守るためにも国産を優先，③環境に配慮し，持続できる食生産のあり方を追求，④化学調味料不使用で豊かな味覚を育む，⑤遺伝子組み換えNO!，⑥厳選した素材を使い，添加物にできるだけ頼らない，⑦組合員の声を反映させた商品づくり，といった７つの約束の実現を目指した商品づくりを示している[11]。

3　インターネット通販市場の動向と特徴

通信・カタログ販売の中でも近年大きなウェイトを占めるのがインターネット通信販売（以下，ネット通販）である。1990年代中頃以降より通信販売専業だけでなく店頭販売を主とする店舗小売業も通販市場へ参入していく中で，通販市場はネット通販を中心に拡大していく。

(1)　インターネット通信販売の市場規模

経済産業省『電子商取引に関する市場調査報告書』によると，2013年以降，国内の消費者向け電子商取引（B to C）市場規模全体は年々増加傾向にある（**図表6-6**）。

[図表6-6]　国内のB to C EC市場規模及び物販系分野のB to C-EC市場規模の推移

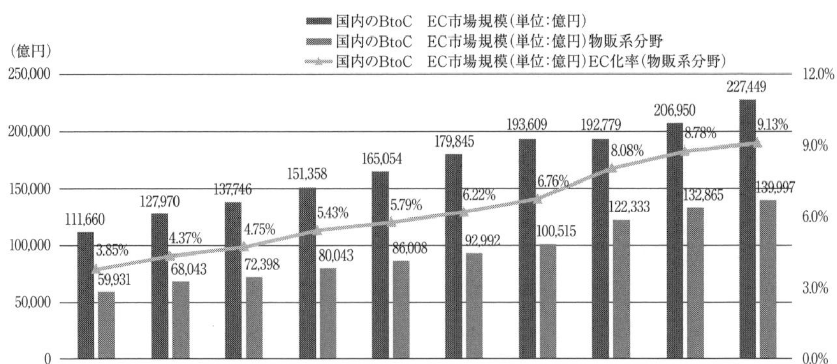

出所：経済産業省商務情報政策局 情報経済課（2023）『電子商取引に関する市場調査　報告書』より作成。

2022年度の市場規模は22兆7,449億円であり，そのうち，食品・飲料・酒類，生活家電・AV機器・PC・周辺機器等，書籍・映像・音楽ソフト（オンラインコンテンツを除く），化粧品，医薬品，生活雑貨・家具・インテリア，衣類，服装雑貨などを含む物販系分野の市場規模は，13兆9,997億円であり，EC化率（小売通販に占めるネット経由の購入割合）は9.33%となっている。消費者向け電子商取引と同様に，物販系分野の市場規模も増加し，EC化率も高まってきている。

こうした背景には，新型コロナウイルス感染症拡大に伴う巣ごもり消費の影響などが挙げられる。外出機会を制限された中で，ECサイトで買物できるといった利便性の提供は，外出機会の制限解除後もECサイトでの買物定着につながっているものと考えられる[12]。

もちろん，スマートフォンの急速な普及やSNSや動画サイトなど，情報流通量の増大やデジタルサービスの多様化・高速化・大容量化などに対応した通信ネットワークのインフラが整備されていることや，ネット通販に対応したオンライン決済サービスの拡充や配送サービスの整備・対応もネット通販の利用者の定着及び拡大の背景として重要な要素である。

では，ネット通販の市場規模について，店頭販売を主とする業態の市場規模と比較してみよう。経済産業省の商業動態統計調査によると，2022年度のスーパーの市場規模（商品別販売額）は15兆2,180億円であり，コンビニエンスストアは12兆3,530億円，ドラッグストアが７兆8,206億円，百貨店は５兆6,738億円となっている。この結果から，ネット通販が有店舗での店頭販売を主とする業態と同様かそれ以上の市場規模であることが伺える。つまり，ネット通販への対応は，店舗小売業にとっても重要な経営課題といえる。

(2)　ネット通販のビジネスモデルのタイプ[13]

では，ネット通販のビジネスとはどのような特徴があるのか，ここでは①プラットフォーム型，②オムニチャネル型，③独自企業型に分けて捉えておこう。

①　プラットフォーム（platform）型

「土台」や「基盤」を意味するプラットフォーム型のビジネスモデルの特徴は，消費者に商品やサービスを購入できる「場（プラットフォーム）」を創り出し，そこに自社商品やサービスだけでなく，他社の商品やサービスも含めて提供することで，消費者により高い価値を提供する仕組みである。こうした事業者はプラットフォーマーとも呼ばれている。このビジネスモデルの特徴には，参加者が増えれば増えるほど価値が増幅するネットワーク効果がある。

日本のネット通販市場においては，1997年にオープンした楽天市場や2000年に日本語サイトがオープンしたアマゾンなどがその代表格として挙げられる。

両者の特徴は，ネット上にモール（仮想商店街）を開設し，出店企業が販売を行い，運営会社は場所を提供して出店料や手数料を稼ぐモール型の楽天市場と，自社で仕入れたり製造して販売する直販型のアマゾンとに区分されていた。しかし，モール型の楽天市場は直販を強化し，直販型のアマゾンはマーケットプレイスを展開しモール型を強化しているため，両者ともモール型と直販型を融合したビジネスモデルとなっている[14]。

その他，ファッション通販サイトのZOZOTOWNを運営するZOZOや事務関連用品を販売するアスクルなどを子会社とするZホールディングスなどもこのタイプの有力企業の1つである。

② オムニチャネル（omni-channel）型

「あらゆる」とか「すべての」を意味するオムニとチャネル（販売経路）を組み合わせたこの言葉は，店舗小売業のネット通販対応策として登場している。それは，2011年にアメリカのメイシーズ（Macy's）が宣言したことで広く知られるようになった。有店舗，ECサイト，SNSなどすべてのチャネルを連携・統合し，「消費者にシームレスな買い物経験を提供する」ことを目的とする[15]。

日本では，2015年11月にセブン＆アイ・ホールディングスが業態を結ぶリアルとネットの融合の場である統合型通販サイトとしてomni7をオープンした。グループ各社の商品を横断的に閲覧し，比較購買ができること，商品の受け取りや返品はリアルな店舗でできることにより，消費者に価値を提供する[16]。なお，omni7は2023年1月に運用を終了し，「より利便性の高いサービスの提供の実現を目指す」ため，グループ各社が運用する通販サイトへと変更している。

こうした戦略の変更は，通販サイトを有店舗の送客や誘客に活用するほうが店舗小売業にとっては有効だという経営的判断かもしれない。オムニチャネル型の戦略の1つとして，O2O（online to offline）という方法がある。これは，スマホアプリなどを活用し，クーポンなどを配布するといった無店舗販売の販売方法を活用し，有店舗に送客を促す仕組みであり，店舗を持つ強みを生かした戦略ともいえる。

③ 独自企業型

ネット通販の黎明期から存在していた企業であり，店頭販売を主とする店舗小売業にはない，並べられにくいユニークな商品やオリジナル商品を有する企業が多かった。

もっとも，近年のように，楽天市場やアマゾンのようなプラットフォーム型が主流となる中で，プラットフォーム型を利用して出店・出品するという企業が増えている。ただし，プラットフォーム型への出店により，出店者間での競争等が生じた結果，利益が低下する企業も多い。

このように，３つのタイプが存在するが，もともと無店舗小売業を出発点としたプラットフォーム型と店舗小売業から出発したオムニチャネル型の２つが有力なビジネスモデルといえよう。

(3)　ネット通販を中心とした無店舗販売と有店舗販売との違い[17]

ネット通販を主とした無店舗販売の特徴は，有店舗での店頭販売を主とする店舗小売業と比較すると，その特徴がわかりやすい。その中でも主な特徴は以下の３点である。

第１に，店舗の地理的制約である商圏範囲の制約を超えることができる点である。店舗小売業の多くは，店舗が抱える地理的制約に対応するべく，店舗の大型化や多店舗展開で対応してきた。しかし，無店舗販売にはそうした制約がなく，広く需要を獲得できる可能性を有している。

第２に，品揃えに関する制約からの解放である。有店舗の場合，店舗スペースが規定されているため，品揃えは店舗スペースに限定される。そのため，来店する消費者のニーズを踏まえた商品の品揃えが大切である。ただし，消費者の多様なニーズに備えるにしても店舗スペースに限界がある。また，有店舗での品揃えを行う場合，欠品などによる売上機会を逃さないような体制も必要となる。それは，商品が欠品することなく常に補充できるよう在庫が用意されていなければならないことを意味する。無店舗販売の場合，こうした品揃えに関する制約から解放されやすい。ネット通販など仮想店舗の品揃えは，有店舗のような売り場スペースに制約されることなく，消費者ニーズに対して有店舗以上に品揃えしやすい。

第３に営業時間の制約からの解放である。ネット販売は，24時間365日いつでも商品の注文が可能となる。店舗に買い物に行く時間がない消費者の利便性にも応じやすい。

このように，店舗小売業の抱える制約が生じないことにより，店舗小売業に比べ，相対的に商品の販売価格を低く抑えた価格で販売ができる。その他にも，不特定多数の消費者を対象とする店舗小売業に比べると，反復注文を通して顧客情報が蓄積されやすく，それを顧客層の絞り込みや顧客ニーズへの対応などに結びつけやすい傾向があることも挙げられる。

(4) プラットフォーマーへのデータ集中に関する問題

通信インフラの高度化やデジタルサービスの普及・多様化により，ネットワーク上でのデータ流通量は増加している。こうしたデータの収集及び利活用は，より利便性の高いサービスを消費者に提供することに役立っている。例えば，アマゾンなどによって収集されているデータには，名前，ユーザー名，IPアドレス，検索ワード，購買活動，購買履歴などがある[18]。これらのデータを利活用し，過去の訪問履歴や購買履歴などから顧客へのおすすめ情報や，様々なサービス提供につながっている。

一方で，こうした一部のプラットフォーマーへのデータ量が膨大に集中することに対して，公正な競争環境への弊害と取得・蓄積したデータの取扱いに対する透明性・公平性への懸念が指摘される。前者は，プラットフォーマーと呼ばれるような企業にデータ量が集中し，その膨大なデータ量を取得・蓄積しつつビジネスに活用されることで，プラットフォーマー自体がよりデジタル関連市場で強大な地位を築くとともに，その市場支配力がより高まるという懸念である。後者は，データの適切な流通・利活用の促進やデータを活用した多様な事業やサービスの創出に対する懸念である。

日本では，デジタルプラットフォームにおける取引の透明性と公平性の向上を図るため，「特定デジタルプラットフォームの透明性及び公正性の向上に関する法律（令和２年法律第38号）」が施行された。そして，2021年４月に，アマゾン，楽天，ヤフー，アップル及びiTunes，グーグルが「特定デジタルプラットフォーム提供者」として指定され，事業概要や利用者からの苦情及び紛

流通コラム⑦　デジタル・ディスラプションとデジタル・ディスラプター[20]

1990年代後半以降，ICTの深化に伴い，ネット通販の台頭が著しい。こうしたデジタル技術による変革期は「デジタル時代」とも呼ばれている。

このデジタル時代において，デジタル技術を活用し，デジタル・ビジネスモデルを展開する企業が既存企業を脅かす存在となっている。例えば，アマゾンの急成長により，様々な市場で生じる混乱や変革を「アマゾン・エフェクト」と表現したり，有休資産を活用するシェアリング・サービスの中でも，空き部屋を活用したビジネスモデルを展開するエアビーアンドビーによる既存の宿泊業界への影響などは，その典型例である。

このように，デジタル企業が市場に参入した結果，既存企業が市場から撤退を余儀なくされるような現象を「デジタル・ディスラプション（創造的破壊）」という。また，そういったデジタル企業をデジタル・ディスラプター（破壊的イノベーター）とも呼ぶ。

デジタル・ディスラプターが顧客にもたらす価値として，３種類が挙げられる。第１に，コスト・バリューである。製品やサービスの価格を押し下げることで実現される。第２に，エクスペリエンス・バリューである。顧客にカスタマイズした商品やサービスの提供を通して利便性を高める。第３に，プラットフォーム・バリューである。プラットフォームを構築し，アクセス性や多様性，取引の効率化などの価値を提供する。こうした３つを融合させたビジネスモデルが市場に及ぼす影響を“Winner takes all”（勝者総取り）と表現することもある。プラットフォーマーの躍進はそのような時代を象徴している。

争，取引条件等の開示などの報告が義務付けられている[19]。

注■

1　総務省・経済産業省（2023）『令和３年経済センサス‐活動調査　産業別集計（卸売業，小売業に関する集計）結果の概要』参照。

2　商業を営む事業所については，全数調査で産業別，従業者規模別，地域別等に従業者数，商品販売額等が調査された「商業統計調査」があったが，経済構造実態調査の創設により，2014年調査をもって商業統計は廃止されている。そのため，ここでは経済センサス活動調査を参考としている。

3　本項は，柿尾正之（2018）「通信販売の歴史と日本における展開」三村・朴編『成熟消費時代の生活者起点マーケティング　流通・マーケティングの新たな可能性』千倉書房，pp.105-124に依拠する。

4　シアーズ・ローバックやモンゴメリー・ワードは，工業化の進展に伴う人口の都市への集中，全国的な道路整備の進展，自動車の普及などを背景とした農村住民の買物の不便さが解消される中で，店舗小売業として店頭販売を開始していった。

5　エーザイHP「人と薬のあゆみ-配置売薬と行商」参照。

6　富山の置き薬行商については，柴田弘捷（2020）「越中富山の薬売り－富山の配置薬産業と「売薬さん」－」『専修大学社会科学研究所』月報 No.679・680　2020年１月・２月合併，pp.50-65参照。

7　消費者庁HP「悪質商法などから消費者を守る」，消費者庁（2015）「第７回 特定商取引法専門調査会【資料２】アポイントメントセールスに関する状況」参照。

8　一般社団法人日本自動販売システム機械工業会HP「インフォメーション館」参照。

9　コカ・コーラHP「自動販売機の歴史」，ホシザキHP「タイムトラベル」，一般社団法人全国清涼飲料連合会HP『戦後の清涼飲料史』，pp.5-7参照。

10　日本生活協同組合連合会（2023）「ニュースリリース　主要生協の９月度供給高（売上高）速報」（2023年10月20日）参照。

11　パルシステムHP「商品づくりの考え方」，生活協同組合パルシステム東京（2021）『未来へのバトン　パルシステム東京50年のあゆみ』参照。

12　経済産業省商務情報政策局情報経済課（2022）『令和３年度　電子商取引に関する市場調査報告書』参照。

13　ビジネスモデルのタイプについては，柿尾（2018），前掲書，pp.117-124に依拠する。

14　日経MJ（2017）「直販・モールで商品見比べ，通販「２本立て」に，「ロハコ」，外部出店100社超え，楽天，医薬・日用品を直販。」『日経MJ（流通新聞）』2017年７月18日記事，参照。

15　近藤公彦（2018）「日本型オムニチャネルの特質と理論的課題」『流通研究』第21巻第１号，pp.77-89参照。

16　セブン＆アイ・ホールディングスHP「セブン＆アイの挑戦」参照。

17　本項は，三村優美子（2018）「流通の変革と小売業態の変化」三村・朴編『成熟消費時代の生活者起点マーケティング　流通・マーケティングの新たな可能性』千倉書房，pp.21-33を参考としている。

18　総務省編（2023）『令和5年版情報通信白書』，pp.17-18参照。

19　経済産業省（2021）「特定デジタルプラットフォームの透明性及び公正性の向上に関する法律の運用開始について」資料参照。

20　マイケル・ウェイド，ジェフ・ルークス，ジェイムズ・マコーレー，アンディ・ノロニャ著 根来龍之監訳 武藤陽生・デジタルビジネス・イノベーションセンター共訳（2017）『対デジタル・ディスラプター戦略　既存企業の戦い方』日本経済新聞出版社参照。

Working

1　無店舗販売の代表的な企業を調べ，その特徴をまとめてください。

2　プラットフォーマーの代表的企業を1社選び，その特徴をまとめてください。

Discussion

1　インターネット通信販売の伸長について整理するとともに，消費者のEC化率がどこまで高まるか，あなたなりに考察してください。

2　オムニチャネル型のネット通販のビジネスモデルがより成長していくためには，どのような工夫が有効か，あなたなりに考察してください。

第7章 消費財流通の類型化

本章のねらい

第3章～第6章で鮮魚の流通，化粧品の流通を学び，またPBやインターネット通販のことを学んだ。多様な消費財流通の一端を学んだわけである。

消費財流通だけを取り上げても実に多様であるから，1つひとつの商品を取り上げて，それぞれの流通の実態を説明するしか方法はないのだろうか。消費財流通を説明しようとするとき，このことが最も大きな問題になる。

本章では，消費財流通をいくつかに類型化したい。

そのために，まず，流通の起点を生産者とした場合の消費財流通について検討する。そして，「流通機構の類型」と「商品流通の原動力」によって，消費財流通を類型化する。

その後，小売業者起点の消費財流通についても若干の考察をする。

Keyword
流通機構　流通の原動力　製品差別化
多占　寡占　独占　独占的競争

1 売手と買手の規模による流通機構の類型

商品流通に携わる諸機関を，商業者を中心に生産者，消費者を含めた全体的構成を取り上げたものを流通機構（distribution structure）という。流通機構は，遂行する機能によって収集機関，仲継機関，および分散機関に分類される。また，流通機構は販売先の違いを基準にすると，卸売機構と小売機構に大別される。

流通機構に似た用語で流通経路（distribution channel あるいは channel of distribution）という用語があるが，これは商品流通に携わる諸機関の取引関係に着目したもので，商品の所有権の移転経路を意味する。最も一般的な流通経路は，商品の所有権が「生産者－卸売商－小売商－消費者」と移転するもので，伝統的流通経路といわれることもある。

また，流通機構は，生産者と消費者（最終消費者あるいは産業用使用者）の規模によって類型化される。**図表7－1**のように，生産者と消費者の両方が小規模多数の場合には，流通機構は収集機関，仲継（集散）機関，分散機関によって構成される。鮮魚の流通機構はこの類型に該当する。そのため，このような流通機構では，商品の収集，仲継，分散を担当する卸売商が必要となり，それぞれ収集卸売商，仲継卸売商，分散卸売商と呼ばれる。

a） 収集卸売商

多数の小規模な生産者から商品を収集する卸売商で，産地問屋とか集荷商と呼ばれることがある。現在でも穀物や生鮮青果を取り扱う収集卸売商は存在している。しかし，農協や漁協がこの役割を代行する傾向にあり，その地位は低下してきている。

b） 仲継卸売商

収集機関と分散機関の取引が円滑に行われにくいとき，仲継ぎ機能を必要とするが，これを遂行する卸売商を仲継卸売商という。通信網，輸送網の発達で仲継卸売商の地位は低下してきているが，迅速な価格の形成を必要とす

[図表7-1]　生産者，消費者ともに小規模多数の場合の流通機構

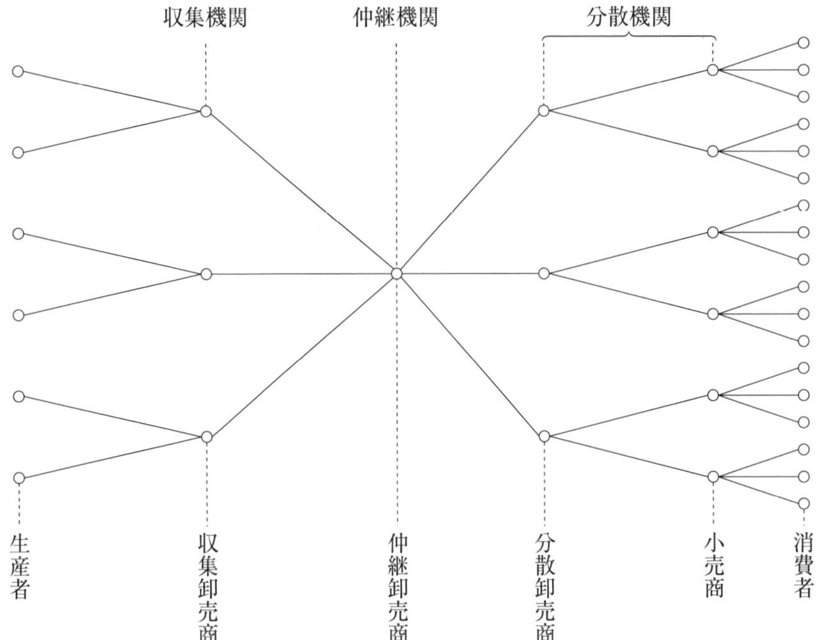

る場合や，売買に伴う事務処理が難しく，危険負担が大きい場合には欠くことができない。前者の代表例は，中央卸売市場における卸売業者（卸売人）であり，後者の代表例は輸出入業者である。

c)　分散卸売商

生活用品のように，小規模で多数の消費者が存在するときには，商品を分散する卸売商が必要で，その機能を遂行する卸売商を分散卸売商という。生活用品としての工業製品については，一般に生産者の規模が大きくなってきているので，流通機構は分散機関だけで構成されることが多い。そのため，生活用品を取り扱う卸売商はほとんど分散卸売商である。したがって，われわれが一般に卸売商とか問屋というときは，分散卸売商のことを指していることが多い。

流通コラム⑧　卸売業とは

卸売りは，最終消費者以外に対する販売活動であり，それを主とする事業が卸売業で，卸売業を専門に営むものが卸売商（卸売業者）である。

かつては商業統計調査で卸売業の具体的定義が決められていたが，商業統計調査は2018年に廃止されたので，今後は経済構造実態調査で卸売業の事業所数などが明らかにされる。その経済構造実態調査は，経済センサスの定義に従っているので，ここでは経済センサスでの卸売業の定義を確認しておく。経済センサスでは卸売商の範囲を次の①～⑤のように規定している。

① 小売業又は他の卸売業に商品を販売するもの。

② 建設業，製造業，運輸業，飲食店，宿泊業，病院，学校，官公庁等の産業用使用者に商品を大量又は多額に販売するもの。

③ 主として業務用に使用される商品｛事務用機械及び家具，病院，美容院，レストラン，ホテルなどの設備，産業用機械（農業用器具を除く）など｝を販売するもの。

④ 製造業の会社が別の場所に経営している自己製品の卸売事業所（主として統括的管理的事務を行っている事業所を除く）。

⑤ 他の事業所のために商品の売買の代理行為を行い又は仲立人として商品の売買のあっせんをするもの。

この調査は企業単位及び事業所（店舗や事務所）単位で行われるため，メーカーの支店や営業所も卸売業に含まれる。また，中央卸売市場における卸売業者（卸売会社）のように，他人の委託を受けて，自分の名義で商品の売買を行って，売買による損益には関係なく手数料を得る「問屋」（一般の卸売商も問屋といわれることがあるため，それと区別する必要がある場合には，特に「商法上の問屋」といわれる）も，仲立人（ブローカー）とともに卸売商に含められる。

しばしば，卸売業が介在しないほうが，流通コストが低下するとか合理化されるといわれることがある。そのような場合もあるだろうが，一般的には，卸売業が介在することによって，流通全体の取引数が削減されることによって取引に伴って生ずる総流通コストが削減されるとか，卸売業が介在することによって流通過程に必要とする総在庫量が削減されると説明されている（卸売商存立根拠論といわれる）。

青果物や水産物の大手缶詰業者の購買などの場合は，生産者（売手）が小規模多数で，消費者（産業用使用者）（買手）が大規模少数となる。この場合の流通機構は，通常，収集機関と仲継機関によって構成されるので，卸売機構も収集卸売商と仲継卸売商によって構成される。しかし，近年では，産業用使用者が収集機関や仲継機関の役割の一部を担うようになってきており，生産者と直接取引をすることも生じてきている。このような動向も卸売機構における収集卸売商や仲継卸売商の地位の低下に拍車をかけている。

売手と買手の両者が大規模少数の場合には，直接取引をすることが多くなる。ただし，事務手続きが複雑であったり，危険負担を軽減するために仲継機関だけを介在させることもあるし，売手に販売力がないために売手に代わって営業活動をしてもらうために仲継機関を介在させる場合もある。

このように，売手，買手ともに大規模少数の場合には，流通機構そのものが必要ないか，あるいは仲継機関だけによって流通機構が構成される。このような例は，産業財（生産財）に多く見られる。

以上を整理すると**図表７-２**のようになる。このように，売手と買手の規模によって流通機構は類型化される。

［図表７-２］　生産者と消費者の規模による流通機構の類型

生産者の規模／消費者の規模	小規模多数	大規模少数
小規模多数	収・仲・分[1)]	分
大規模少数	収・仲	仲・―[2)]

注１）収＝収集機関，仲＝仲継機関，分＝分散機関をそれぞれ意味している。
　２）仲継機関だけで流通機構が構成されているか，あるいは流通機構そのものが必要ないことを表している。

2　商品流通の原動力

なぜ，商品は生産者から消費者へと流通するのだろうか？　自然に流通するのだろうか？　あるいは何らかの力が作用しているのだろうか？　商品を流通させる力を流通の原動力と呼ぶとしたら，いったいそれは何なのだろうか？

それは，第３章～第６章の商品流通の実態からも推測されるのだが，ここではその原動力の違いは売手の競争状態の違いから生じていると考えている。

(1)　売手間の競争状態

売手間の競争状態は，**図表７-３**に示されているように，売手の数と商品が差別化されているかどうかによって分類される。

①　多占（polypoly）

多くの売手が市場で競争している状態が多占である。この説明で，重要なのは「多い」「市場」「競争」という３つのキーワードである。そこで，この３つのキーワードを説明しておきたい。

a）市　　場

市場（しじょう）という用語には，いくつかの意味が含まれているので注意する必要がある。

まず，「具体的市場」と「抽象的市場」という表現がある。具体的市場とは

［図表７-３］　売手間の競争状態の分類

売手の数／商品	売手多数	売手少数	売手単独
均質な商品	完全多占	完全寡占	独　　占
差別化された商品	不完全多占	不完全寡占	

出所：久保村隆祐（1975）『新訂マーケティング管理』（補訂版）千倉書房，５頁。

東京穀物商品取引所とか東京都中央卸売市場といった具体的な取引の場を意味している。一方，抽象的市場とは，市場の中心で形成された価格が通用する一定の取引範囲を意味している。多占の説明の際の市場は，この抽象的市場を意味している。

また，「IT関連市場は成長が見込まれる」といった表現がよく使われる。この場合の市場とはどんな意味だろう。これは特定の商品の需要を意味している。そのため，「大型液晶テレビ市場が成長している」といった使い方をする。

もう1つは，「買手市場」「売手市場」という使い方である。これはその市場の供給と需要のバランスのことを意味している。供給量が需要量よりも多ければ買手市場，需要量が供給量よりも多ければ売手市場と呼んでいる。

b）多　　少

売手が何人以上いれば多いというのかという疑問であるが，これは「一生産者（売手）が総供給量に影響を与える度合い」で判断する。たとえば，リンゴ生産者の青森県の○○さんが，今年，リンゴの生産を中止してもリンゴの総供給量に目立った影響を与えることはないので，リンゴの生産者は多いと判断されるのである。しかし，もしも，今年，アサヒビールがビールの生産を中止したら，ビールの総供給量に目立った影響を与えるのは確実であるし，ビールが品薄になって，ビールの値段にも影響を及ぼしそうである。このような場合に売手は少数という。

c）競　　争

ここでいう競争とは，販売競争のことである。販売競争であるから，販売する手法には多様なものがあるような気がするが，現実的には販売する商品が同質か差別化されているかによって，販売競争の方法は大きく変わる。そこで，次に製品差別化について整理しておく必要がある。

②　製品差別化

売手は，常に他社製品との違いを強調し，製品差別化（product differentiation）を実現しようとしている。できれば，自社製品あるいはブランドを指名買いしてもらうことを理想と考えている。この製品差別化が実現しているかどうかは，買手にとっての製品の代替性の完全性の程度によって判断される。買手にとって代替性が完全なら製品差別化は実現されていないし，代替性が不完全なら製品差別化は実現されている。たとえば，350㎖の缶ビールを半ダース購入するとき，どのメーカーのビールでも何でもいいという人にとっては，缶ビールの代替性は完全だから製品差別化はないことになる。しかし，アサヒがいいとかキリンがいいとかサッポロがいいとかサントリーがいいというのであれば，あるいは特定のブランドでないとだめだというのであれば，代替性は不完全であり，製品差別化が実現されているのである。

③　製品差別化の分野

この製品差別化を企業はどのような分野で実現しようとしているのだろうか。その差別化の分野は多様であり，論者によっても異なるが，ここでは次の5つを差別化の分野としてあげておく[1]。

a)　商品の本来的機能

消費者の消費目的に役立つ商品の働きが，商品の機能であって，本来的機能とはICレコーダーであれば，多くの音声をクリアに記録し，必要なときに必要な音声を再生することであり，時計であれば時刻を示すことである。腕時計もかつては本来的機能で差別化を図っていた時期があった。当時は，いかに正確に時間を示すかが差別化のポイントであったが，クォーツ時計やデジタル時計が出てからは，時間の正確さはほとんど差別化の手段にはならなくなってきている。しかし，最近では，電波時計が出て，定期的に自動的に時刻を修正する機能が人気を呼んでいる。

b)　商品の副次的機能

本来的機能で差別化ができなくなると，商品の副次的機能で差別化しようとする。時計であれば，腕時計の薄さを競ってファッション性をアピールしたり，登山のときの腕時計，スキューバダイビング用の腕時計，世界時計といった用途別の時計の開発をしたり，環境に優しい太陽電池時計を開発し，差別化しようとしてきている。

c)　パッケージ（包装）

包装は，商品の品質を保護したり，商品の購買を便利にすることを目的としている。特に，セルフサービスの店舗が増加しているので，包装は商品に関する各種情報提供の役割も兼ねている。

パッケージの情報提供の役割を重視して，パッケージを広告媒体として活用しようとする動きもある。最近目立っているものにドン・キホーテのPBである「情熱価格」がある。たとえば，情熱価格の「最後まで美味しい青紫蘇せん」のパッケージには，「『青紫蘇好き』に絶対に『美味しい』と言ってもらいたい！　和製のハーブといわれる青紫蘇をふんだんに使用しほどよい酸味とさわやかな香りの配合錯誤を重ねて……老舗米菓メーカーのプライドとドンキの情熱から遂に完成」という文言（商品名）が書かれている。これだけ多くの文言が書かれているパッケージは非常に珍しいので，それで話題になっている。

しかし，この包装そのものが差別化の手段になることも少なくない。アメリカの「レッグス」というパンティストッキングは「たまご型の容器」に入っていることで有名である。中身よりもその極めてユニークな包装容器と専門の陳列什器で差別化した商品である。

日本でも，2016年３月にリニューアルしたキリンビバレッジの生茶はその斬新なパッケージによって，発売後１ヶ月で350万ケースを出荷し，年間販売目標も当初の1,700万ケースから2,000万ケースに上方修正した。20～30代女性をターゲットにして，一見するとびんのように見えるおしゃれなデザインが特徴である。「丸みを帯びたボトルデザイン」「ラベルの厚みを工夫し，ラベルを巻くと，瓶のように見えるようにした」「色はお茶に近い色にした」このような工夫から高級感ある外観になり，若い女性に限らず幅広い層に人気が広がった[2]。これもパッケージで差別化した例である。

また，最近では小売店頭で売れ行きの悪い商品は，すぐに店頭から撤去されるために目立つパッケージで消費者に認知してもらったり，手にとってもらうことが重要になっている。そのため，「広告が浸透するには１カ月くらいかかる。広告の効果が出る前に勝負がついてしまうため，パッケージの役割が重要になっている[3]」という意見も出ている。

d) サービス

これはあくまで商品あるいは商品販売に付随するサービスのことである。一般的に，保証サービス，アフターサービス，ビフォアサービスなどである。保証サービスにも「一生保証」などという文言があると思わず見てしまう。新築の一戸建てやマンションの販売でも，販売後５年間保証などというものもある。１年後，３年後，５年後と販売者が調査に来て，建築者側に不十分な点があって建物に不具合が生じているのなら，無償で修理するというものである。欠陥住宅が問題になっている今日ではこのようなアフターサービスは差別化の要素になる。

また，病院などもずいぶんと患者の不満を解消する努力をし始めており，たとえば，ある病院では診察を希望する人にポケベルを貸して，診察の順番が来たことを教えるサービスをしている。2時間待たされ，診察は2～3分といわれている総合病院では，ポケベルサービスや診察時間の予約サービスも差別化の手段になっているようである。

e) 製品イメージ

消費者は，製品の機能を重視しているが，製品によってはその製品の社会的評価や名声が消費者を満足させている側面がある。いわゆるブランド物のバッグ，時計などは商品の機能以上に，その商品を所有していることによって何らかの満足を消費者は得ているのかもしれない。時計も最近では，ゼンマイ式のデカアツ（大きくて厚い）の高級時計である「オーデマ・ピゲ」「パテック・フィリップ」「フランク・ミュラー」「パネライ」が人気だそうである。そのような商品の販売に際しては，望ましい製品イメージを形成するような広告，イベント，店内イメージ，接客などに心がける必要がある。

④ 独占的競争

製品差別化を伴う競争を独占的競争（monopolistic competition）という。あるいは不完全多占と不完全寡占をあわせて独占的競争という。

また，独占的競争とは，固有の市場を持ち，一定の限られた価格範囲においては一種の独占状態にあるが同時に競争者を持つ状態のことを意味している。

「固有の市場」の市場は需要の意味である。固有というのは，その売手の提供物が特に好きだという意味である。つまり，固有の市場というのは，その売手の提供物が特に好きだという一定の需要があるということである。

この需要者達は，多少価格が上昇しても売手の提供物が特に好きだということに変わりはない。そのため，「一定の限られた価格範囲（これを独占的価格帯と表現する）においては一種の独占状態にある」といえるわけである。ところが，価格が一定以上に上昇するとその需要者達の少なくても一部は他の提供物を選好するようになるという意味で，「同時に競争者を持つ」と表現しているわけである。

これを次の仮設例で説明してみよう。

アサヒビールのスーパードライの愛飲者に対して調査をしてみるということにしよう。「あなたは500mℓの缶ビールで20円の価格差があったらキリンの一番搾りを購入しますか？」という質問に対して，その回答は，「はい」が30%，「いいえ」が70%だとする。

この仮設例は，アサヒビールのスーパードライは，価格を上げると需要の一部を失うが，20円という価格差でも愛飲者の70%に対して独占状態であると表現することができる。アサヒビールのスーパードライは固有の市場を持っているのである。

以上は，単に独占的競争を説明するための仮設例であるが，消費財メーカーは，1人でも多くの自社商品に対するファン（あるいはサポーター）を作ろうとマーケティング努力をしている。それは製品差別化の強化といってもよい。そして，ブランド・ロイヤルティ[4]を強化して，独占的価格帯を広げるために努力しているのである。

このようなメーカーのマーケティング努力が，商品に対するファンを形成したり，その商品に対する認知度を上げたり，より多くの小売店に陳列してもらうことによって，その商品が消費者に流通しているのである。つまり，独占的競争では，主にメーカーのマーケティング努力が商品を流通させているのである。

しかし，製品差別化のない状態であれば，商品の価格は，需要量と供給量で決まるので，商品の供給者は市場価格で販売するかどうかを意思決定するのみである。結果的に，そのような商品は，市場価格で流通するのであって，市場価格の高いほう高いほうへと流通していく。まさに，市場価格が信号機の役割を果たして，流通の原動力となっているのである。

⑤ 寡　占

寡占（oligopoly）は，売手が少数という意味である。つまり，1社の生産量の増減が全体の供給量に目立った影響を及ぼし，ひいては価格を変動させる場合である。そのため，消費者ないし使用者だけではなく，ライバルの行動も考えなければならないという特徴がある。

たとえば，ある産業が3社で構成されていたとする。その内のA社が，商品の価格を1割引き下げたとする。もしも，B社もC社も価格を変更しなければ，A社の売上数量は間違いなく増加するだろう。しかし，もしもB社もC社も同様に1割価格を引き下げたら，A社の売上数量は，ほとんど変わらず，価格を引き下げただけ販売額が減少するだろう。

このように寡占状態では，買手のことだけを考えるのでは不十分で，ライバルのことも考えて意思決定していかなければならない。

⑥ 独　占

1社で1産業を構成している状態を独占（monopoly）という。しかし，現実には代替商品があるために，独占商品といえるものは極めて少ない。照明用の電力は地域独占の例であったが，2016年春から電力の自由化が行われ，地域独占とは言えなくなった。もしも，独占商品がある場合には，独占の弊害が出ないように監督官庁が監視したり，行政指導することになる。

(2)　商品流通の原動力

以上の考察から明らかなように，売手の競争状態が独占的競争である場合は，主にメーカーのマーケティングによって商品は流通し，売手の競争状態が完全競争あるいは純粋競争の場合は，市場価格によって商品は流通する。

3　生産者起点の消費財流通の類型

図表7-4に示されているように，商品流通の原動力と流通機構を分類基準にすれば，生産者起点の消費財流通は，形式的にはⅠ型からⅤ型まで5つの類型がある。ただし，現実的には以下に述べるように4類型となる。

(1)　Ⅰ型流通

流通機構は，収集機関，仲継機関，分散機関によって構成されており，価格を原動力にして流通する商品である。近海ものの鮮魚，野菜，果物，鶏卵などの卸売市場内流通をしている商品に典型的に見られる流通である。

なお，Ⅱ型流通は，流通機構は，収集機関，仲継機関，分散機関によって構成されており，マーケティングを原動力にして流通する商品である。しかし，現実的にはこのような商品は存在していない。

[図表7-4]　生産者起点の消費財流通の類型

流通の原動力 ＼ 流通機構	価格	マーケティング
収・仲・分	Ⅰ	Ⅱ
分	Ⅲ	Ⅳ
—[1]	Ⅴ	

注1）収集・仲継・分散機関がないことを意味している。

⑵ Ⅲ型流通

流通機構は，分散機関だけによって構成されており，価格を原動力にして流通する商品である。

たとえば，ティッシュペーパーという商品がある。テレビで広告をするような大手のティッシュペーパーメーカーも数社あるが，それ以外はいわゆる中小物である。これらの中小物のティッシュペーパーは，ある卸売業を総販売代理店にしているものが圧倒的に多い。つまり，ある卸売業に販売をすべて任せているという意味である。その卸売業はどのようにして販売しているかといえば，その卸売業の販売先小売業に低価格を訴求して販売しているだけである。そのため，小売店頭でも大手物に比べ低価格で販売されている。このようなティッシュペーパーの中小物はⅢ型流通の典型的なものである。

あるいは珍味という分野の商品がある。全国に流通させているのは，「なとり」だけである。それ以外の珍味製造業者は実は各地域に存在する。近所の食品スーパーで売られている珍味（たとえば，イカの加工商品など）の包装の裏を見れば，製造業者として近所の住所が書いてあって驚くことが多い。この珍味の中小メーカーのものも，価格を原動力として流通している。

実は，Ⅲ型流通の商品は多いのである。消費財の中で，ブランドも形成されていない中小メーカーの商品の多くは，Ⅲ型流通の可能性が高いのである。

⑶ Ⅳ型流通

流通機構は，分散機関によって構成されており，マーケティングを原動力にして流通する商品である。テレビで盛んに広告をしている多くの消費財は，このⅣ型の流通である。加工食品，菓子，化粧品，トイレタリー用品，家電製品，自動車などはⅣ型流通の典型的商品となろう。もちろん，これらの分野の商品でも，中小メーカーが製造しているもので，ブランドも形成されていない，消費者に認知もされていない商品の中には，Ⅲ型流通をしているものもあるということに留意する必要がある。また，これらの中には，Ⅴ型で流通しているものも含まれている。

⑷　V型流通

いわゆる流通機構を必要としない商品流通である。卸売業も小売業も必要としない商品流通である。商品の流通の原動力は価格の場合もあれば，マーケティングの場合もある。

いわゆる通信販売，訪問販売，パーティ販売がここに入る。

訪問販売は，化粧品，布団，漬物，学習教材，飲料水，生命保険などに見られる。いずれも販売員が直接，家庭や職場を訪問して，商品説明をして販売するものである。販売員のコストがかさむので，ある程度単価が高く，粗利額が大きくないとこの販売方法には適さない可能性が高い。また，突然の家庭への訪問を嫌がる家庭が増加していることと，日中，家庭に誰もいないという家庭も多く，訪問販売は必ずしも順調ではない場合が多い。しかし，一度，信頼関係を構築できれば，顧客に直接，ゆっくりと商品説明できるので説得力の高い販売方法である。

パーティ販売という販売の仕方もある。密封容器や女性の下着の販売などに見られる。どなたかの家庭で友人・知人を呼んで，ホームパーティを催してもらう。そこにデモンストレーターと呼ばれるメーカーの方が来て，商品の利用の仕方などを説明したり，実演したり，参加者に使ってもらったり，試着してもらったりして，その商品の良さを知っていただいて，販売する方法である。もちろん，ホームパーティの主催者には謝礼が支払われる。

通信販売は，インターネット通販を中心に成長している。成長している理由は，以下のとおりである。

①　通販メディアが多様化していること。地上デジタル放送以外にBS放送が始まったため，通信販売専用チャンネルが出現した。また，インターネットの成長は，新たな通信販売媒体を生み出しており，家庭で簡単に購入できることから，利用者が増加している。

②　デバイスが多様化していること。インターネット通販の成長を支えてい

る要素の1つは，スマートフォン，パソコン，タブレット端末とインターネットにアクセスできるデバイスが多様化していて，どこからでもアクセスしやすくなっていることである。

③　無線LAN，Wi-Fiなどの整備が進んでいること。たとえば，eduroamという無線LANがある。これは国立情報学研究所（NII）のサービスで大学等教育研究機関の間でキャンパス無線LANの相互利用を実現するものである。すでに，国内225機関（46都道府県）が利用している[5]。Wi-Fiは無線LANに接続する技術のひとつである。この普及がさらにインターネットへのアクセスを容易にしていて，いつでも，どこからでもアクセスできやすくなったことが指摘される。

④　ネット通販業者の成長と多様化が進んでいること。アマゾン，楽天，ZOZOなどの通販業者が成長している。さらに特定の商品分野の通販業者などが次々に誕生している。

このように上記の①～④の要因が相乗して，通信販売はネット通販を中心に成長している。

4　小売業者起点の消費財流通の類型

従来，消費財流通は既述のように生産者から消費者までの取引の連鎖として考えられてきた。その前提は，生産者起点，消費者終点という発想であった。しかし，小売企業の成長に伴って，小売業のPBが増加してきており，生産者起点の流通だけを考えるのでは消費財流通の実態を理解するには不十分になってきている。

小売業者あるいは広く商業者起点，消費者終点という流通を考えないと現代の流通を理解したことにはならない。そのため，第5章でPBの流通を検討しているのである。

小売業者起点の消費財流通を類型化するために，流通の原動力と流通経路という視点から考察してみたい。

⑴　流通の原動力

小売業のPBを，なぜ，消費者は購入するのか？　何度も商品を購入している小売店がその商品を店頭に品揃えしているから，消費者はそれを見て，他の商品と比較して購入するのかもしれない。つまり，基本にあるのは，その小売業に対する信頼である。消費者を裏切るような商品を品揃えしているわけがないという信頼である。その小売業が，企業として規模が大きいほど，知名度が高いほど，消費者を裏切るような行為はしないだろうという期待を持つ。もちろん，それを裏切ったら消費者もマスコミも容赦なくその小売業を非難するだろうから，小売業も消費者を裏切るような行為はしないと考えられる。

この信頼がベースにあって，小売業はPBを開発し，販売できるのである。しかし，消費者が実際にPBを購入するのは，その信頼をベースにしながら，価格が安いとか他にない特徴を評価するからである。

通常，PBはNBよりも何割か安いものだった。価格が原動力となって，消費者に所有権が移転していたのである。しかし，現在ではプレミアムPBと呼ばれるものもある。これは，NBと同等あるいはNBよりも価格が高いものである。価格で差別化できないのであるから，製品コンセプト，品質，デザインなどで差別化しようとするものである。まさに，小売業のマーケティング努力である。

このように小売業者起点の消費財流通の原動力も，「価格」と「マーケティング」といっていいのではないだろうか。

⑵　流通経路

小売業者のPBの流通経路は，生産者—小売業者—消費者[6]か，小売業者—消費者のどちらかであろう。前者は，小売業者がメーカーに製造委託をしたときであって，小売業者はメーカーから商品を買い取り，消費者に販売するので小売業者起点でも結果的にこのようになる。

他方，小売業者がメーカーを買収したり，自ら工場を建設したりして，所有

[図表7-5] 小売業者起点の消費財流通の類型

流通経路＼流通の原動力	価格	マーケティング
M-R-C	Ⅰr	Ⅱr
R-C	Ⅲr	Ⅳr

注）Mは製造業者，Rは小売業者，Cは消費者をそれぞれ意味している。

権を持っているのであれば，後者のように，単に小売業者―消費者という所有権の移転になる。

つまり，流通経路は，実は製造委託かどうかによって決まるのであって，製造委託の場合は生産者―小売業者―消費者という流通経路，生産段階まで垂直的統合をしている場合は単に小売業者―消費者という流通経路になる。

このように，2つの基準に基づけば，小売業者起点の消費財流通は**図表7-5**のように類型化される。以上は，小売業者起点の消費財流通の類型の1つの試みである。

消費財流通は，生産者起点が暗黙の前提として議論されてきたように思うが，現在は，流通機構のないV型流通とともに，小売業者も含めた商業者起点の流通が成長してきているので，この点を考察していく必要がある。

注■

1　久保村隆祐・阿部周造（1987）『新版マーケティング管理』千倉書房，5-8頁に依拠している。また，製品差別化の分野については，フィリップ・コトラー著，月谷真紀訳（2001）『コトラーのマーケティングマネジメント（ミレニアム版）』ピアソン・エデュケーション，353-369頁も参考になる。

2　『日経産業新聞』2016年7月21日号。

3　『日本経済新聞』2006年5月29日号。

4 ブランド・ロイヤルティ（brand loyalty：商標忠実）「同一ブランドを反復購入する消費者行動」と説明されている。久保村隆祐・荒川祐吉（2002）『最新商業辞典［改訂版］』同文舘出版，162頁。

5　eduroamについては，https://www.eduroam.jp/about/を参考にした。
6　商品によっては，PBにもかかわらず生産者―卸売業者―小売業者―消費者という経路もある。

Working

1　商品のパッケージであなたが気に入っているものを2つあげて，気に入っている理由を述べなさい。
2　「りんご」や「みかん」の流通における農協の役割について調べて，整理しなさい。

Discussion

1　Ⅰ型流通に該当する商品を見つけて，その流通の実態・動向についてA4（40字×30行）3～5枚程度にまとめなさい。
2　Ⅳ型流通に該当する商品を見つけて，その流通の実態・動向についてA4（40字×30行）3～5枚程度にまとめなさい。

第8章
消費財流通の変化方向

本章のねらい

第7章で生産者起点の消費財流通を4つの類型に整理してみた。その4つの類型の中で，どのような変化が生じているのであろうか。

第1にⅠ型流通からⅢ型流通へ，そしてⅣ型流通へという基本的変化傾向があることを確認したい。つまり，Ⅰ型流通とⅢ型流通がなくなるわけではないが，Ⅰ型流通とⅢ型流通の流通量は徐々に減少していくということである。そして，Ⅳ型流通の流通量が増加していくということである。

第2に，この傾向は，伝統的流通システムから垂直的流通システムへの移行であると説明することができる。

第3に，Ⅲ型流通やⅣ型流通の中で，流通経路の短縮化傾向が生じてきている。

以上のことについて，本章では説明していく。

なお，小売業者起点の消費財流通については，第5章で論じているので，ここでは新たな説明を加えない。

Keyword

消費欲求の高級化　消費欲求の個性化
マズローの消費欲求階層説　伝統的流通システム
垂直的流通システム　流通系列化
ボランタリー・チェーン
フランチャイズ・チェーン　SPA

1　Ⅰ型流通からⅣ型流通へ

消費財流通には，Ⅰ型⇨Ⅲ型⇨Ⅳ型流通へという基本的変化傾向がある。その理由には独占的競争の普遍化・高度化という流れがあること，競争対応で差別化戦略を採用する消費財メーカーが多いこと，そして，それらを受け入れる消費者側の要因がある。

(1)　独占的競争の普遍化・高度化

なぜ，サンキストのレモンやオレンジにはSunkistという焼印が押されているのだろうか？　鶏卵業者は，なぜ，「オレンジエッグ」とか「森のたまご」のようなブランド卵を次々に発売するのだろうか？

Ⅰ型の売手の競争状態は，完全多占であった。純粋競争といってもいい。このような競争状態では，生産者は生産した商品を市場価格ではいくらでも売れる。意思決定は市場価格で売るか，売らないかであった。

既述のオレンジや鶏卵も市場価格でならいくらでも売れるのである。それなのに，なぜ，彼らはブランドをつけるのだろうか？　ブランドをつけるということは不完全多占の状態に移りたいということであり，独占的競争に移行したいということである。

毎年ではないが，数年に一度くらいの頻度で，キャベツ畑のキャベツをブルドーザーで廃棄している映像がニュースで流れる。いつもそのような映像が流れると，アナウンサーは「こんな立派なキャベツをどうして廃棄処分するのでしょうか？　実にもったいないです」とコメントする。農家の方は，「出荷してもダンボール箱代にもならない」と暗い表情でポツリと話す。

つまり，キャベツはいくらでも市場価格でなら販売できるのである。しかし，その市場価格は需給状態で決まる。需要量はそれほど変化しないので，供給量が需要量よりも多くなると市場価格は，大幅に下がる傾向がある。そのため，「豊作貧乏」という言葉もあるのである。市場価格は，必ずしも生産者の利益を保証しないのである。

そのため，生産者の利益を保証してくれない完全多占から独占的競争へと移行したくなるのである。生産者は固有の市場を持ちたいのである。

サンキストは，まさに豊作貧乏を体験し，カリフォルニア州やアリゾナ州で栽培されたレモンやオレンジを中身まで保証するというキャンペーンを行って，他のレモンやオレンジとは異なるということを知らせるために焼印を押している。

鶏卵は物価の優等生である。鶏卵10個入れの小売店頭での価格は，30～40年前とそれほど変わらない。その間に無窓鶏舎という技術革新も生じて，卵の生産量は飛躍的に増加した。しかし，健康ブームの中で消費者の鶏卵消費量は伸び悩んだ。そのため，鶏卵の市場価格は必ずしも生産者の利益を保証するものではなかった。そこで，餌の改良で，「オレンジエッグ」という黄身の部分が赤い卵も発売されたことがあるが，これは失敗に終わった。その後も多様な卵が出現し，「ヨード卵　光」や「森のたまご」は一定の需要を得るようになっている。

このようにⅠ型流通の商品の生産者には，常に固有の市場を持ちたいという誘因が存在する。常に，製品差別化への誘因が存在するのである。そのため，Ⅰ型からⅢ型あるいはⅣ型へという変化傾向が存在するのである。

(2)　競争対応

生産者側の事情として，もう１つ指摘しておかなければならないのは，売手間の競争への対応方法である。

競争対応もすっかり整理されてきている。競争に対して常に勝てる状態を作る方法は次の３つだといわれている[1]。

①　コスト・リーダーシップ

競合企業の中で，最も低コストを実現することである。それが実現できれば，価格競争なら最も低価格で販売できる企業になれるし，非価格競争なら最もマ

流通コラム⑨　Sunkistの歴史

サンキストは，100年以上の歴史を持つアメリカの柑橘フルーツの生産出荷団体で，カリフォルニア州とアリゾナ州の6,500の柑橘生産農家から構成されている。

サンキストの前身は，1893年に設立された南カリフォルニア果物取引所（Southern California Fruits Exchange）である。100軒を超える当時の大規模なオレンジ農家がロサンゼルスで会合を開き，協同組織的な既述の組織を設立した。この当時，市場出荷量が増加するにつれて，供給量や価格の調整という問題が発生していたので，生産者は団結して出荷組合を作ったのである。つまりは，生産過剰による市場価格の低下である。

その後，1905年には，会員が5,000軒を超えるようになったため，名称をカリフォルニア果樹生産者取引所に改めている。この当時，取引所はカリフォルニアの柑橘類産業の45％を占めていた。

1908年，アイオア州へのオレンジの出荷の時期に，サザンパシフィック鉄道会社とタイアップして，全国紙へ広告を掲載した。農産物の広告活動は，これが史上初といわれている。サンキストのオレンジ販売高は，この広告活動により50％もアップした。

このとき，ブランドネームとして，「Sun Kissed（太陽がキスした果物）」を採用した。その後，「Sunkist」という表記になった。

1916年，サンキストはオレンジジュース用絞り器を開発した。オレンジをジュースにして飲むという発想がなかったため，これは画期的なことだった。オレンジが豊作のときには，オレンジジュースを多く作ることによって，オレンジの出荷調整もできるようになる。

1952年に，名称を現在のサンキスト（Sunkist Growers Inc.）に変更。

1960年，農産物で初のテレビコマーシャルを展開。サンキストのオレンジやレモンはすべて出荷前にレントゲンで中身を透視し，中が腐っていないことを確認してから出荷されていることを強調し，「サンキストなら中身も保証します」と広告した。農産物マーケティングのパイオニアである。

ージン率が大きいのであるから，その分，プロモーション費用などに回すことができるので，最も有利になる。一般的には，規模の経済性などによって実現することができる。ただし，最も低コストを実現できるのはその業界で1社であるから，他の企業は他の方法を考えることになる。

② 差別化

コスト・リーダーシップをとれない企業は，コスト・リーダーシップをとれる企業と同じ戦略を採用したら勝てないのであるから，異なる戦略を採用する必要がある。その異なる戦略が消費者に認められれば，認めていただいた分の一定の需要が見込まれる。そのため，この差別化が消費者に受け入れられなければならないし，競合企業にすぐに模倣される戦略では継続して差別性を発揮できない可能性がある。差別化は必ずしも製品差別化ばかりではないかもしれないが，消費者に提供するものが差別化されていることが必要であるから，競合企業に真似されない製品差別化が求められる。

③ 集中化

コスト・リーダーシップも差別化もできない場合，対象市場を小さく絞り込み，そこに限られた資源を集中投入し，その小さい市場で圧倒的なシェアをとってしまうというものである。対象市場が小さいために，2番手以下の参入の余地が少ないし，その小さな市場で圧倒的な愛顧を得ることも可能である。

このような3つの戦略が，競争に対して常に勝てる状態を作る方法として知られている。コスト・リーダーシップはそれぞれの業界で1社しか構築できないとすれば，他社が採用できるのは差別化か集中化である。集中化で成功するのも小さな市場で1社であるから，それ以外の企業は結局，差別化戦略に打って出るしか方法はないのではないだろうか。そのときの，基本は製品差別化である。

これからの日本の消費社会の大きな特徴の1つは，人口減少社会である。この人口減少が意味するものは多いだろうが，確実にいえることの1つは，需要減少，市場縮小ということである。日本は明治維新以降，常に人口増加が前提であった。人口が毎年増えるということは，胃袋が増えるということでもあるので，食品市場は毎年拡大していたわけである。人口が増加し，世帯が増加するのであるから，衣料品も家電製品も自動車も住宅についての需要も増加するということである。それが，人口減少時代を迎えると，この逆の現象が生ずることになる。市場の縮小である。

つまり，市場が縮小するのであるから，限られた需要の奪い合いという様相になっていくのである。そこで，競争戦略がより重要になってくるのであり，差別化戦略の上手・下手が競争を決めるかもしれない。

マーケティングそのものが，独占的競争下での企業の市場に対する活動であるといわれることがあるように，製品差別化を前提にしているという側面があるが，このような競争が一段と厳しくなってくることが予想される。そのため，独占的競争はさらに普遍化し，競争が激しくなると，競争は結果が出るので，業界別に競合メーカー数が減少することが予想される。そのため，独占的競争はさらに高度化していくことが予想される。

(3) 消費欲求の高級化

既述のような売手側の事情によって，いろいろな製品差別化の努力がなされるわけであるが，それを受け入れるかどうかは消費者次第である。その消費者は製品差別化を受け入れる状況にある。それが消費欲求の高級化・個性化・潜在化である。

経済成長に伴って消費者の所得が増加するにつれて，消費者の欲求は，高級化・個性化してきたといわれている[2]。高級化という意味は，商品の副次的機能を高く評価するようになる傾向のことをいっている。

(4) 消費欲求の個性化

消費者は，日常生活が満たされてくると自己実現欲求に基づき自己の価値観や生活感覚にあった商品を選択するようになる。自己実現欲求は，１人ひとり異なるので，消費欲求は個性化すると考えられてきている。

以上の考え方は，マズローの消費欲求階層説に依拠しているので，欲求階層説について説明したい。

マズローは，「欲求は同一人の中で変化するものであり，欲求の間には序列がある」と考えた。そして，人間の欲求を次のⓐ〜ⓔのように分類した[3]。

ⓐ　生理的欲求　喉の渇きを癒したいという欲求および食欲，性欲のことである。

ⓑ　安全の欲求　身体的，精神的安全を求めるものであり，そのために衣類や家を欲する。

ⓒ　所属と愛の欲求　人は何らかの組織に所属したいものである。人は１人では生きていけない。そして，人はいつも誰かに愛されたいし，人を愛したいのである。愛情の対象は普通，家族に注がれる。しかし，少子化が進んでいるため，愛情を注ぐべき子供がいなかったりして，ペットに愛情を注ぐ人が多くなってきている。

ⓓ　承認の欲求　有名になりたい。世間から注目されたい。社会的な地位を欲しいという欲求である。お金持ちになりたい，出世したいという欲求も承認の欲求である。

ⓔ　自己実現の欲求　自分のしたいことをしたい。ⓐ〜ⓓの欲求をすべて満たしたら，人間は自己実現の欲求を満たすように行動する。

この欲求階層説に賛同する人も，賛同しない人もいるだろう。「貧乏画家」は，もしかしたら，「自己実現の欲求」が当初から最も強いのかもしれない。すべての人に該当しないかもしれないが，多くの人に該当しそうである。そのため，おおよその欲求が満たされたら，人々は自己実現の欲求を満たそうとし，その自己実現の欲求は人によって異なるという考え方は成立しそうである。

この人によって異なる自己実現欲求を満たそうとする行動をとろうとしたときに何か必要になる商品があって，その商品が売れるという発想でメーカーやサービス業は多様な商品を開発してきた。このような状態の中で，自己実現欲求そのものを達成するのをお手伝いするというビジネスが誕生している。それがRIZAPである。ウィーンのニューイヤーコンサートにこのドレスを着て，参加したいという具体的な欲求があれば，その欲求を満たすために，トレーナーが具体的なトレーニングメニューを開発し，一緒にトレーニングをし，毎日の食事内容もメールなどで送ってもらって，食事についてのアドバイスも毎日するといった内容で期日までにそのドレスを着られるようにするのである。このように「お客様が求めているものを必ず提供する」という考え方と，RIZAPの「本気になれば人は変われる」という理念は共感をもたれ，「肉体改造」だけでなく，「ゴルフ」「英語」「料理教室」などそのビジネスの範囲は拡大している。正に，自己実現欲求を対象とするマーケティングの実践のひとつのモデルといえる。

(5) 消費欲求の潜在化

かつての高度経済成長の時代，日本人はアメリカの西海岸を舞台としたホームドラマを毎日のように見ていた。そして，広い庭，プールのある庭，車庫にある大きな自動車，広いリビングルーム，食卓セット，応接セット，ベッドルーム，子供部屋，冷蔵庫，掃除機，テレビ，エアコンなどのある生活がいつの間にか，日本人の生活標準（理想）になっていた。現実の生活水準と生活標準との間には乖離があったため，その乖離を埋めるために消費は活発だった。自動車，家電製品，一軒家，食卓セット，応接セットがまさに飛ぶように売れたのである。購入しにくい価格のものは，クレジット（36回払いとか）で購入することもできるようにした。そのため，消費は非常に活発だったのである。

ただし，生活標準と生活水準が近くなれば，消費が活発にならず，貯蓄に回る可能性がある。現在のようにマイナス金利にしても，預金が増えている状態は正に新たな生活標準を提示することができないからである。

現在は，このように新たな生活標準を提案しないといけない状態であり，それはマーケティングの役割でもある。新たな生活標準の提示ができればさらに消費は活発になるものと考えられる。RIZAPのような新しい発想でのビジネス展開もさらに必要になってくると思われる。

2　伝統的流通システムから垂直的流通システムへ

既に本書では，鮮魚の流通（第３章）と化粧品の流通（第４章）が紹介されている。鮮魚の流通はⅠ型流通であったが，主要化粧品の流通はⅣ型流通であった。

つまり，化粧品のような独占的競争の行われている商品の流通では，全体の企画立案と管理を行うリーダー（メーカー）がおり，そのリーダーのマーケティングによって商品が意図的に流通させられ，メーカー，卸売商，小売商の間の関係も緊密で，リーダーによってコントロールされているが，鮮魚の市場内流通においては，リーダーは存在せず，商品は市場価格によって流通させられ，生産者，卸売商，小売商間の関係もゆるやかである。このように，垂直的流通システムとは計画的に作られ，効率的に管理された，メーカーから小売業者にいたる商品流通の組織である。

この例に見られるように，商品流通は鮮魚のように伝統的流通システムによるものと，主要化粧品のように垂直的流通システムによるものとに大別される。つまり，Ⅰ型流通からⅢ型流通そしてⅣ型流通へという変化傾向があると述べたが，異なる表現を使えばそれは伝統的流通システムから垂直的流通システムへという変化であるともいえるのである。

この垂直的流通システムは，以下に述べる①～③の３類型に分けられる[4]。

①　一企業によって構成されるもの（企業システム，corporate systems）

一企業内で，生産，卸売，小売の各活動を行い，一企業内部で垂直的な流通のしくみを形成している場合である。ポーラ化粧品の訪問販売や丸八真綿がこのシステムの例としてあげられる。

② チャネル・リーダーによって管理されるもの（管理システム，administered systems）

生産者，卸売商，小売商らが法的には自律性を保ちながら，チャネル・リーダーとなる企業の系列に参加し，その管理の下にある垂直的な企業集合の組織である。流通系列化がこれに該当し，資生堂，ブリヂストン，コクヨなどがチャネル・リーダーの例である。

流通系列化は，主としてメーカーが計画的生産に対応した計画的販売を可能にするために販売業者を組織化し，自社商品の販路の構成を確立しようとするものである。

小売業まで系列化している例としては，自動車や制度品化粧品をあげることができるが，多くのメーカーは卸売段階までの系列化である。卸売段階までの系列化のひとつの方法が，販社制である。販社は，特定のメーカーの製品だけを扱う卸売業で，通常はそのメーカーの資本が入っている。花王カスタマーマーケティング（株）は花王の100％出資の販社である。資生堂ジャパン（株）は同様に資生堂100％出資の販社である。その他に，キヤノンマーケティングジャパン（株）など多くの販社がある。

③ VCやFCの契約によるもの（契約システム，contractual systems）

形式的には独立している生産者，卸売商，小売商らがボランタリー・チェーン契約とかフランチャイズ・チェーン契約を結んで，契約上で垂直的な企業集団となっているものである。

a） ボランタリー・チェーン

ボランタリー・チェーン（voluntary chain：VCと略されることも多い）は，チェーンストアの発展に対抗して，誕生し，発展する場合が多い。そのため，ボランタリー・チェーンは，小売商がその事業を有利にするために自発的に参加する協同組織であって，共同事業によってスケールメリットを追求するものであると説明されることがある。日本では，法的定義もある。それは1973年に施行された中小小売商業振興法に記載されているもので，ボランタリー・チェーンとは「主として中小小売商業者に対して，定型的な約款に基づき，継続的に商品を販売し，かつ経営に関する指導を行う事業である」というものである。法的な中小小売商とは、資本金5,000万円以下の会社ならびに従業員が50人以下の会社及び個人である。このように日本では政策の一環として比較的早い段階からボランタリー・チェーンを育成しようという動きがあった。

ボランタリー・チェーンは一般に小売商主催VCと卸売商主催VCに分類される。卸売商主催VCは，チェーンストアの発達によって，地位を脅かされている卸売商が同じ競争関係に立たされている小売商を加盟させて組織化し，チェーンストアに対抗しようとするものである。

小売商主催VCは，有力小売商が共同事業を提案し，チェーンストアに対抗しようとするものである。この場合の共同事業とは，商品の共同仕入れ，共同保管，共同配送，共同広告，共同研修（教育），共同購入（PC，POSレジ，各種消耗品）などである。2014年度の商業統計表によると，小売総販売額の4.4％がVC加盟店を経由して販売されたことがわかっている。

b）フランチャイズ・チェーン

フランチャイズ・チェーン（franchise chain）とは，「有望な商品やサービスを開発した企業が主催者となり，加盟者に対して，特定の営業方式に従い定められた商品を使用することなどを条件に，特定地域における営業権を与え，営業の指導を行う」ものである。

フランチャイザー（主催者）は，フランチャイジー（加盟者）に対して，フランチャイズ権や商標・商号の使用権を与え，事業経営のノウハウを提供し，経営指導する。フランチャイジーは，入会費や経営指導料（ロイヤリティ）を支払い，契約を守らなければならない。言い換えれば，事業経営をする意欲と一定のお金を用意できれば，誰でも加盟者になれるということである。フランチャイザーは，ある事業経営の成功ノウハウさえ獲得できれば，自己資金がなくても一気に事業を拡大するチャンスを得ることができる。

現在，フランチャイズ・チェーンはサービス業，飲食業，小売業と幅広く普及してきている。小売業では，コンビニエンス・ストアや家電小売業のフランチャイズ・チェーンが有名であるが，2014年度の小売総販売額に占めるフランチャイズ・チェーンのシェアは7.2%であった。

したがって，日本では，2014年度で契約システムを経由した割合は，11.6%であるが，アメリカにおける小売販売額に占める契約システムを経由した割合は，1990年代前半で約37.5%であるといわれている[5]。このように，垂直的流通システムの比重は高まっており，わが国でも垂直的流通システムを経由する割合が高まってきているようである。

3　流通経路の短縮傾向

消費財流通では，流通経路（生産者から使用者または消費者までの所有権移転経路）の短縮化傾向が生じている。

生鮮食品では卸売市場外流通が徐々に多くなってきている。産直（産地直送）と呼ばれる産地（鮮魚なら漁業協同組合）から直接，小売業者や消費者に販売される方式も珍しくなくなったし，「朝採り野菜」とか「朝摘み野菜」というコーナーが食品スーパーにある場合があるが，それは近所の農家と契約し，農家が朝，採った野菜を直接その食品スーパーに販売しているのである。

このような卸売市場外流通の増加が，Ⅰ型流通の流通量が減少している１つの要因になっているのであるが，これを流通経路という面からみれば，生鮮食品の流通経路の短縮といえるのである。

また，Ⅲ型流通やⅣ型流通においても，大きな変化傾向として流通経路の短縮化がある。ここでは，以下の３点を指摘しておきたい。

(1)　SPAの成長

衣料品の分野では，SPA（specialty store retailer of private label apparel）の成長が目立つようになってきている。SPAは，自社開発したブランド衣料品を製造販売する専門店と説明される場合もあるが，一般的には次の２つを総称してSPAと呼んでいる[6]。

① 専門店が独自商品を企画，開発し生産段階まで何らかの形で後方統合する方法。

② 製造卸を含むメーカーが自社店舗や売場を展開し，小売段階を前方統合する方法。

①はユニクロ（ファーストリテイリング）に代表されるSPAで，ユニクロの急成長によって，日本でも注目されるようになった。ユニクロは，周知のように，中国などの提携工場で大量に生産し，高品質のカジュアル衣料品を低価格で販売することによって成長したといわれている。ユニクロ躍進の原動力としては，フリースをあげることができる。ユニクロがフリースの販売を本格化した1998年秋，他の店ではフリースジャケットを１万円前後で販売していた。そこにユニクロはフリースを1,900円で販売した。フリースの流行期と重なって，その品質と安さで，フリースは爆発的に売れた。ユニクロの都心進出とフリースの販売は，ユニクロ躍進の理由といわれてきている。その後，海外進出（１号店は2001年のロンドン店，2002年に中国上海店を開業）をしたり，ヒートテック（2003年発売，10年間で累計販売枚数２億9,900万枚）に代表される機能性衣料を開発したり，ジーユー（2006年10月１号店，2009年８月期決算で黒字化）を店舗展開し，今や，ファーストリテイリングは，2022年度の売上高で，日本の小売業の第４位（約２兆3,011億円）にまで成長している。

②の例としては，ワールドなどがある。ワールドは，専門店向け卸売業だったが，1993年に「オゾック」というSPAブランドを開発し，百貨店インショップで展開した。主なブランドに「アンタイトル」「インディヴィ」などがある。

このSPAの成長は，他業界にも影響を及ぼし，家具や日用品を海外で製造し，販売しているニトリやメガネの小売業など多くの業界でSPA方式を取り入れている。そして，結果的に流通経路を短縮している。

(2) 小売商のPBの成長

PBの流通経路は，製造委託した場合には，メーカー，小売商，消費者となるが，小売商がメーカーや工場を所有している場合には，小売商から直接，消費者に販売されることになるので，いずれもPBの流通経路は短い。そのため，PBが増加するほど，流通経路は短くなる傾向となる。

PBの市場規模は必ずしも明確ではない。日本経済新聞社が推計した2015年度のPB市場規模は，２兆7,162億円である。その中で，セブンプレミアムが約37％のシェアを持ち，トップバリュが約28％のシェアで，両ブランドで約65％のシェアを持っている[7]。セブンプレミアムの2020年度の実績は１兆4,600億円であるから，それを37％とすると，PB市場は３兆9,460億円くらいの規模に成長している可能性がある。また，トップバリュは2019年度に約１兆円の売上高だったので，それを28％とするとPB市場は３兆5,714億円くらいとなる。この２つの数字から，日本のPB市場は３兆5,000億円～４兆円の間くらいにあるものと推測される。

(3) 増加する消費者直販

消費財メーカーが消費者に直接販売する事例が増えている。比較的早くから消費者直販を行ってきたのは江崎グリコ（株）である。江崎グリコは，1985年から「seventeen ice」の自販機を，若者をターゲットとして，ボーリング場，ゲームセンター，水泳教室などに設置した。その後，アイスクリームを多くの世代が好むようになってきて顧客層が拡大したので，設置場所もパチンコ店や駅構内などへと広げてきた。seventeen iceの自販機は，2014年には，約２万か所に設置されるようになり，売上高も100億円を突破するようになった。なお，2020年度には設置台数３万台，売上高150億円を目標としていた[8]。

また，江崎グリコは，菓子やヨーグルトなどを販売するための「オフィスグリコ」も始めている。オフィスに３段のプラスチックボックスに入ったグリコの菓子を置いて，担当者が１週間に１～２度補充するというもので，2014年には，設置台数は11万台を超え，年商も40億円を超えていた。冷蔵庫も貸し出ししている。2016年６月１日からオフィスグリコや百貨店での直営事業を行う「グリコチャネルクリエイト社」を設立し，分社化している。その後，オフィスグリコはさらに成長し，2021年からは「どこでもオフィスグリコ便」という名称で，HPで受け付けている。30人以上が在籍する職場であれば申し込めて，導入費用は無料。専用ボックスを用意して，職場に商品を発送。支払いは現金ではなくQRコード決済に限定している。このように現在では，全国のオフィスに展開している[9]。

このような先駆的消費財メーカーもあるのだが，近年では多くのメーカーが消費者に直販するようになってきている。ここでは以下の３つのケースを紹介する。

①　キリンのホームタップ

ビールの家庭向け会員定額サービスが「ホームタップ」(2017年６月１日より展開開始）である。まず，契約をするとキリンが無償で家庭向けの専用サーバーを貸し出し，１リットルに詰められたビール（「一番搾りプレミアム」など３～４種類から選択）が月２回ビール工場から直接家庭に届けられる仕組みである。月計４本（１回２本）で2023年11月からの会員は，8,250円（ビール料金5,060円，基本料3,190円）となっている[10]。21年２月時点での会員数は，約３万人。21年８月末で10万人達成。21年末までに15万にする計画。

このビールの家庭向け会員定額サービスを，なぜ他のビールメーカーが追随しないのだろうか。工場でできたての生ビールを家庭で飲めるというのはビール好きの消費者にとっては魅力的だが，生ビールを提供している料飲店（居酒屋とか寿司屋とかレストランなど）にとっては，ビールの家庭向け会員定額サービスが拡大していけば，来店客数減少につながる可能性がある。そのため，このようなメーカーには協力しにくいのではないだろうか。そのため，料飲店に強いアサヒビールは決してこのようなサービスはしないと考えられる。

メーカーが消費者に直販する場合には，それまで主に消費者にその商品を販売していた小売業者とか料飲店とかの反発を招かないかを考慮する必要がある。

②　メーカーのネット通販

②—1，日清食品

日清食品は，ネット通販限定の話題性のある商品を次々と開発し，会員数も増え続けている。たとえば，「カップヌードル」専用フォーク，ヌードルブーケ（カップヌードル7つをリボンでまとめたもの），「マシマシの素」（若者を中心にファンが多いラーメン店をイメージして，山盛りトッピングを再現できるとうたっている）などをネット通販専用に開発している[11]。目新しさと話題性で，カップヌードルの販促につながっている。

その他にも，ネット通販では，ⓐ宅配ラーメンのRAMEN EX……有名店など5種類のラーメンを宅配，価格は1,000円，電子レンジで加熱して食べる食品，ⓑ完全栄養食（ALL-in）……1日に必要な栄養の3分の1を1食でまかなえる食品，ⓒカップヌードル　ローリングストックセット……3か月ごとに非常食用のカップヌードルが9品届く，ⓓ美容ドリンク……ヒアルロン酸を作らせる働きを持つ乳酸菌とコラーゲンを配合した美容ドリンク「ヒアルモイスト発酵液」，などを次々と提供し，SNS上でバズるように工夫している[12]。

②—2，ロッテ

ロッテのネット通販の会員数は100万人を超えている。また，年間の購入金額に応じてポイントを提供し，「ランク制度」も設けている。「レギュラー」「ゴールド」など5ランクに分けて，ランクごとに割引クーポンやネット限定セールの内容を変えている。また，ネット通販専用商品も増やしている。たとえば，「おおきなパイの実（専門店のアップルパイ）」。店頭でおなじみの「パイの実」より1個あたりの重さが3倍で，価格も1箱1,000円と高めだったが，発売すると3か月で完売した。さらに，ネット会員の中から試食モニターを募集したり，アンケート調査をしたり，様々にネット会員を活用している。このネット通販の最近のある年度の売上高は前年比2割増となっている。年間2回以上購入するユーザーは20%を超えているが，現在，会員1人当たり利用回数を平均年4回に引き上げようとしている[13]。

日清食品もロッテも小売業の反発を招かないように，小売店で販売されていないネット専用の商品を品揃えするように心がけているようだ。

③　ネスレ

ネスレは日本独自開発のコーヒーマシンを活用したチャネル開発・構築を進めている。

コーヒーマシンを開発し，無償で貸与して，そこをチャネルと考えて，そこにコーヒーの専用カプセルを定期的に販売して収益を得るという新しい戦略を実施している。2014年８月現在で約14万台貸与していた。2020年度には48万台となった。ネスカフェアンバサダーを募集して，そのアンバサダーにコーヒーマシンを貸与する。アンバサダーは職場にコーヒーマシンを設置し，使用者から代金を回収し，ネスレに１か月ごとに送金するという仕組みである。アンバサダーがネスレから専用カプセルを購入し，その代金を支払わなければならないのであるが，職場でのコミュニケーションが増すという評価もあり，アンバサダーは増えている[14]。

消費財メーカーが，消費者直販を積極的に行おうとしている背景には，ネット通販の普及という面がある。そのため，消費財メーカーの自社サイトでのネット通販は増えており，そのことはチャネルを短くする傾向を強めている。その他に，小売企業のバイイングパワー対抗策という一面もある。江崎グリコやネスレは，自社で菓子やアイスクリームやコーヒー粉を消費者に直販しているので，例えば小売企業の強い値下げ要求やPB開発要求にも是々非々で自社の価値判断で対応する事ができる。

注

1　嶋口充輝・石井淳蔵（1995）『現代マーケティング［新版］』有斐閣，190-193頁。
2　久保村隆祐編著（2005）『商学通論［六訂版］』同文舘出版，25-28頁。
3　A.H.マズロー著，小口忠彦監訳（1981）『人間性の心理学』産能短大出版部，89- 101頁。
4　L.W. Stern and A. L. EL-Ansary, *Marketing Channels,* 4th ed., 1992, p.342.
5　E. J. McCarthy and W. D. Perreault, J., *Basic Marketing,* 11th ed., 1993, p.328.

6　久保村隆祐・荒川祐吉（2002）『最新商業辞典［改訂版］』同文舘出版，18-19頁。
7　https://toukeidata.com/seikatu/pb_sijyoukibo.html より。『日経業界地図　2017年版』が元の資料。
8　「駅構内やSC設置拡大」『日経MJ』2014年6月4日号
9　「グリコ，職場の置き菓子全国拡大」『日経MJ』2021年7月7日号
10　キリンのHP（https://hometap.kirin.co.jp/price/）より。
11　「日清食品，ネット限定　超奇抜!?」『日経MJ』2019年12月2日号
12　「日清，ラーメンの宅配サービス」『日経MJ』2020年7月31日号
13　「ロッテ，ネット通販をテコ入れ」『日経MJ』2016年3月9日号
14　「コーヒーマシン　無償で50万件」『日本経済新聞』2014年8月28日号及び「ネスレ新社長『成功モデル壊す』」『日本経済新聞』2020年3月25日号

Working

1　スーパーの鶏卵売場に行って，どのようなブランドの卵が何個入りパックで，何円で売られているかを具体的に調べ，一覧表を作りなさい。
2　大学生の「承認の欲求」の例を3つあげなさい。

Discussion

1　マズローの消費欲求階層説に対するあなたの意見を述べなさい。
2　「ユニクロ」「ライトオン」「ハニーズ」「しまむら」の各店舗を実際に少なくても1店舗見て，あなたのそれぞれの店舗の印象についてA4（40字×30行）3～5枚程度にまとめなさい。

第9章
流通情報の基礎

本章のねらい

これまでの章では流通の役割や流通の活動，または多様な消費財の流通を学んできた。本章では流通活動を支える流通情報の基礎について学ぶ。

流通情報システムとは，情報流をコンピュータや通信ネットワークを使ってシステム化したものであり，企業内の流通情報システムと企業間の流通情報システムの２つに大別できる。

本章では，企業間の流通情報システムに着目する。

第一に，企業間の流通情報システムの代表的なものであるEDIシステム，流通BMS，POSシステム，について説明する。

第二に，企業間の流通情報システムを運用するために必要なJANコードやITFシンボル，電子タグ（RFID）などのデータキャリアについて説明する。

Keyword
流通情報システム　JCA手順　EOS　EDI
流通BMS　POSシステム　JANコード
ITFシンボル　電子タグ（RFID）

1　流通情報システム：EOSから流通BMSへの進化

流通情報システムとは，情報流（商流や物流など流通活動に必要な情報を収集，伝達，処理，保管する活動）をコンピュータや通信ネットワークを使ってシステム化したものである[1]。

本節では，企業間の情報システムの代表であるEOS，EDIと流通BMSの発展と定義について説明する。

(1)　EOSからEDIへ（1970年代～1990年代半ば）

オンライン化が開始される以前の流通の受発注は統一伝票を媒介として行われた。1960年代以降，小売店舗のチェーン化と大型化が進み，オンライン化のニーズが高まった。1970年代に入ると，テレックスを利用して店舗から本部間のオンラインデータ交換が開始された。さらに，1971年の第1次通信開放によって，電話回線がデータ交換に利用できるようになり，店舗から本部間のオンラインデータ交換が本格的に開始された。しかし，当時は異機種のコンピュータ同士でデータ交換可能な統一的な通信手順がなかったため，本部から取引先間の発注情報伝達ができる環境ではなかった。

1980年に消費者の購買頻度が高い加工食品や日用品分野では補充発注を効率化することを目的として，EOS（Electronic Ordering System）（電子的な補充発注システム）を開始した。それをきっかけに日本チェーンストア協会（JCA）が「取引先データ交換標準通信制御手順」（通称：JCA手順）を制定し，1982年に通商産業省（現・経済産業省）によって流通業界の標準通信手順に指定され，J手順と呼ばれるようになった。

JCAでは通信手順の統一に続いて，1982年に「データフォーマット（受発注用）」を標準化した。統一伝票の記載内容をデータに置き換えたものであった。同年に，第2次通信開放で，公衆網と専用回線を相互に接続する場合等，一部の例外を除いて完全に自由なデータ通信が行えるようになり，他社とのオンラインデータ交換が可能になった[2]。統一伝票とJCA手順を利用することによって，「取引先のプリンタで伝票を印刷できる仕組み」が出来上がった，ということであった[3]。

1984年にJCAはさらに「ターンアラウンド用統一伝票」を設定した。小売業が設定した発注伝票番号と発注の内容が複写式の統一伝票に打ち出され，取引先の納品時に添付される仕入伝票として小売業に戻ってくるものであった。そして，「JCA手順（Ｊ手順）」，「データフォーマット（受発注用）」，「ターンアラウンド用統一伝票」は「EOSの３点セット」として，その後JCA以外の様々な小売業態に拡大し，その後のEDIの基本形となった。1985年の電気通信事業法の制定でVAN（付加価値通信網）事業が全面的に自由化された。これらの標準の設定と，さまざまなVANのサービスの存在が流通業界におけるEOSの普及を促進した[4]。

1990年代以降，大手小売チェーンを始めとする小売企業による物流センターの構築が盛んになり，取引先から小売業への出荷案内データの送信が始まり，受発注業務以外の電子データも交換されるようになった。1994年度から1996年度にかけて，通商産業省（現・経済産業省）の委託事業として，「流通業における電子化取引標準化調査研究」が行われ，国際標準仕様に準拠した標準メッセージおよびEDI取引規約を取りまとめた。そして，それまでのEOSと区別する意味を含めて，1990年代半ばごろからEDI（Electronic Data Interchange）（取引全般の電子データ交換）という言葉が，流通業界で一般的に使われるようになった。オンライン化対象からみると，EOSは「発注」のみオンライン，EDIは「発注」，「出荷（納品）」，「受領」，「返品」，「請求」，「支払」など取引のすべてのデータがオンライン化対象，という違いがあった。2007年以降では標準化されたインターネットEDIである流通BMSが主流となった（**図表9－1**）。

[図表9-1]　流通における取引方式の主な変化と違い（日本）

メーカー，卸	時期	内容	小売
	それ以前	電話，ファックス，フロッピーディスク，統一伝票など。	
	EOS（1980年代～）	「発注」のみオンライン。納品以降の情報伝達は統一伝票等の紙媒体で行う。	
	EDI（1990年代半ばごろ～）	「発注」，「出荷（納品）」，「受領」，「返品」，「請求」，「支払」など取引のすべてのデータがオンライン化対象。	
	流通BMS（2007年～）	標準化されたインターネットEDI。	

出所：流通システム開発センター（2010）『概説　流通BMS-小売経営の見える化をめざして』，30頁などにより筆者作成。

(2)　EOS，EDI，流通BMSの定義

EOS，EDI，流通BMSの定義を以下の通りにまとめた。

①　EOSとは[5]

EOSはElectronic Ordering Systemの略であり，電子的な補充発注システムのことである。1970年代に小売業の店舗と本部間で始まり，1980年のJCA手順（J手順）の制定により，小売と取引先間に普及した。

②　EDIとは[6]

EDIはElectronic Data Interchangeの略であり，企業間の取引で発生する発注，納品，受領，返品，請求，支払いといった情報を，通信回線を介して双方の企業のコンピュータを接続し，電子的に交換する仕組みである（**図表9-2**）。

発注のみを電子化したEOSと比較すると，主な効果は伝票レスと決済業務

[図表9-2]　EDIの概念図

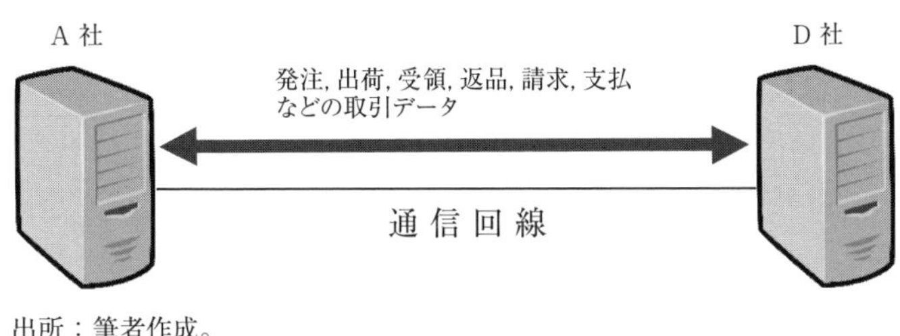

出所：筆者作成。

の合理化の2つである。伝票レスは日々の取引での仕入伝票や受領伝票などの紙のやりとりを排除することを指す。決済業務の合理化は，EDIシステムの導入により，双方がデータで日々の取引結果を確認することで，月次の決済業務を効率化することが可能となった。

③　流通BMSとは[7]

流通BMSは，「流通ビジネスメッセージ標準（Business Message Standards)」の略で，流通事業者（メーカー，卸売，小売）が統一的に利用できるEDI（Electronic Data Interchange）の標準仕様である。簡単に言うと，流通BMSは小売業と卸売業またはメーカーの取引を電子化するための新しいルールであり，標準化されたインターネットEDIである。EDIとの違いや導入効果等は，次節で詳細を述べる。

(3)　EDIから流通BMSへ（2007年～）

2004年頃にJCA手順（J手順）に代わる標準EDIが必要と認識され，スーパーマーケット業界などが新しいシステムの検討を開始した。そして，2006年に経済産業省の委託事業として，多くの業界が標準化の検討と共同実証に参加し，2007年4月に標準EDIバージョン1.0が発表され，“流通BMS”と命名された。

2005年にJCA手順によるEDIの課題を解決し，最新のITを利用した新たな標準EDI制定の動きが，日本チェーンストア協会と日本スーパーマーケット協会の合同研究で始まった。そして，経済産業省の「流通システム標準化事業」の中で，2006年から多くの業界が標準化の検討と共同実証に参加するようになった。2006年度はイオン，ダイエー，平和堂，ユニーの４社が共同実証に参加し，並行して参加小売業から取引先である卸売業へ標準化の目的を説明し，参加卸売業も順次決定していった。結果として，あらた，伊藤忠食品，エコートレーディング，花王販売（現・花王カスタマーマーケティング），国分，トーカン，パルタック，山星屋，菱食（現・三菱食品）の卸売業者９社が参加した[8]。

2007年４月に，経済産業省はこれまで"次世代標準EDI"として検討してきた新たなEDI標準を「流通ビジネスメッセージ標準（流通BMS）Ver1.0」として公開した。なお，流通BMS基本形Ver.1.0は，総合スーパーや食品スーパーに特化したものであり，EDIの対象を現行の業務で使用頻度が高い「発注」「出荷」「受領」「返品」「請求」「支払」の６業務としていた。さらに，「出荷」に関しては「伝票」「梱包紐付けあり」「梱包紐付けなし」の３メッセージに細分化し，６業務８メッセージを標準化した。

続いて，スーパー業界とアパレル業界の取引に必要な要素を加味した「基本形Ver.1.1」を2008年３月に，その後チェーンドラッグストアやホームセンターの業界における検討結果を反映した「基本形Ver.1.2」を2009年４月に公開した。さらに，スーパー業界と生鮮業界の取引を対象とした「生鮮Ver.1.0」を2008年７月に，青果，水産物における精度を向上「生鮮Ver.1.2」を2009年４月に相次いで公開した。そして，2009年10月末に「基本形Ver.1.2」と「生鮮Ver.1.2」を統合した「基本形Ver.1.3」がリリースされた。Ver.1.3の登場によって，小売業とその取引先企業の利便性が向上し，流通BMSの本格的な普及が始まった。

一方，百貨店業界の取引に必要な標準メッセージ26種を考慮した「百貨店Ver.1.0」も同時に，2009年4月に公開された。そして，2009年度に経済産業省の「流通システム標準化事業」の成果を引き継ぎ，業界団体が主体となった

「流通BMS協議会」が設立され，標準の維持管理と普及推進の活動を開始した。

このように，基本形Ver.はスーパー，ドラッグストア，ホームセンターなど買取り型の取引に対応したのに対して，百貨店Ver. は消化仕入れ型の百貨店業界に対応したことが，両者の大きな違いであった。

［図表９－３］　流通BMSの歩み

2004年頃	JCA手順に代わる標準EDIが必要と認識された
2005年度	・日本チェーンストア協会と日本スーパーマーケット協会の合同研究がスタートした。 ・６月に合同情報システム委員会の開催。 ・８月に次世代EDI標準ワーキンググループがスタートした。
2006年～2008年	経済産業省の委託事業により，多くの業界が参加した標準化検討と共同実証，普及活動が行われた。
2007年	・４月に「流通BMS」と命名した標準EDIである「基本形Ver.1.0」を発表した。
2008年	・３月に「基本形Ver.1.1」，７月に「生鮮Ver.1.0」を発表。
2009年	・４月に「基本形Ver.1.2」，「生鮮Ver.1.2」，「百貨店版Ver.1.0」の３つのバージョンを発表。 ・10月に「基本形Ver.1.2」と「生鮮Ver.1.2」を統合した「基本形Ver.1.3」が誕生し，普及が始まった。 ・「流通BMS協議会」が設立され，経済産業省から標準の維持管理と普及活動の推進事業を引き継いだ。
2010年	・４月に「百貨店版Ver.2.0」発表，12月に在庫需要状況メッセージを追加した「百貨店版Ver.2.1」発表。
2011年	・５月に経済産業省の支援による「製・配・販連携協議会」が発足し，参加した50社が「流通BMS導入推進宣言」を発表した。
2012年	導入または検討する企業が急増し，「流通BMS元年」と呼ばれるようになった。
2018年	・11月に流通BMS「基本形メッセージVer2.0」をリリースした。

出所：「流通BMS.com」の公式サイト（旧サイトhttp://www.mj-bms.com/，2012年６月30日閲覧），（新サイトhttps://www.gs1jp.org/ryutsu-bms/standard/standard01.html/，2023年10月17日閲覧），および日本スーパーマーケット協会の大塚明理事長の講演資料（2012年６月）により筆者作成。

2011年5月，経済産業省の支援により，消費財分野におけるメーカー（製），卸売（配），小売（販）の3者による「製・配・販連携協議会」が発足し，業種業態の垣根を越えて流通構造の改革を目指す取り組みが始まった。協議会に参加した企業のうち，大手小売企業のイオン，セブン&アイ，卸売企業の国分，三菱食品，メーカーの花王，P&Gを含む50社が「流通BMS導入推進宣言」に署名し，流通BMSの普及に大きく影響した。それらの影響で，2012年に流通BMSの利用が拡大した。さらに，2018年11月には消費税軽減税率［区分請求書等保存法式］に対応した「基本形メッセージVer2.0」がリリースされた（**図表9-3**）。

2　流通BMSの特徴と導入効果

ここではさらに，流通BMSの特徴，従来型EDIとの違い，導入効果，および普及状況について詳しく説明する。

(1)　流通BMSの特徴

流通BMSは2つの大きな特徴を持っている。1つ目は，標準のデータフォーマット，2つ目は，高速通信インターネット技術の利用である。

①　標準のデータフォーマット

多くの業界が制定に参加した流通BMSは，取引の手順（取引業務プロセス），交換するデータの内容や表現の方式（メッセージ）に高レベルの標準化が進められた。そのため，EDI導入時の調整が簡単，卸売業・メーカーのシステム開発・運用費が低減するなどのメリットがあり，業界全体の効率化を図ることになる（**図表9-4**の右側参照）。

②　高速通信インターネット技術の利用

通信インフラにインターネットを利用しているため，高速（数Mbps～）で

［図表9-4］　流通BMS導入のイメージ

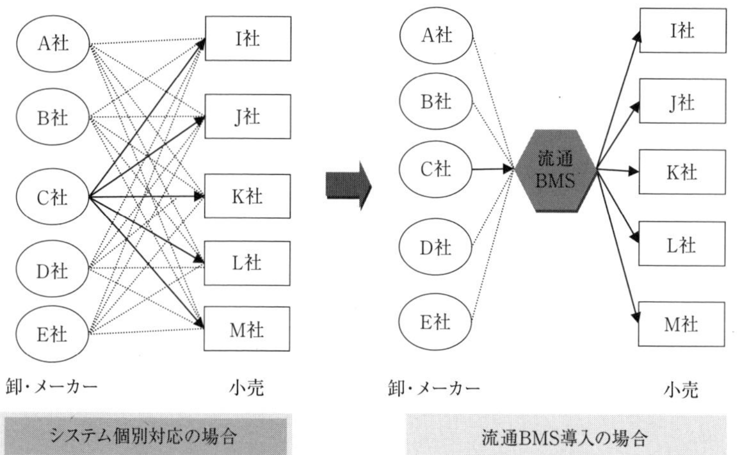

出所：『流通とシステム』No.148/2011年10月，流通システム開発センター，9頁を基に筆者作成。

低料金，専用の通信機器（モデム）が不要であり，ほかにも漢字や画像が送れる，伝文形式は可変長XML（eXtensible　Markup Language）言語形式などのメリットがある。

項目の桁数と並び順を決めて，その通りに送る形式が「固定長」と呼ばれるのに対して，各データ項目が識別できるようにして，使わない項目は省略し，データの長さも必要な桁数だけ送るのが「可変長」と呼ばれる形式である。流通BMSは柔軟性と拡張性のあるXMLという可変長形式を採用している。

⑵　従来型EDI（JCA手順）と標準EDI（流通BMS）の違い

従来型EDI（JCA手順）と流通BMSの違いを項目別にまとめると図表の通りになる。従来型EDIの課題とされてきた項目が改善されていることがわかる（**図表9-5**）。

[図表9-5]　JCA手順と流通BMSの比較

	従来型EDI（JCA手順）	標準EDI（流通BMS）
取引業務プロセス・メッセージ	小売ごとの個別仕様（プロセス，メッセージ種，データ項目の名義や定義，使用コードについて小売ごとに定義）	高レベルの標準化（プロセス定義，メッセージ種，データ項目，使用コードの標準仕様書，使用方法のガイドライン）
伝文形式	固定長	可変長
伝送文字種	英数字，半角カナ・記号	漢字，画像も可能
セキュリティ	ID，パスワード	SSL相互認証
通信手順	Pull型	Push型（サーバとサーバ間），（クライアント - サーバ間はPull型）
通信速度	低速（～ 9.6Kbps）	高速（数Mbps ～）
通信回線	電話回線 DDX回線　｜　何本も用意	インターネット1本
通信機器	専用モデムが必要	不要
通信ソフト	多数用意	1～2種類に集約

注：DDX回線はDigital Data eXchange の略で，NTTが提供する電話回線を利用したパケット通信サービスである。

出所：同図表9-1資料，および流通システム開発センター『流通BMS導入の手引き』，24頁により，筆者作成。

(3)　流通BMSの効果

流通BMSの導入効果は，インターネット利用と業務の標準化によって大きく2つに分けられる。前者は「データ伝送時間の短縮」と「通信コストの削減」の2つの効果をもたらし，後者は「EDI開始までの時期の短縮」，「システム開発と維持管理工数の削減」，「サプライチェーン全体の情報の共有」の3つの効果が予想される。また，業務全体において「請求レス」，「検品レス」，「伝票レス」の3つのレスが実現されている。

①　データ伝送時間の短縮効果

インターネットの利用によるデータ伝送時間の短縮効果は，受発注と物流業務で実現し，小売側と卸売・メーカー側の両方にメリットをもたらす。

a）小売側のメリット: 小売企業はデータの転送時間を短縮することで発注締め時間を延長でき，これにより発注精度が向上し，追加発注や欠品の減少につながる。

b）卸売・メーカーのメリット：卸売業やメーカーでは，伝送時間の短縮により出荷業務が早めに開始でき，出荷精度が向上し，コスト削減が期待される。特に事前出荷明細通知（ASN）のデータの受信が確実に行え，伝票レスの実現が可能となる。

②　通信コストの削減効果

従来型EDIの通信方式は電話回線を利用し，通信費用が時間に比例して発生する。一方，流通BMSはインターネット接続を使用するため，通信コストが低減し，通信費用の削減効果が現れる。これは大手卸売業にとって特に重要で，電話回線の維持や専用機器の用意にかかる費用が削減される。

③　EDI開始までの時期の短縮

EDI取引を始めるには，通信方式や業務手順などの調整が必要であり，従来型EDIの場合，その期間が長くなることがある。流通BMSはデータ項目の定義と使い方が明確であるため，EDI開始までの期間を短縮し，迅速な導入を可能にする。

④　卸売業・メーカーのシステム開発と維持管理工数の削減

卸売業やメーカーは小売業のシステム変更に対応するために維持管理を行っている。流通BMSの採用により，これらの維持管理費用が削減され，卸売業やメーカーのコスト削減に寄与する。

⑤　製配販連携による情報の共有

流通BMSは情報の標準化を促進し，製（メーカー）・配（卸売）・販（小売）間で情報連携が容易になる。これにより，市場動向に即したデータ共有が可能となり，生産活動，在庫計画，品質管理，鮮度管理，販売業務などが最適化され，新たな付加価値情報が提供される。流通BMSは単なる業務効率化にとどまらず，企業活動全体を支える重要なインフラとしての役割を果たしている。

⑷　流通BMSの普及状況

流通BMS協議会が2022年1月から4月に実施したアンケート調査によれば，小売業の71.3％が既にBMSを導入済みまたは導入予定であり，導入したいが具体的な時期は未定の企業も含めると，83.8％に達している。具体的な企業数に言及すると，小売業でのBMS導入企業は577社以上，卸売業およびメーカーでの導入企業数は1万6,656社以上である[9]。なお，2012年1月から7月に行われた同様の調査によれば，すでにBMSを導入済みの企業は20％で，導入予定も含めると48％であった[10]。したがって，この10年間でBMSの導入率は約36％増加したが，業務全体の効率化を実現するためには，小売業での導入率をさらに向上させる必要がある。

3　POSシステムとデータキャリア（バーコードなど）

⑴　POSシステムについて

POSシステムとはPoint of Saleシステムの略で，販売時点情報管理システムと訳される。商品に表示されたバーコードを読み取り，消費者の購買動向を迅速・正確にキャッチし販売分析や在庫管理などを行うシステムである。なお，POSシステムは商品の製造段階でのバーコード表示，商品はスターファイルのメンテナンス，POSデータの活用といった面で卸売業やメーカーとの連携

［図表9-6］　POSシステムの基本的な仕組み（食品・雑貨型）

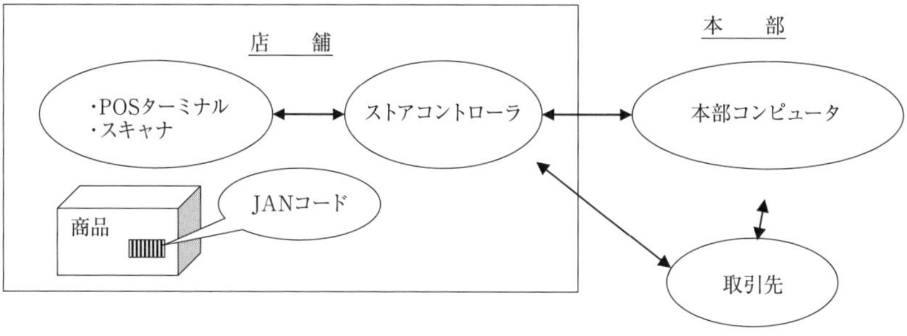

出所：筆者作成。

の下に運営されているため，小売業の社内システムではなく，EOSやEDIと同様に企業間の流通システムの１つである[11]。

コンビニやスーパーなどの小売店舗でよく見かける食品・雑貨型のPOSシステムはPOSターミナル，スキャナ，ストアコントローラで構成され，商品へのJANシンボル表示（JANコード）が不可欠となっている（**図表9-6**）。

① POSターミナル：店舗に設置される，レジ機能を持つコンピュータ端末である。従来のレジと同様金銭登録機能に加え，バーコードやカードの自動読み取り，さらに各種データの記録・蓄積，オンライン通信などの機能を備えている。

② スキャナ：POSシステムの重要な構成要素で，バーコードなどコード化されたシンボルを自動読み取る入力装置である。固定式スキャナ，ハンドスキャナ，ペン・スキャナなど，さまざまなタイプが存在している。2013年以降，画像処理型のスキャナも登場し，値札のバーコードや割引シール画像だけでなく，青果物自体も読み取ることができる[12]。

③ ストアコントローラ（または，ストアコンピュータ）：店内の複数のPOS

ターミナルや各種の入出力装置を制御し，価格検索，情報の収集と集計，各種レポートの生成，本部や取引先との情報交換など，データ処理と転送を担当するコンピュータシステムである。

2010年代に入ると，iPadやAndroidなどのタブレットにPOSアプリケーションをインストールするだけで利用できるタブレットPOSレジシステムが登場した。タブレットPOSは，コンパクトで持ち運び可能で導入コストが低いため，近年では美容室やレストランなどの小規模店だけではなく，デパートのテナントなどにもよく利用されている。ただし，タブレットPOSの利用は，店舗のネット環境に依存し，店舗のネット環境が悪いと支障がでることが欠点である。

⑵ JANコード

JAN（Japanese Article Number）コードには13桁の標準タイプ（GTIN-13）と８桁の短縮タイプ（GTIN-8）があり，国際的にはEAN-13，EAN-8と呼ばれる。そのうち，標準タイプのJANコード（GTIN-13）は，①GS1事業者コード，②商品アイテムコード，③チェックデジット の３つから構成される。はじめてJANコード（GTIN-13）を利用するには，GS1 Japan（流通システム開発センター）にGS1事業者コードを申請する必要がある。なお，日本の事業者に貸与されるGS1事業者コードは，10桁，９桁，７桁いずれかの番号で構成される。GS1事業者コード最初の２桁は，日本の国コードを表す「45」か「49」のいずれかになる（**図表９-７**）。

JANコードはPOSシステムの基本であり，1978年に制定されて，翌年の1979年に第１次POSシステム店頭実験が実施された。すなわち，JANコードはPOSシステムの普及とは大きな関係がある。

また，GS1は流通コードの管理及び流通標準に関する国際機関である。日本の財団法人流通システム開発センターは，国際的にGS1 Japanという名称で活動している。

[図表９-７]　GTIN（JANコード）とJANシンボル

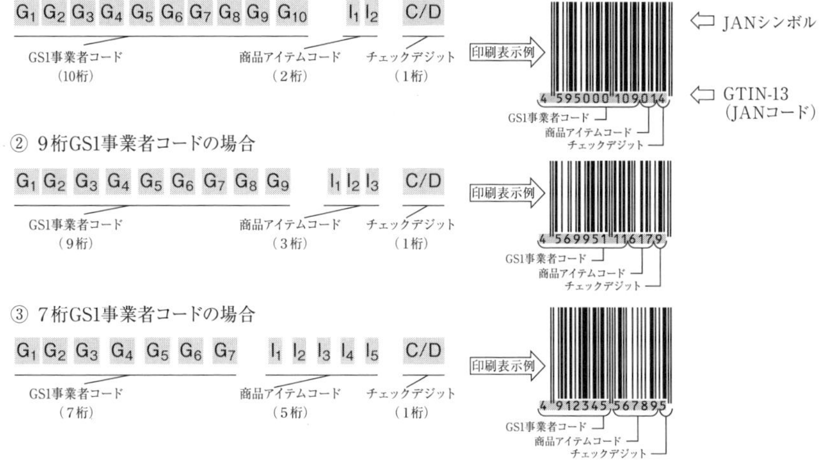

出所：流通システム開発センター（2023）『流通情報システム化の動向2023～2024』，61頁。

(3)　ITFシンボル

ケース，段ボール，パレットなどの包材により集合包装された物流梱包に表示されるバーコードシンボルは，ITFシンボルが使用されている。ITFとは，Inter-Leaved Two of Five（さし挟んだ５本のバーのうち２本のバーが太いという意味）の略称である[13]。国際標準ではGTIN-14と呼ばれる。

GTIN（集合包装用商品コード）の最初の数字はインジケータとして知られ，数字１から８までの８つのオプションがある。これらの数字は集合包装の形状，数量の違い，販売促進の単位などを区別するために使用される。このインジケータの後に，集合包装内の個々の商品（単品）のGTIN（JANコード）の最初の12桁が続き，最後の１桁はチェックデジットである。これにより，合計で14桁のコードが生成される（**図表９-８**）。

［図表9-8］ GTIN（集合包装用商品コード）をITFシンボルで表現した例

出所：流通システム開発センターの公式サイト，https://www.gs1jp.org/ （2023年10月23日閲覧）による。

⑷ 電子タグ（RFID）

最後に，電子タグ（RFID）について紹介する。電子タグとは，「無線電波を利用して非接触でICチップの中のデータを読み書きするRFID（Radio Frequency Identification）技術を利用したもので，「モノ」の識別に使われる。」である。ICタグ，RFID，無線タグなど，さまざまな呼び方がある[14]。

電子タグ（RFID）の主な特徴は，①スピーディで効率的な読み取り，②さまざまな形状に加工できる，③用途に合わせた情報の書き込み，の3つである[15]。

RFIDは，1980年頃に欧米で導入され，非接触で電子的なメモリーを更新する技術として始まった。しかし，当初は1枚1,000円という高いコストもあり，日本ではあまり普及しなかった。2001年，JR東日本が電波を活用した近接型RFID技術を導入し，Suica定期券として提供した。これにより，2003年からは住民基本台帳カードなどにも非接触ICカードが利用され，日本でもRFID技術が広まり始めた[16]。

流通分野ではアパレルのI.T.'S.インターナショナルが2010年に国内で初めて導入し，その後，ユニクロ，オンワード，良品計画などでも採用が進められた。そのうち，ユニクロは2015年からRFIDを活用したセルフレジを導入し，レジ待ち時間の短縮に取り組んでいる（**図表9-9**参照）。

［図表９-９］　ユニクロのラベルに内蔵されているRFID

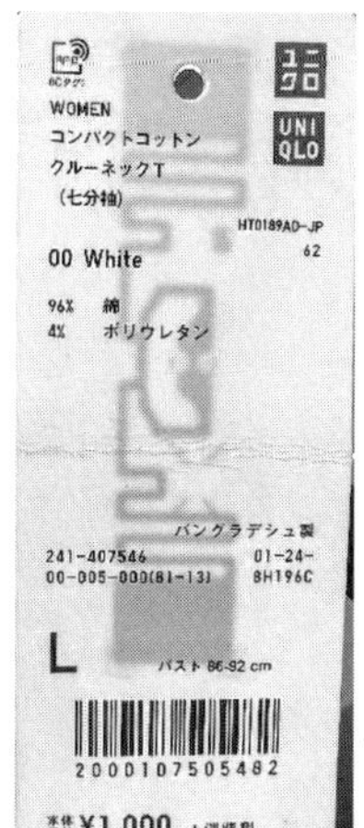

出所：筆者撮影。

流通コラム⑩　電子タグ1000億枚宣言

2017年，経済産業省はセブン-イレブン，ファミリーマート，ローソン，ミニストップ，およびニューデイズの５つのコンビニチェーンと共同で，「電子タグ1000億枚宣言」を発表した。この宣言によれば，2025年までにコンビニの全商品にRFIDタグを取り付け，商品の個別管理を実現する計画が進行中である（『日本経済新聞電子版ニュース』，2017年４月18日付）。

10～15年前，RFIDタグ１枚は何十円もかかったが，2023年現在では１枚あたり５～10円程度に価格が下がっている。ただし，安価な商品が多く並ぶコンビニなどでも，電子タグを全面的に利用するには，電子タグのコストをさらに削減する必要がある。

注

1　流通システム開発センター（2023）『流通情報システム化の動向2023〜2024』，7頁を参照した。

2　NTTの情報通信用語集http://www.ntt-review.jp/yougo/index.php（2012年7月20日閲覧）を参照した。

3　流通システム開発センター・流通システム標準普及推進協議会（略称・流通BMS協議会）（2022）『流通BMS入門講座』の配布資料13頁を参照した。

4　流通システム開発センター（2008）『EDIの知識（第2版）』日経文庫，35頁と，流通システム開発センター・流通BMS協議会（2011）『流通BMS導入の手引き』，5頁を参照した。

5　前掲，『流通情報システム化の動向2023〜2024』の巻末資料を参照した。

6　同書，7，32，34頁を参照した。

7　流通BMSに関する記述は，主に流通システム開発センター（2008）『EDIの知識（第2版）』日経文庫，33－42頁，流通システム開発センター（2012）『流通情報システム化の動向2012〜2013』，97－99頁，流通システム開発センター・流通BMS協議会（2011）『流通BMS導入の手引き』，5頁を参照した。筆者が執筆した「流通情報の革新：流通BMS」『流通論の基礎（第2版）』を加筆修正したものである。

8　流通システム開発センター（2007）『流通とシステム』No.132，17-23頁を参照した。

9　流通システム開発センター・流通BMS協議会（2022）『流通BMS入門講座』の配布資料45と47頁を参照した。

10　『日経MJ』2012年10月5日号。

11　前掲，『流通情報システム化の動向2023〜2024』，7頁を参照した。

12　GS1 Japanの公式サイトhttps://www.gs1jp.org/center/profile.html，（2023年10月20日閲覧）を参照した。

13　前掲，『流通情報システム化の動向2023〜2024』，89頁を参照した。

14　流通システム開発センターの公式サイトhttps://www.gs1jp.org/，（2023年10月23日閲覧）を参照した。

15　前掲，『流通情報システム化の動向2023〜2024』，104頁を参照した。

16　アイニックス株式会社（2023）「RFIDの歴史と現状」https://www.ainix.co.jp/howto_autoid/RFID/4.html（2023年10月24日閲覧）を参照した。

Working

1　流通BMSを導入しているスーパーマーケットの事例を１つ調べなさい。

2　食品・雑貨型のPOSシステムを導入しているコンビニの事例を１つ調べなさい。

Discussion

1　流通BMSと従来型EDIとの違いを述べなさい。

2　こちらのURL（https://youtu.be/98vbk8lfqWk）から，アパレル業界における電子タグの活用事例を確認し，A4（40字×30行）1～２枚程度にまとめなさい。

第10章
台湾ファミリーマートの IT革新とデジタル化

本章のねらい

第９章で流通情報の基礎やPOSシステムなどについて学んだ。本章ではまず，IT革新とデジタル化の基本概念を理解し，次に，日本の代表的な小売業であるコンビニ業界のIT革新とデジタル化発展の背景と意義を述べる。

さらに，台湾ファミリーマートのデジタル・イノベーションを事例として，①台湾ファミリーマートのIT革新，②台湾ファミリーマートのデジタル化の準備期，③台湾ファミリーマートのデジタル化の発展期，の３つの段階で，なぜ，コンビニエンス・ストアにおけるIT革新とデジタル化が不可欠であるかを説明する。

Keyword

コンビニエンス・ストア　IT革新　デジタル化
デジタルトランスフォーメーション（DX）
台湾ファミリーマート　日本ファミリーマート

1 コンビニ業界のIT革新とデジタル化[1]

(1) IT革新とデジタル化とは

2000年代ごろからIT（Information Technology，情報技術）革新という言葉がよく使われるようになったが，2010年代後半から2020年代にかけては，デジタル化（digitalization）やデジタルトランスフォーメーション（digital transformation，DX）がIT革新の代わりに，よく使われるようになった。

IT革新とデジタル化またはDXを同様に使われることもあるが，以下の定義から，両者を区別して使う必要がある。

IT革新は，コンピュータの機能やデータ通信に関する技術の革新であり，企業の業務内容を支援する物理的な価値提供である。一方，デジタル化，またはDXは，企業がデジタル技術を活用して，製品やサービス，ビジネスモデルを変革するとともに，顧客や社会への価値提供と価値創造を行う活動プロセスである。

日本の経済産業省では，2018年ごろからDXを推進し始め，DXの定義を「企業がビジネス環境の激しい変化に対応し，データとデジタル技術を活用して，顧客や社会のニーズを基に，製品やサービス，ビジネスモデルを変革するとともに，業務そのものや，組織，プロセス，企業文化・風土を変革し，競争上の優位性を確立すること」と述べた[2]。

そのため，現代の企業で求められているのはIT革新ではなく，デジタル化やDXによる変革である。

(2) コンビニエンス・ストアのIT革新とデジタル化

コンビニエンス・ストア（以下，コンビニ）業界の場合のIT革新とデジタル化はどうだろうか。ここでは，日本の代表的な小売業であるコンビニ業界のIT革新とデジタル化の発展背景を説明し，それぞれの意義を明らかにする。

①　コンビニのIT革新

日本最大手のコンビニであるセブン-イレブンは発注作業の効率化を実現するために，1978年にオンライン発注システム（Electronic Ordering System: EOS）を導入した。さらに，在庫の削減を目的に，1982年に販売時点情報管理システム（Point of Sales：POS）を構築した。当時のコンビニは多様な消費者ニーズに対応するように，取扱商品数を多くする必要があった。しかし，限られた売り場で，いかに数多くの商品を効率的に管理するかが問われていた。そこで，セブン-イレブンはEOSやPOSなどのIT革新により，運営上の効率化と業務改善を実現し，価値提供を向上させた。

②　コンビニのデジタル化

インターネットの普及に伴い，コンビニ業界では1990年代後半から電子商取引（EC）事業を開始した。さらに，マルチメディア端末機またはマルチコピー機を導入して，デジタル化を始動させた（例えば，1998年ローソンの「Loppi」など）。なお，マルチメディアとは「文字・音声・画像・動画などの多様の情報を複合したコンテンツ。多くの場合，双方向性のある通信により提供される」と定義されている（広辞苑 第七版）。コンビニ店舗におけるマルチメディア端末機の導入は，映像・音声・文字データなどを組み合わせたサービスを仮想空間で実現し，従来のコンビニ店舗では取り扱いにくいサービスを可能にして，コンビニの事業範囲を拡大させた。例えば，ゲームの書き換え，チケットの発行，旅行商品・限定商品の取り寄せなどは顧客への価値提供・価値創造につながる。

2000年代後半にはiPhoneのリリースをきっかけに，スマートフォンユーザーが急増し，さらにモバイル形態のデジタル化が進展した。具体的には，アプリケーション（以下APP）を利用したデジタル会員制度，電子クーポン，QR（Quick Response）コードを利用した電子決済などがある。また，ソーシャルネットワーキングサービス（SNS）を利用した顧客とのコミュニケーションなども増えた。近年では，店舗運営面でのセルフレジや物のインターネット

（Internet of Things：IoT），人工知能（Artificial Intelligence：AI）を駆使した無人店舗などが実験的に開始された。

このように，コンビニのデジタル化以降，顧客自身は店舗または店舗から離れた場所で自ら端末を用いてデジタル情報を取り扱うようになった。すなわち，コンビニはデジタル技術を活用して，製品やサービス，ビジネスモデルを変革させ，顧客の購買体験や顧客エンゲージメントを高めたことによって，価値提供と価値創造を実現している。

2　台湾ファミリーマートの概況とIT革新

(1)　台湾ファミリーマートの企業概況

台湾は，日本の大手コンビニ業者であるファミリーマートの最初の海外進出先である。1988年8月に合弁会社「全家便利商店股份有限公司」（以下，台湾ファミリーマート）が設立された。設立当初の出資比率は，現地企業の国産自動車が51%，日本ファミリーマートが40%，伊藤忠商事が9%であった。その後，複数回の大きな株式売買が行われ，2023年4月時点では，日本ファミリーマート45%，万宝開発19.39%，光泉牧場5.29%，P.F. Investment Co., Ltd 5%の4社が主要株主である。台湾における出店数は，2023年9月時点で4202店舗，年間売上高は2022年に4,187億9,044万円であり，前年比8.46%の増加である[3]。

(2)　台湾ファミリーマートのIT革新とデジタル化の概況

台湾ファミリーマートのITとデジタル化は，①台湾ファミリーマートのIT革新，②台湾ファミリーマートのデジタル化の準備期，③台湾ファミリーマートのデジタル化の発展期，の3つの段階に分けることができる。ここでは新たなシステムが導入された最初の時期を判断基準にしている（**図表10-1**）。

［図表10-1］　台湾ファミリーマートのIT革新とデジタル化の沿革

時期	IT革新からデジタル化へ
	1．台湾ファミリーマートのIT革新
1988年12月	オンライン受発注EOSの導入
1996年	情報関連子会社「精藤会社（Accudata)」の設立（店舗運営システムを開発する）
1997年10月	POSシステム（Ver.1）の導入
	2．台湾ファミリーマートのデジタル化の準備期
1999年３月	オンライン購入・店舗受け取りのサービス開始
2000年10月	コンビニ３社（うち1社その後買収した）との共同出資による「便利達康股份有限公司」の設立（電子商取引のプラットホームの構築）
2001年	ハンドターミナルによる発注システムの導入
2003年	POSシステム（Ver.2）の導入
2005年１月	情報関連子会社「全網行銷股份有限公司（FamilyNet Co.,Ltd)」の設立（マルチメディア端末機やオンラインサイトの開発と運用）
2005年５月	日本からVDC（Virtual Distribution Center）を導入
2007年３月	交通系電子マネー「悠遊カード」の利用開始
	3．台湾ファミリーマートのデジタル化の発展期
2008年12月	マルチメディア端末機FamiPort（Ver.1）の導入
2011年８月	遠東グループ傘下の電子商取引会社「亜東電子商務会社」に投資
2013年	POSシステム（Ver.3）とSAT発注システムの導入
2015年	「My FamiPort APP」の導入（日本FamiPort APPの導入は2016年９月） マルチメディア端末機FamiPort（Ver.2）の導入
2016年	デジタル会員制度Famiclubと台湾ファミリーマートのAPP「My Familymart APP」の導入
2017年	自社の電子決済My FamiPayの導入（日本ファミリペイの導入は2019年７月）
2018年３月	ハイテックの実験店舗の設置，AI受注補助システムの導入
2019年	IoT店舗管理システムの導入
2020年	プラットフォームビジネス，無人決済店，セルフレジ
2022年	「全盈+PAY」，デジタルサイネージ

出所：台湾ファミリーマートの公式サイト（https://www.family.com.tw/）などにより筆者作成。

(3) 台湾ファミリーマートのIT革新

最初に，台湾ファミリーマートのIT革新の段階を紹介する。日本のファミリーマートでは1980年にEOSを導入し，1990年にPOSを導入した。一方，台湾ファミリーマートは設立当初の1988年からEOSを導入したが，POSの導入はその８年後の1997年であった。

台湾の会計システムは日本とは異なり，本社が在庫を一括管理している。また，商品の販売に“発票（インボイス)”という税金証明付レシートの発行が必要であるため，そのニーズに応える情報システムの構築が必要であった。そこで，台湾ファミリーマートは日本ファミリーマートと日本CTC Corp.の協力を得て，1996年に情報関連子会社「精藤会社」を設立し，現地に合わせた情報システムを開発した。そして，1997年10月にPOSを導入した。2001年の12月には新たな発注用のハンドターミナルを導入し，過去の販売データや発注情報をハンドターミナルで確認できるようになった。

このように，1980年代から1990年代にかけての台湾ファミリーマートのIT革新では，主に日本からの情報システムを移転したが，現地における修正が加えられた。

その後，POSなどの情報システムのバージョンアップが行われた。2003年４月にはWindowsの大容量作業システムと液晶画面付きレジを備えた２代目のPOSを導入した。さらに，2011年には第３代のPOSおよびSAT（Store Administration Terminal）という店舗発注システムを導入し，店舗の仕入れと在庫データ，棚割り画像も発注端末の画面で確認できるようになった。

3 台湾ファミリーマートのデジタル化

(1) 台湾ファミリーマートのデジタル化の準備期

日本ファミリーマートは2000年５月に株式会社ファマ・ドット・コムを設立して，オンライン事業を開始した。なお，ここでは受注・商品受取の仕組みをオンライン事業と定義する。

一方，台湾ファミリーマートは1999年３月に一般の消費者がオンラインで注文した商品を店舗で受け取る台湾コンビニ業界初のサービスを開始し，2000年10月にオンライン事業のための合弁企業「便利達康股份有限公司」を設置した。台湾ファミリーマートと台湾のコンビニ業界の３位から５位までの３社（福客多，ハイライフ，OK便利店）との共同出資であり，資本金は4,000万元であった。はじめは４社が持つ2,750店舗でサービスの提供が始まった。2007年11月にそのうちの福客多というコンビニ・チェーンは台湾ファミリーマートに買収され，所有していた157店舗は台湾ファミリーマートに転換された。

このように，台湾と日本のファミリーマートはほぼ同じ時期にオンライン事業を開始した。ただし，台湾では現地コンビニ３社との合弁企業によってオンライン事業を推進し，日本ファミリーマートとは違うオリジナルな取り組みであった。

さらに，台湾ファミリーマートは2005年１月に資本金2,000万元で情報関連子会社「全網行銷」を設置し，この会社は台湾ファミリーマートが85%，日本ファミリーマートが15%を出資した。そして，同年５月に日本からVDC（Virtual Distribution Center）を導入し，携帯電話やゲームなどのプリペイドカードの販売を開始した。

(2)　台湾ファミリーマートのデジタル化の発展期

台湾ファミリーマートのデジタル化が本格的になったのは，2008年の「FamiPort」マルチメディア端末機の設置であった。その後，スマートフォンの普及にともない，モバイル形式のデジタル化を進んできた。さらに，2020年のコロナ禍は台湾ファミリーマートのデジタル化を加速させた。ここでは2000年代後半から2023年時点までの台湾ファミリーマートのデジタル化で，特に重要な取り組みを取り上げる。

① マルチメディア端末機「FamiPort」と宅配サービス「全家店到店」から発展されたプラットフォームビジネス

a）マルチメディア端末機「FamiPort」：マルチメディア端末機「FamiPort」は，映画やコンサートのチケット販売，公共料金の支払い，オンライン印刷など，様々なサービスが可能なマシーンである。2000年に日本で開発されて，2008年に初代の「FamiPort」が導入された。そこでは，台湾ならではのサービスが多く追加された。例えば，台湾新幹線チケットの購入，特別商品の予約販売，「全家店到店」(2008) などである。なお，「全家店到店」とは，顧客がファミリーマート店内「FamiPort」を利用して，全国各地のファミリーマート店舗へ荷物を送付と受け取りができるサービスである。2015年にはAPPによる操作が可能になった2代目の「FamiPort」が導入されて，それを利用した募金活動もできるようになった。

一方，日本の「FamiPort」のAPPは台湾より1年以上遅れた2016年9月のリリースであり，2020年1月時点で利用できる機能は写真プリントサービス，ニュース，店舗検索，贈り物の4つに限定されている（台湾ファミリーマートとファミリーマートの公式サイト）。このように，「FamiPort」というマルチメディア端末機は，日本ファミリーマートから導入したが，現地において多数のサービスが追加された。さらに，「FamiPort」のAPPは逆に台湾のほうで先に開発し，内容も日本より充実していることがわかった。

b）宅配サービス「全家店到店」から発展されたプラットフォームビジネス：2019年以降には「全家店到店」が利用している自社のインフラ設備と蓄積されたノウハウを活用して，台湾のECサイト業者向けの代行サービス事業を開始している。

消費者はECサイトで購入した商品の受け取りと代金支払いを全国展開している台湾ファミリーマートの店内で行える。2020年には「好賣＋」「好開店」，「好店+」という3つのブランドで新たなプラットフォームを開始した。それぞれターゲットや使い方は異なるが，いずれも個人でも簡単にオンラインで店舗を開くことができる台湾ファミリーマートの新規事業である。ただし，2023年８月現在では一部が統合されて，「好賣＋」と「好開店」の２つのブランドで運営している。

さらに，コロナに対応して2021年４月には「全家店到店」から拡大した「冷凍店到店」という，冷凍商品のみ取り扱うプラットフォームビジネスを新たに開始した。ただし，こちらの専用プラットフォームは2023年７月に使用停止し，すでに導入しているプラットフォームビジネスに統合された[4]。

そのほか，2022年９月にはfoodpanda 傘下の宅配サービスpandagoと提携し，「宅家取」という店から自宅への配達サービスを開始した。「FamiPort」に荷物の配達時間を指定することができるほか，30分以内の配達も可能である[5]。

②　デジタル会員制度FamiclubとFamilymart APP

デジタル会員制度FamiclubとFamilymart APPは，2016年より台湾において開発された現地オリジナルなものである。

台湾ファミリーマートの公式APPは前述した「My FamiPort APP」と「全家Familymart APP」の２種類がある。ここでは「全家Familymart APP」の特徴および導入効果を把握しよう。

台湾ファミリーマートが「全家Familymart APP」を開発したきっかけは，スターバックスのポイント制度APP「STARBUCKS REWARDS」である。2016年にスターバックスの制度を参考にしながら外部に委託開発し，さらにデジタル会員制度「Famiclub」の導入によって顧客を“囲い込もうとする”戦略である。

「全家Familymart APP」には三大機能がある。１つ目の機能は，オンライン上のポイント制度である。具体的には顧客が商品の代金支払いと同時に，ポイントを貯めることができる。２つ目の機能は，APPから複数の特別オンラインサイトへのリンクである。例えば，淹れたてコーヒーチケット販売サイトへのリンクなどがある。そこではオンラインでコーヒーチケットを購入することができ，全国各店舗で利用できる。3つ目の機能は，顧客とのコミュニケーション手段である。具体的には，オンラインとオフライン店舗の新商品情報や特売情報をAPPを利用して発信する。

そして，2018年以降はさらに「全家Familymart APP」とリンクさせた形で様々なサービスが導入された。

a）デリバリーサービス：2018年に業界初でデリバリーサービスを試験的に導入し，コロナ禍発生直後の2020年4月にはfoodpandaと提携し，店内200品目の商品のデリバリーサービスを開始した[6]。

b）生活サービスのオンライン支払い：クレジットカード料金と駐車場料金の支払いなど，生活サービスのオンライン料金収納が可能となった。これにより台湾ファミリーマートの請求書や通信料金などのオンライン料金徴収・APP決済サービスの種類は業界最多となった[7]。

c）「友善食光地図」：台湾ファミリーマートは2019年5月に中食類約200品目が対象で賞味期限が7時間を切ったら3割引で販売する仕組みを導入した[8]。そして，2021年4月に「友善食光地図」というマップ機能をAPPに追加し，顧客は自分の場所を設定すれば（半径）1km 内のどの店舗でどの商品が値下げしているのかを確認することができる[9]。

d）「隨買預約取」：消費者の購買行動の変化に合わせて，2021年6月には「隨買預約取（クリック＆ゴー）」を導入した。オンラインで商品を予約して，最短2日以内に店舗で受け取ることができる。実店舗で販売していない健康食品，洗剤，冷凍食品などが対象であり，「My FamiPay」「Fami財布機能」を利用することでオンライン支払いができる[10]。

e)「防疫地図」：マップ機能はコロナ関連商品にも拡大されている。コロナの検査キット，アルコールなどの防疫商品，マスク，保健用食品が対象である。同様に，（半径）1km 内のどの店舗に上記の4カテゴリーの商品が対象である）[11]。

f）「全＋１商城」：2021年末に台湾ファミリーマートのデジタル会員数は1,450万に達した。台湾人口の半分以上が台湾ファミリーマートのデジタル会員であり，売上高の50％以上に貢献している。そこで台湾ファミリーマートは同じFamilymart APPとリンクさせる形で「全＋１商城」というプラットフォームを新たに導入した。店舗では取り扱いできない商品を中心に4,000品目が対象で，生活用品，冷凍食品，ペット用品から生鮮食品，化粧品まで９つのカテゴリーが含まれている。台湾ファミリーマートがオムニチャネルに向かって大きく前進したことになる[12]。

g）「FamiNow」と荷物追跡システム：

そのほかには2023年４月に追加された２つの機能を紹介する。１つは「FamiNow」という来店30分前に予約して，オンライン決済しておけば，指定した店舗において待たずに商品を受け取ることが可能なサービスである[13]。もう１つは，荷物の追跡サービスである。ファミリーマートを指定の受け取りをする店舗にしておけば，プラットフォームで購入した商品はすべて台湾ファミリーマートのAPPで追跡できる。2023年４月時点では150以上のプラットフォームに対応している[14]。

③　電子決済My FamiPay

2017年10月に電子決済My FamiPayが導入され，2018年に「全家Familymart APP」に統合させた。最初はクレジットカード４社との連携による支払いのみであったが，2019年に「Fami財布」を導入して現金チャージが可能になった。

背景として，2019年10月時点で台湾ファミリーマートでは，「My FamiPay」と外部の電子決済を合わせて，合計約30種類のキャッシュレスサービスの利用が可能であったが，顧客の非現金支払率は全体売上高の２割前後にとどまっていた。そのうち，「My FamiPay」をダウンロードしたが，実際に利用している割合である利用率はまだ少なく，台湾ファミリーマートが望む６割程度には達していなかった。

そこで，台湾ファミリーマートは利用率を向上させるために，2019年10月末に「Fami財布」を追加した。以下の３つの機能が特徴である。１つ目は，現金チャージ機能である。これはクレジット情報を入力したくない顧客への配慮である。２つ目は，小銭を預ける機能である。現金払いの顧客に対して，お釣りは小銭で渡す以外に，「MyFamiPay」に預けるという選択肢を提供した。預けた金銭でキャッシュレス決済を体験してもらうことで，現金払いの習慣が少しでも変化するのではないかという狙いが伺える。３つ目は，予約商品の代金返却機能である。期間限定の商品を予約したが商品を受け取らなかった，あるいは，事情により商品の販売中止になったときに，商品代金を「Fami財布」に返却するという機能である。目的は，顧客の予約販売への不安を軽減させて，オンライン購入を手軽に利用してもらうことである。

さらに，2022年に台湾ファミリーマートは玉山銀行，拍付国際（Pi Pai Wallet）と共同出資して，「全盈（Quanying）+PAY」というモバイル決済サービスブランドを開始し，2022年４月から正式に運用開始された（全盈+PAYの公式サイト）。従来，ファミリーマートポイントはファミリーマート内でのみ利用可能であったが，「全盈（Quanying）+PAY」の導入により，ファミリーマートポイントはチャネルを超えて利用できるようになった。

④　ハイテック店舗から無人決済店，ハイテック自動販売機へ

台湾ファミリーマートは設立30周年を迎えた2018年の３月に，富士通やマイクロソフト，DENSOなどの国内外のIT，食品，機械関連企業15社との共同開発でハイテック実験店舗の第１号店を台北市内に設置した。第１段階ではIoTシステム，ビッグデータ解析，AI補助システム，RFID検品，ロボット店長Robo，VR商店，デジタル値札，デジタルプロモーション，ロボット型の淹れたてコーヒー機など，17項目の技術と取り組みを利用した。うち，IoT店舗管理システムは店舗内の什器の温度管理，故障通知を担うシステムであり，その前身になるネット型分散式エネルギー管理システムは2005年より台湾の工業研究院との共同開発で導入された。さらに，AIおよびビッグデータ解析を活用

した補助システムでは店長による微調整が可能な自動発注システムを導入し，発注効率の向上および人手不足の問題に対応した。

台湾ファミリーマートはハイテック実験店舗に導入された6割の技術が店舗運営の効率化，または，顧客への購買体験に影響を与えていることを確認し，2019年10月には改良版のハイテック店舗2号店を出店し，コンビニのお弁当類などを違う温度帯で販売するハイテックな自動販売機も4台設置された（「ニュースリリース」2018年3月29日および2019年5月の企業インタビュー）。これらの店舗の設置によって，オンラインとオフラインという取引形態の境界線があいまいになり，顧客へ新しい買い物体験を提供するだけではなく，小売店舗における運営効率化の効果も期待され，価値提供と価値創造の両方に貢献する。

2020年には店舗面積が5坪前後の無人決済店を開始した。店内にはセルフレジやAPPと連動したコーヒーマシンなど設置し，取り扱う品目数は400品目である。また，前述したハイテックな自動販売機は，学校や幹線道路などに続々と設置されて，2020年末には16店舗に設置された。なお，2020年11月時点ではIoTシステムが500店舗，APPと連動するコーヒーマシンが60台，セルフレジは50台が導入された[15]。

⑤　SNSを利用した地域密着戦略

フランチャイズ方式のコンビニ業態は出店方式や品揃え，プロモーションなど，ある程度の標準化戦略が一般的であるが，成熟期を迎えている台湾市場では前述した社会環境を背景に，より地域に密着した戦略が求められる。

そして，近年，台湾コンビニでは本部支援のもと，個別店舗がLINEなどを利用した地域密着型のプロモーション戦略が実施されている。台湾ファミリーマートでは2019年5月時点で，3,400店舗のうち1,500店舗の店長がLINEグループ「Line@生活商圏」を開設した。常連顧客がグループのメンバーである。具体的にはオフィス街の商圏に店舗を持つ店長は，ビジネスパーソン向けにコーヒー豆をプロモーションし，住宅地域の商圏に店舗を持つ店長は家庭向けにロールケーキの事前購入をプロモーションするなど，地域と商圏特性に合わせたオンライン商品のプロモーションが行われている。ほかに，Facebookに個別店舗のアカウントページを開設した店舗もある。

なぜ，このような仕組みが台湾市場で成立するのか。その理由は，デジタル化が始まる前から店長と常連顧客とのコミュニケーションが成立し，ある程度の信頼関係が形成されたからであると考えられる。そして，台湾ファミリーマートは2017年前後にこの仕組みを導入し，2019年５月時点では１日当たり平均1,200元～1,500元（約5000円前後）の売上高増の効果がある。このように，成熟期における地域密着型の取り組みは，現地における大きなデジタル・イノベーションの１つである。

モバイル形態デジタル化には他の効果も見られた。台湾ファミリーマートは年間数億台湾元のプロモーション費用を計上しているが，プロモーション費用の高さは台湾と日本ファミリーマートの大きな違いの１つである。

現在，台湾ファミリーマートはAPP会員に，個人LINEアカウントとAPPアカウントとの連携を推奨している。顧客は貯まったポイントの確認や商品の予約・オンライン購入が容易になり，企業は個人向けプロモーションの強化のほかに，顧客データの精度向上などのメリットが期待される。そして，将来的には蓄積された顧客データを分析して，個人向けクーポンを発行する予定であり，それを実現することができれば，台湾ファミリーマートの全体プロモーション費用の削減に貢献すると期待されている。

⑥　デジタルサイネージ

日本ファミリーマートと親会社である伊藤忠商事が2021年８月に子会社を設置して，2021年10月から店頭に設置するデジタルサイネージを活用したメディア事業を展開することになった[16]。台湾ファミリーマートは１年遅れて，2022年に富士通と台湾の電子メーカー友達の３社連携の形で連携して，同デジタルサイネージを全店に導入し始めた[17]。

⑦　COVID-19後に加速化した台湾ファミリーマートのデジタル化

COVID-19以前は，デジタル会員数を増やして電子決済比率を向上させることが，台湾ファミリーマートの大きな課題であった。しかし，COVID-19発生直後の2020年前半キャッシュレス支払いは前年比３割も上昇した。そのうち，台湾ファミリーマートのオリジナルなキャッシュレス機能である「My FamiPay」と「Fami財布機能」の利用者は100万人を超えた[18]。さらに，2021年末のデジタル会員数は1,450万に達して，台湾人口の半分以上が台湾ファミリーマートのデジタル会員である。売上高の50％以上に貢献している[19]。2023年８月現在ではデジタル会員数が1,650万人を突破し，全盈+PAYは160万人が利用している[20]。

4　日本ファミリーマートのIT革新とデジタル化との比較

台湾のファミリーマートにおけるIT革新とデジタル化の特徴として，主に2000年代前半までは日本型コンビニの情報システムの移転という形でIT革新の一部が実施されていた。具体的な内容として，オンライン受発注の導入による発注作業の効率化，POSの導入による単品管理や在庫削減が挙げられる。また，徐々にこの技術は新商品開発にも応用された。

しかしその後の台湾ファミリーマートのデジタル化と，親会社である日本ファミリーマートと比較すると，初代のマルチメディア端末機「FamiPort」とデジタルサイネージのデジタル技術に加え，顧客に新しい購買体験とサービスを提供し，顧客価値の向上に貢献する様々な新しい取り組みもある。これらの取り組みは，現地での自主的なイノベーションが特徴であった（**図表10-2**参照）。

[図表10-2] 台湾ファミリーマートと日本ファミリーマートのデジタル化の比較

デジタル技術	台湾	日本	移転orイノベーション
1. マルチメディア端末機 FamiPort	2008年（Ver.1）， 2015年（Ver.2）	2000年~2022年7月	移転&イノベーション
FamiPort APP	2015年3月	2016年9月～2022年	イノベーション
マルチコピー機	—	2014年（Ver.1） 2022年（Ver.2）	—
「全家店到店」 「冷凍店到店」	2008年 2021年	—	イノベーション
2. デジタル会員制度 Famiclubと全家 Familymart APP	2016年	2018年モバイルTカードとの連携	イノベーション
「団購」 「全+1商城」 「隨買預約取」	2016年 2021年 2021年	—	—
「友善食光地図」 「防疫地図」	2021年	—	—
3. 電子決済My FamiPay	2017年全家Familymart APPと統合	2019年	イノベーション
「Fami財布」	2019年	—	—
「全盈+PAY」	2022年	—	イノベーション
4. ハイテックの実験店舗	2018年，2019年	2021年	イノベーション
無人決済店	2020年	2021年	イノベーション
5. プラットフォームビジネス	2020年好開店， 好店+	—	イノベーション
6. デジタルサイネージ	2022年	2021年	移転

出所：筆者作成。

流通コラム⑪　日本ファミリーマートのデジタル会員制度と電子決済について

日本ファミリーマートは，2002年に「ユピカード」を導入し，買い物するとポイントが貯まるサービスを開始した。ファミリーマートのオリジナルな会員カードは2004年に導入し，一般の会員カードとクレジット機能が付いている会員カードの二種類がある。

さらに，2007年にカルチュア・コンビニエンス・クラブ（CCCMKホールディングス株式会社）が運営するTポイントと連携し，「ファミマTカード」を開始した。2018年にはモバイルタイプの「モバイルTカード」が運用開始になった。そして，2019年にFamiPayという電子決済を開発・導入し，ようやく自社オリジナルのデジタルアプリが本格化したのである。

注

1　本章の一部は，鍾淑玲（2020）「台湾コンビニのデジタル・イノベーション」『流通』No.46，日本流通学会発行，より一部抜粋した（引用先に関しては省略した）。2020年以降の記述は，筆者が新たに書き下ろした。引用の部分は以下の注で述べている。

2　経済産業省（2018），『DX推進指標とそのガイダンス』，1頁。

3　台湾ファミリーマートの公式サイトhttps://www.family.com.tw/（2023年9月25日閲覧）より。

4　台湾ファミリーマートのニュースリリース，2021年4月26日付，および台湾ファミリーマートの公式サイトhttps://www.family.com.tw/（2023年8月27日閲覧）より。

5　台湾ファミリーマートのニュースリリース，2022年9月16日付。

6　台湾ファミリーマートのニュースリリース，2020年4月14日付。

7　台湾ファミリーマートのニュースリリース，2020年4月14日付。

8　台湾ファミリーマートのニュースリリース，2019年5月22日付。

9　台湾ファミリーマートのニュースリリース，2021年4月8日付。

10　台湾ファミリーマートのニュースリリース，2021年6月2日付。

11　台湾ファミリーマートのニュースリリース，2021年6月25日付。

12　台湾ファミリーマートのニュースリリース，2021年12月22日付。

13　台湾ファミリーマートのニュースリリース，2023年4月19日付。

14 台湾ファミリーマートのニュースリリース，2023年４月19日付。
15 「数位時代」2020年11月25日号。
16 日本ファミリーマートのニュースリリース，2023年４月19日付。
17 「時報資訊」2022年６月７日号。
18 台湾ファミリーマートのニュースリリース，2020年６月17日付。
19 台湾ファミリーマートのニュースリリース，2021年12月22日付。
20 「経済日報」2023年８月５日号。

Working

1　IT革新とデジタル化の違いを述べなさい。

2　コンビニにおけるIT革新とデジタル化が重要である理由を述べなさい。

Discussion

1　日本と台湾のファミリーマートのデジタル化の取り組みの違いとその背景を述べなさい。

2　日本のコンビニやスーパーなどの小売店舗において，電子決済を普及させるには，どのような取り組みが必要であるかを考えなさい。

第11章
物流の基礎

本章のねらい

工場で生産された製品を小売店舗までトラックで輸送する。また，オンラインで商品を購入すると，消費者の指定した時間に希望する場所まで配送業者が商品を届けてくれる。このように生産者から消費者にモノが運ばれる過程，それに関わる諸活動のことを「物流」という。

本章では，われわれの日々の生活を支える物流の基本的な仕組みとその重要性を学ぶと同時に，物流効率化の取り組みを概観し，今日の物流業界が抱える課題を明らかにしていく。

Keyword　輸送　保管　荷役　包装　流通加工　物流情報管理　物流センター　3PL　物流の効率化　モーダルシフト

1 物流とは何か

物流という言葉から，「トラックで物を運ぶ」ことをイメージされる方は多いだろう。確かに，われわれの日常生活の風景のひとつとして，宅配便業者や引っ越し業者のトラック，スーパーマーケットやコンビニエンス・ストアの配送用トラックを頻繁に目にする機会はあるが，トラックによるモノの配送という業務は物流の一部分でしかない。第1章に述べられているように，社会的分業が高度になるほど，生産者と消費者の隔たりは大きくなる。この経済的懸隔を埋めるための役割を流通は果たしているが，そのなかで物流はどのような役割を担っているのだろうか。

(1) 物流の定義

われわれがよく見聞きする物流という言葉は，「物的流通（physical distribution）」の略語である。日本工業規格（JIS）によると，物流は「物資を供給者から需要者へ，時間的及び空間的に移動する過程の活動。一般的には，包装，輸送，保管，荷役，流通加工及びそれらに関連する情報の諸機能を総合的に管理する活動。調達物流，生産物流，販売物流，回収物流（静脈物流），消費者物流など，対象領域を特定して呼ぶこともある[1]」と定義されている。また，公益社団法人日本ロジスティクスシステム協会によると物流は「商品の供給者から需要者・消費者への供給についての組織とその管理方法およびそのために必要な包装，保管，輸配送と流通加工，並びに情報の諸機能を統合した機能をいう[2]」と定義される。

すなわち，物流とは生産者から卸売業者や小売業者などの流通業者，そして消費者へとモノを運び，届けるための一連の流れであり，場所的懸隔や時間的懸隔を埋めるための諸活動全体を指すのである。

(2) 物流の領域

物流は消費者への直接的なモノの移動だけをあらわすものではない。製造業者内（たとえば工場間）での部品や製品の移動，製造業者から卸・小売店舗への流通，小売店舗から消費者への流通など，物流過程の全体を見渡すと，物流はいくつかの領域に細分化することができる。

① 調達物流

製造業者の視点から見ると，工場において製品の生産のために必要とされる原材料や部品を協力会社などから仕入れる（調達する）ための物流活動になる。また，小売業者の視点から見ると，店舗で販売するために必要な商品を製造業者や卸売業者から仕入れる物流活動がこれに当たる。

② 生産物流

生産した製品の工場間運搬をはじめ，工場から自社の倉庫や営業所などへ製品を運ぶ物流活動を指す。ここでは，製品の輸送のほかに資材・製品の管理・保管業務や包装作業なども行われることがある。調達物流と販売物流との連携を図るために，3PL（Third-party Logistics）事業者が参入する事例[3]も見られる。

③ 販売物流

おもに卸売業者（仕入れ先）から小売業者，小売業者から消費者への販売による製品の移動のことであり，販売した商品を顧客に届ける物流活動を意味する。今日では，とりわけ小売業と物流サービス業の関連は非常に密接なものになってきている。たとえば，株式会社ライフコーポレーションは，Amazonを通じて実店舗で取り扱っている生鮮食品や日用品を注文から最短2時間で消費者のもとに届けるサービスを提供している[4]。販売物流は，とくにインターネット通販では商品の低価格化と消費者への利便性の提供を実現するうえで重要な領域であろう。

④ 回収物流

①〜③で見てきた物流とは逆に消費者側から生産者側に戻ってくる物流を意味しており，廃棄物の適切な回収や処理を行う廃棄物流，リサイクル物質や輸配送に使用したパレットや梱包資材などの回収を行う物流，そして不良品など商品の返品に関する物流がある。バブル崩壊以前の大量生産・大量消費型の社会においては，物流が対象とする領域は上述の①〜③にほとんど限定されていたが，社会における環境問題への意識の向上とともに，物流の領域は回収をも含めるようになった。これは，資源を効率的に再利用して持続可能な発展を目指す循環型社会の構築・実現を目指す企業のCSR（企業の社会的責任[5]）達成に合致する動きである。また，国土交通省や環境省も低コストかつ環境負荷の少ない港湾活用型の回収物流ネットワークの形成[6]に力を入れており，循環資源の全国規模での流動を促進している。

(3) 物流が重要視される背景：EC市場の拡大と物流サービスの充実

最近，物流に対する関心が非常に高まってきている。それは，とくに宅配便のサービス見直しや値上げ，トラック運送業者の労働環境の現状などについて頻繁に報道を目にする機会が増えていることからも理解できる。企業だけでなく消費者の物流に対する関心も高くなってきている背景には，インターネット通販の定着があることは想像に難くない。事実，日本国内のB to CのEC市場規模は約23兆円（2022年）で，EC化率[7]も9.13%（2022年）と増加傾向にある（**図表6-6**）。

Amazonや楽天に代表されるようなインターネット通販では，ほとんどすべての商品が取り扱われるようになり，Eコマースがもはや生活に欠かせなくなったことで，企業にとって物流の重要性が一層増してきている。ここでいう物流の重要性とは，一般の消費者に向けて商品を発送するために配送先が増加することへの対応や，保管場所である倉庫の立地選定やピッキング（注文された商品を選んで取り出す仕分け作業）の効率化など，ECに特化して顧客の利便性を追求した物流システムの構築が必要不可欠であることを意味する。今後，さらに顧客の利便性（主として取扱商品の低価格化と宅配サービスの迅速化）を推し進めるならば，それに対応する形で物流システムを効率化させていく必要が生じる。

物流には，まだ効率化あるいは革新的なテクノロジーの導入による新たな付加価値を創出する余地が残されており，そうした幅広い物流の可能性が企業や消費者が物流を重要視する理由のひとつといえる。

2　物流の主な活動

先に述べたように，物流は単純にA地点からB地点へとモノを運ぶということだけを意味しない。物流は，生産者，流通業者，消費者のあいだでそれぞれ発生するものであり，消費者の目に触れない部分でも物流の重要な業務が日々行われている。モノを運び，届けるための一連の活動である物流が担う領域は広範囲にわたり，その活動全体は「輸送・配送」「保管」「荷役」「包装・梱包」「流通加工」，そして「物流情報管理」という6つの活動から構成されている。以下で，物流を構成するこれら6つの活動について解説しながら，これらの活動が今日どのように効率化されているのか，また物流の現場ではどのような問題に直面しているのかを見ていきたい。

(1)　輸送・配送

輸送および配送は，モノの場所的懸隔を克服するための手段，すなわちモノを移動させる活動のことを指す。ふたつをまとめて「輸配送」と呼ばれる場合もある。輸送とは，大量のモノを一括して目的地まで移動させることを意味しており，多くの場合，国家間や地域間といった長距離の移動を指す言葉である。それゆえに飛行機や船舶，鉄道，大型長距離トラックを用いたモノの移動は輸送と呼ばれる。その一方で，配送は複数の目的地に少しずつモノを配っていく

[図表11-1]　宅配便の再配達率

	2018年４月期 （調査期間：2018年４月１日～４月30日）			2017年10月期 （調査期間：2017年10月1日～ 10月31日）		
	総数	再配達数	再配達率	総数	再配達数	再配達率
都市部	812,984	132,979	16.4%	883,584	151,386	17.1%
都市近郊部	1,346,059	192,796	14.3%	1,354,016	198,572	14.7%
地方	116,576	14,721	12.6%	118,947	16,009	13.5%
総計	2,275,619	340,496	15.0%	2,356,547	365,967	15.5%

出所：国土交通省，物流「宅配便の再配達率調査について」（http://www.mlit.go.jp/seisakutokatsu/freight/re_delivery_research.html）。

ことを意味し，近距離かつ小口の移動という意味合いで用いられる[8]。宅配便や引っ越し業者，コンビニエンス・ストア店舗のルート配送など小型トラック（２～３トン以下）もしくは中型トラック（４～８トン）を用いて短距離・短時間の小口取引をする場合に配送という言葉が用いられる。

とくに日本国内においては，トラックは主要な輸配送手段となっているが，それはトラックが出発地点（荷物の積み込み地）から目的地（届け先）まで直接輸送できる利便性を有しているからに他ならない。また，EC（電子商取引）の急速な拡大により宅配便の取扱個数が急増した結果，多頻度小口配送に適した小型トラックの利用が増加傾向にあると考えられる。とりわけ宅配便や郵便事業において，再配達（**図表11-1**）など柔軟な配送サービスを提供できることが輸送手段としてトラックが選ばれる要因であるが，二酸化炭素排出量の増加による環境への負荷や過重労働によるトラックドライバー不足を深刻化させるなどの問題点も見られる。

⑵　保　　管

保管とは，一時的に（あるいは長期にわたって）モノを貯蔵する活動であり，それに加えて，貯蔵しているモノを管理して価値を維持する役割も担っている。そのために，多くの場合，製造業者の工場や倉庫，流通業者の物流センターのような風雨や直射日光を防ぐことができる屋根や壁のある場所が必要になる。また，食品を取り扱う場合には，温度調節可能な設備（冷蔵機能や冷凍機能）を備えた施設を利用することで品質を維持したまま貯蔵することが可能となる。

輸配送が場所的懸隔を埋めるための活動であるのに対して，保管は時間的懸隔を埋めるための活動であるとされる。すなわち，貯蔵されて金銭的な価値を損なわないような最適な状態で管理・保存されたモノを，市場の需要を見ながら最適なタイミングで市場に供給することが保管の主目的となる。

(3) 荷（に）役（やく）

荷役は，飛行機，船舶，鉄道やトラックといった輸送機関からモノを積み下ろしたり，倉庫や物流センターのなかでモノを移動させたりする活動である。より詳しくいうなら，入庫，出庫，積み付け[9]，運搬，ピッキング，仕分け，荷揃えなどが荷役における作業内容である。こうした作業は人力で行われることも多いが，荷役業務における効率化・省力化を図るためにさまざまな機械や設備を用いることがある。人手を要する荷役業務を補助し効率化するために用いられる道具や機械，装置，設備のことをマテリアルハンドリング機器（マテハン機器）と呼ぶ。代表的なものとして，台車やパレット，フォークリフトやハンドリフト，コンベヤ，ガントリークレーンなどが挙げられる。

今日では，EC市場の拡大，AIやロボットなどの革新的技術の登場，人手不足や労働環境改善に対するニーズの高まりといった背景から，荷役業務における自動化の取り組みが急ピッチで進んでいる。

(4) 包装・梱包

包装・梱包とは，移動（輸配送や荷役など）や保管の際にモノが壊れたり汚れたりしないように梱包材や包装材で包んでモノを保護する活動のことである。加えて，モノを運びやすい形，保管しやすい形，取り扱いやすい形にまとめることも包装・梱包の役割である。パッケージング（Packaging）とも呼ばれる。

JISによると，包装は「物品の輸送，保管，取引，使用などにあたって，そ

[図表11-2] 包装の形態（菓子類の場合）

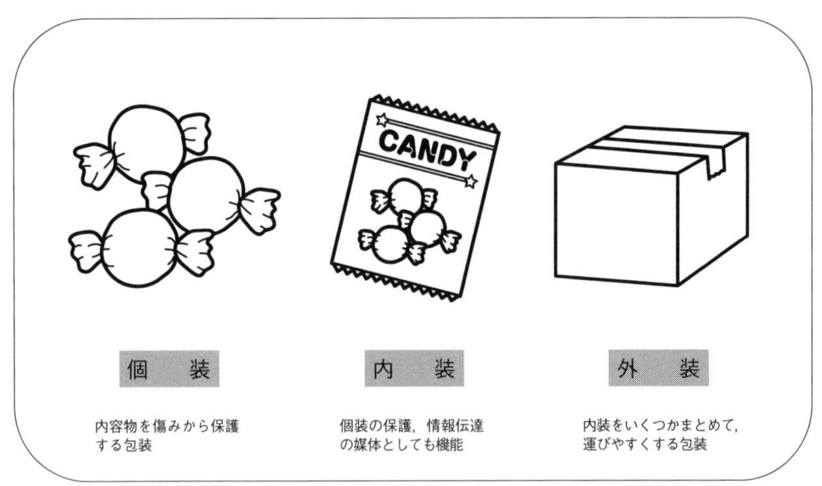

出所：筆者作成。

の価値および状態を維持するための適切な材料，容器，それらに物品を収納する作業並びにそれらを施す技術又は施した状態[10]」と定義されている。さらにJISの定義では，包装は「個装」「内装」「外装」の３種類に分類される。個装とは，個別にモノを包んでいる包装を指す。モノを保護するという本来の役割のほかに，商品として必要な情報（原材料や生産地の表示など）を消費者に伝達する役割を持つ。外装は，個装もしくは内装された物品を段ボールや木箱などに入れて外部の衝撃や熱，湿気などから守るための包装であると同時に，運びやすく保管しやすい形にまとめるための包装である。そして，内装とは個装と外装の中間の包装のことで，個装を保護するための包装といえる。たとえば，菓子類であれば，いくつかの個装をまとめて内装に入れて，より大型の梱包資材に入れて輸配送するということになる（**図表11-2**）。さらに個装や内装については，消費者の購買意欲をかきたてるようなデザインを施すことで，宣伝媒体としての役割を果たしているものも多く見られる。

包装・梱包の作業は，取り扱う商品が大きく重い場合などには，作業員の肉体的負担が大きくケガをする場面が多い。また，毎日行われる作業のため，作業員の人数や時間を多く確保する必要があり，人件費がかさむという問題を抱えやすい工程でもある。そのため，包装・梱包には省力化によるコスト削減が求められている。たとえば，段ボールの箱を成形して組み立てる製函作業やテープのカット・貼付けなどの作業を機械化して省力化を可能にしているものがある。また，小さな製品を小さなポリ袋に入れる袋詰め作業など人力で取り組む必要がある作業についても，作業現場のレイアウト変更や実際に作業を行う梱包台周りの環境を改善することで，細かな作業工程を省力化できる場合もある。

(5)　流通加工

流通加工とは，流通のプロセスのなかで製品にさまざまな加工を加えることで，商品としての価値をより高める作業を意味しており，取引先や消費者にとっての利便性を高めると同時に，商品に付加価値をつけて市場への供給をより効率的に行えるようにする一連の作業工程である。

モノの価値を高める流通加工の具体的な事例として，製品に汚れや損壊がないか検査・確認する検品，製品に値札（プライスタグ）を付ける作業，品名やバーコードが記載されたシールを商品に貼り付ける作業，生鮮３品（精肉・鮮魚・青果）をあらかじめ決められた重さや大きさに解体し，小分けして包装するプリパッケージ，複数の商品を詰め合わせて新しいセット商品をつくるアソートメントなどがある。

流通加工は，物流の機能のなかで最も業務内容が多岐にわたり，人の手を使わないと対応できない非常に細かな作業が含まれることも多い。そのため，製品の大量生産を行う工場でこのような加工作業を行うことは効率が悪いとされる。生産性の向上や物流コストの削減を図り，リードタイムを短縮させるために，流通加工の作業工程の大部分は倉庫や物流センターのなかで行われる。つまり，流通加工とは生産者や販売業者がそれぞれの主たる業務である生産や販売に専念できるように，モノを商品化するための煩雑な作業を物流業者が代行する活動ということができるだろう。

(6) 物流情報管理

物流情報管理とは，物流に関する諸活動が効率的に誤りのないように行われることを目的として，さまざまな情報を正確に確認して記録・管理する作業を指す。

具体的に，物流情報とは在庫情報や入出庫管理情報，トラックの空車・配車情報，貨物の温度・湿度管理情報，貨物追跡情報などの多種多様なデータがあり，これらの情報を活かして物流業務を効率化するための情報システムの構築が行われている。代表的な情報システムとしては，空車・配車状況の管理や運賃計算などの業務を支援する「TMS（Transport Management System：輸配送管理システム）」や，在庫管理や入荷管理，ピッキングや検品など倉庫内業務の支援と進捗管理を行う「WMS（Warehouse Management System：倉庫管理システム）」などが挙げられる。

従来は，物流業務に際して発生する情報の多くは紙ベース（書面）で集約・管理されてきたが，データを書き写す際にヒューマンエラーが発生してしまうことも多かった。しかし，現在では，社会経済の情報化にともなって物流においてもコンピュータと通信回線をつないだ情報システムを活用することが一般化している。情報システムを介したデータのやりとりによって，データ上の誤りの発生を最小限に抑えることが可能になり，情報管理の効率化に大きく貢献している。また，今日では物流拠点の情報管理・進捗管理をするためのソフトウェアの導入が容易[11]になっており，極めて正確な管理を省力化して行うことが可能となった。これは，労働時間の削減や人件費の削減，製品の品質管理の徹底にも効果を発揮している。

(7) 運送業と倉庫業

物流を担う企業には，輸送・配送を担当する「運送業」とそれ以外の活動を行う「倉庫業」がある。運送[12]業は，鉄道による貨物の運送を担う鉄道業，自動車でモノを運ぶ道路貨物運送業，船舶を用いる水運業，航空機を用いる航空運輸業に分類することができる[13]。代表的な事業者として，鉄道業では日本貨物鉄道（JR貨物），水運業では日本郵船や商船三井，川崎汽船など，航空運輸業ではANA Cargoや日本貨物航空，道路貨物運送事業者ではヤマト運輸や佐川急便などが挙げられる。また，倉庫業として代表的な事業者には，三井倉庫，三菱倉庫，住友倉庫などが挙げられる。

上に挙げた事業者はいずれも高い市場占有率を誇る大企業であるが，実際には，わが国における物流業界はほとんど中小の物流企業で構成されている。とくに顕著なのはトラック運送事業者で，6万3,251社（2022年3月末時点）あるトラック運送事業者のうち，その99%以上が中小企業[14]となっている。

物流企業も他業種と同様に経営環境が大きく変化している。トラック運送業では，ECやテレビショッピングの利用拡大による宅配貨物の取扱個数の増加を背景にトラックドライバー不足が生じており，さらに低賃金や深刻な高齢化，過重な労働負担がトラックドライバーという仕事の魅力を減衰させている。こうした事情から，かつてはコスト削減を目的に行われていた共同配送が，現在では労働力の確保という本来とは異なった意味合いで盛んになってきている。また，倉庫業においては，製造業者や流通業者などの荷主や物流企業が自前の倉庫や物流センターを所有していた時代から，保管や荷役作業における時間節約や費用削減を目的として，物流不動産開発事業者が提供する大都市圏の湾岸地域や高速道路のインターチェンジ付近に立地し交通利便性の高い大型の物流施設をテナント利用する時代に変わってきている。このように物流はそれぞれの役割において，その仕組みを最適化しながら業務の効率化・省力化に取り組んでいる。

3　物流センター

これまで物流の6つの活動について見てきたが，これら物流の諸活動を連携させる物流拠点，すなわち物流センターの存在を忘れてはならない。物流センターは，従来の倉庫における保管の活動に加えて，包装や流通加工，さらには情報管理といった作業を行うなど，物流活動やロジスティクス[15]をより高度化させる場所としてその役目を果たしている（**図表11-3**）。

物流センターの役割は，最終的には物流活動におけるトータルコストの削減ということになるが，それは保管による時間的懸隔の克服やリードタイムの短縮，取扱商品の高付加価値化など多様なアプローチで取り組まれている。

物流の活動目的によって利用される設備が異なるため，物流センターはいくつかの種類に分類することができる。以下で代表的な物流センターを取り上げ，それぞれの特徴について見ていきたい。

(1) 配送センター

一定のエリア内にいる顧客に対して配送業務を行うためのトラック輸送の拠点として運用されている。あらかじめ配送センターに在庫を保管し，届け先ごとに商品を仕分けして，その後に配送する。家電量販店や家具量販店などでは，店頭在庫の削減や物流の効率化を図るために，配送センターを設置している。

(2) デ　ポ

物流拠点の末端に位置する小型の配送拠点を意味する。商品の一時保管場所であり，荷捌きをするための施設である。多くの在庫は抱えず，対象エリアの顧客に対して多頻度小口配送を行うための場所といえる。

(3) トランスファーセンター（TC）

TCは在庫を保管せずに，仕分け，積み替え，そして配送を行う通過型物流センターである。メーカーなどから入荷した荷物をすぐに開梱して，仕分け後すぐに需要先に配送する機能が重要視されている。入荷場所から出荷場所に商品を通過（クロス）させることから，クロスドック（もしくはクロスドッキング）と呼ばれることもある。流通上最低限の作業しか行わないため，大規模な物流設備を必要としないが，入出荷に際して商品需給の情報を正確に把握する

[図表11-3]　基本的な物流体系

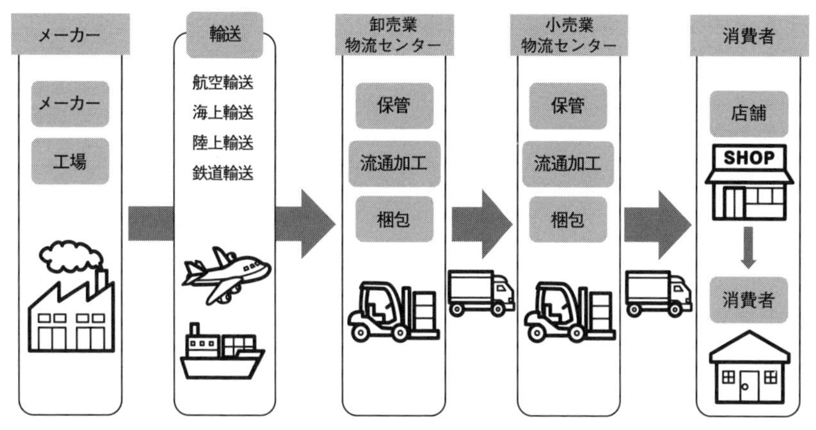

出所：国土交通省「(参考) 物流体系図」(http://www.mlit.go.jp/common/001062862.pdf)
を参考に筆者作成。

ための情報システムの構築が必要となる。

(4) ディストリビューションセンター（DC）

DCとは在庫の保管機能を有する在庫型物流センターである。物流センター内に多数の在庫を保管して，荷捌きや検品・梱包，簡単な流通加工を行い，出荷指示にもとづいて商品をピッキングし，店舗別もしくは地域別に仕分けして配送するという機能を持っている。最も一般的なタイプの物流センターで，TCと比較すると物流センター内での作業工程は非常に多い。在庫を保管するための棚や空調設備など大規模な物流設備が必要になる一方で，倉庫に潤沢な在庫を保有することから迅速な納品が可能となる。物流の効率化を妨げないためにも，DCでは在庫のコントロールが重要となる。

(5) プロセスディストリビューションセンター（PDC）

PDCとは高度な流通加工を行うことができる設備を有した加工・在庫型物流センターである。精肉や鮮魚といった生鮮食品の加工および計量や包装など商品に高い付加価値をつける作業を行うため，専用の機械が必要となり，また温度管理を徹底できる空調設備や，施設内をきれいに保つための防塵装置，流通加工を効率的に行うための生産ラインなどの設備が必要となる。生鮮食品や専門性の高い商品を取り扱うことが多いため，PDCでは高度な商品管理機能が求められる。

4　物流効率化の現状と今後

先述の物流活動や物流センターの説明からもわかるように，これまでも物流の分野では効率化のための施策が講じられてきた。

輸送の効率化という側面においては，日本における営業用トラック（普通車）１台あたりの積載効率がおよそ40%（2022年度）にとどまっているなかで[16]，共同配送の取り組みを行う流通業者が多くなっている。共同配送（混載便）は，決められた配送ルートを通り，顧客への貨物到着時間を定刻化できるため納品時間が安定することや，トラックをチャーター便で手配するよりも安価であり大口の配送にも対応できること，トラックの台数を削減できるため環境に対しても配慮できることなどのメリットがあることから，多くの場面で活用されている。

また，輸送，保管，荷役の一連の過程を効率化させるためのユニットロードシステムがある。ユニットロードシステムとは，さまざまな荷姿の貨物をパレットやコンテナなどの単位ごとにまとめて（ユニット化して）輸送する仕組みである。その際に用いられる手法としてパレチゼーション（palletization：パレットの上に貨物を積載して荷姿を標準化し，フォークリフトで運びやすくする。出発地点から目的地点まで同じパレットに載せたものを輸送・保管することを一貫パレチゼーションと呼ぶ。）やコンテナリゼーション（containerization：一定の規格のコンテナのなかにさまざまな物品を積載して貨物を輸送すること。港湾や空港での荷役作業が機械化・迅速化できることから物流コストの削減につながる。）がある。

企業の取り組みだけではなく，わが国では2005年に「流通業務の総合化及び効率化の促進に関する法律（物流総合効率化法）」が施行され，今日では流通業務の省力化や環境負荷を低減させるための効率化の取り組みを国土交通省が支援している。このような支援制度は，営業倉庫に対する税金の減免措置や物流施設の開発許可に関する配慮，モーダルシフト等の取り組みに対する費用補助などに活用されている。

バブル崩壊後の低成長時代において，物流の基本的な業務の一部もしくは全部は，外部の物流企業にアウトソーシングされ，物流の効率化が図られてきた側面もある。その代表格が，サードパーティー・ロジスティクス（Third-party Logistics：3PL）である。

3PLは物流活動を行うメーカーなど荷主企業に代わって，第三者が荷主企業の物流やロジスティクスを代行して，高度の物流サービスを提供すること[17]を指す。3PLと呼ばれるのは，製造業者をファーストパーティー，卸売・小売業者をセカンドパーティーと位置付けたときに，サードパーティーに相当するのは物流業務を担う企業であると考えられたからである。

製造業者の本来の仕事は製品を製造することであり，また，卸売業や小売業の本来の仕事は商品を販売することである。このことから，物流は本来の業務に付随する活動ということになる。そこで，荷主に代わって効率的な物流戦略の企画立案や物流システムの構築を提案し，幅広い分野にわたって一括して物流サービスを受託するのである。つまり，3PLでは配送，保管，荷役，物流情報管理といった物流効率化のための基本的な業務とともに，経営環境の変化に合わせた事業改善の提案を行うコンサルティング業務や効率的な物流システムの設計などを物流に関する専門の知識・ノウハウを持った第三者企業に一括して任せることで，荷主企業に存在する限られた経営資源を中核事業に集中させることが最大の目的となるのである。しかし，トラックドライバーの減少をはじめとした人手不足が物流業界で慢性化するなかで，運賃や人件費の高騰が続き，3PLに物流業務のアウトソーシングを行っても収益の確保が難しくなってきているのが荷主企業，物流企業に共通した懸案事項である。今日では，3PL

流通コラム⑫　モーダルシフトへの期待

モーダルシフトとは，「トラック等の自動車で行われている貨物輸送を環境負荷の小さい鉄道や船舶の利用へと転換すること[18]」である。「エネルギーの使用の合理化及び非化石エネルギーへの転換等に関する法律」（省エネ法）が2022年5月に改正され，輸送事業については，エネルギー使用の合理化を促進するために，エネルギーの使用状況の定期報告に加えて，合理化のための計画を提出することを義務づけている。わが国の国内貨物輸送量は年間約43億トン（2021年度）あり，トラックの輸送分担率はトンベースでおよそ9割（約39億トン）を占めており[19]，環境に対する負荷も非常に高くなっている。

モーダルシフトが必要となる最大の理由として，環境負荷の低減が挙げられる。1トンの貨物1kmを運ぶ（1トンキロ）際に排出される二酸化炭素の量は営業用トラックが240gであるのに対して，鉄道は21g，船舶は39gとなっている。自動車から鉄道や船舶に貨物輸送の方法を転換することで二酸化炭素の排出量を大幅に削減することが可能であるため，モーダルシフトは有効と考えられている。また，トラック業界のドライバー不足が社会問題化している[20]今日では，モーダルシフトは環境負荷の低減のみならず，労働力不足の解消や過重労働の防止などの面においても有効に機能するのではないかと考えられる。

一方で，モーダルシフトのデメリットに目を向けると，港湾や貨物駅でのトラックへの積み替え作業に時間がかかりリードタイムが延びること，船舶や貨物列車に積載する専用コンテナの導入にコストがかかることなどの課題が挙げられる。しかし，物流の「2024年問題」（第12章を参照）を受けて再度モーダルシフトの取り組みが注目を集めている。国土交通省は，物流総合効率化法の枠組みにおいて，トラック輸送からCO_2排出量の少ない大量輸送機関である鉄道・船舶輸送への転換を，荷主・物流事業者を中心に広範な関係者のもとで取り組みを進めることを支援している。また，同様に過疎地域における公共交通での貨客混載や，遠隔地の店舗への小売業者間の連携による配送共同化についても支援を行っている。将来にわたって物流網を維持し続けるために，社会が一丸となってモーダルシフトを推進していく必要があるだろう。

主導型の効率化から荷主企業の主体的な物流効率化が改めて求められている。その解決策として大きく注目されているのがIoT（Internet of Things：モノのインターネット）を活用した物流の自動化やロボット化である。

今日，とくに倉庫や物流センターの業務効率化で注目を集めているのは，ピッキングロボットである。ピッキングロボットには定常型とモバイル型の２種類がある。定常型とは，作業員がピッキングステーションと呼ばれる特定の場所に常駐しており，作業員のいる場所にむかってロボットが指定商品の納められた棚そのものを運んでくる。作業員は動く必要がないため，時間的なコストを削減できる。代表的なものに，AmazonのAmazon Roboticsがあり，日本国内では大阪府茨木FCや兵庫県尼崎FC，千葉県千葉みなとFCなどの物流拠点で稼働している。もうひとつのモバイル型とは，ロボット自身が棚まで出向いてピッキング作業を行うものである。代表的なものには，freight（Fetch Robotics）がある。freightは倉庫内をマッピングすることで支持された位置まで自動で移動することができる。カスタマイズ次第で，RFIDを活用して人的資源を割くことなく自動で在庫管理業務や棚卸しを行うことができる。これは物流の工程におけるピッキングという作業のみを切り出して自動化し，効率化を可能とした事例である。また，インテリア小売大手のニトリでは，同社ECサイトの成長を契機に，通販発送センターにおいてオートストア（AutoStore）というロボットストレージシステムを2016年２月から稼働させている。これは格子状に組まれたグリッド上面を走行する複数のロボットが，グリッド内に格納された専用コンテナを吊り上げ，入出庫作業を行うポートまで搬送するシステムである。操作の簡易性と定点作業が可能になったため，出庫効率については，オートストア導入前の約５倍の効果が出ているという[21]。

これらの事例以外にもドローン（小型無人飛行機）実用化実験や，自動運転トラックの実証実験，個人用宅配ボックス設置による宅配業者の労働時間削減など多様な取り組みが行われている。変革期にある物流業界だが，多くの物流企業が現状をビジネスチャンスと捉えており，物流の効率化は今後もさらに加速するものと考えられる。

注

1　JISC日本工業標準調査会，JISZ0111：2006，日本工業規格（JIS）「物流用語」，http://www.jisc.go.jp/app/jis/general/GnrJISUseWordSearchList?toGnrJISStandardDetailList（最終閲覧日：2018年8月26日）

2　公益社団法人日本ロジスティクスシステム協会監修（1997）『基本ロジスティクス用語辞典』白桃書房，192頁。

3　とりわけ，工場内で発生する生産物流の分野において，核となる生産業務への経営資源の集中および効率化によるコスト削減という目的をもって，物流サービス業者に物流業務をアウトソーシングする事例が見られる。株式会社日立物流，三菱ケミカル物流株式会社，富士物流株式会社，SBSロジコム株式会社など。

4　Amazon 食品スーパーライフ，https://www.amazon.co.jp/fmc/storefront?almBrandId=44Op44Kk44OV（最終閲覧日：2024年2月1日）

5　CSR（Corporate Social Responsibility）は，本来的には「企業の社会への影響に対する責任」と定義される。「社会」「環境」「倫理」「人権」「消費者の懸念」を企業活動の中核戦略として統合し，企業は従業者だけでなく顧客やコミュニティなど社外の人々をもCSR活動に巻き込みつつ，持続可能な社会の成長に貢献をすることこそCSRの本質といえる。下田屋毅「『CSR＝社会貢献』という考えは，時代遅れ」東洋経済ONLINE，2014年3月3日，https://toyokeizai.net/articles/-/31387（最終閲覧日：2018年8月28日）

6　リサイクルポート（総合静脈物流拠点港）を指す。国土交通省港湾局では，2011年までに全国22港を指定している。国土交通省「リサイクルポートについて」http://www.mlit.go.jp/kowan/kowan_fr6_000007.html（最終閲覧日：2018年8月31日）

7　EC化率とは，すべての商取引のなかで，電子商取引が占める割合を指す。

8　似た言葉に「運搬」があるが，これは工場内や物流センター内といった狭い範囲内でのモノの移動をあらわしている。

9　積み付けとは，モノをパレットなどに積み上げてまとめる作業を指す。

10　JISC日本工業標準調査会，JISZ0108：2012，日本工業規格（JIS）「包装－用語」，http://www.jisc.go.jp/app/jis/general/GnrJISUseWordSearchList?toGnrJISStandardDetailList（最終閲覧日：2018年8月29日）

11　物流業者だけでなく，サプライチェーン全体にまたがって情報管理ができるソフトウェアが提供され，現在ではクラウド（インターネットなどのネットワークに接続された外部のコンピュータ，サーバ）上で倉庫管理や車両運行管理が簡単に行えるようになっている。またクラウド上で情報を管理することで，システムの導入コストや買い替えコストが自社サーバを構築して維持・管理するのと比較して安価ですむことや，故障や災害などで障害が発生しても被害の程度を小さくできるなどの特徴がある。

12　運送とは旅客や貨物を目的地まで運ぶことを意味するが，物流の分野においては，とくにトラックによる輸送を意味する場合が多い。

13　日本標準産業分類（平成25年［2013年］10月改訂）による。総務省，日本標準産業分類，http://www.soumu.go.jp/toukei_toukatsu/index/seido/sangyo/index.htm（最終閲覧日：2018年８月31日）

14　中小企業基本法では「資本金３億円以下又は従業員300人以下」の企業を中小企業と規定している。公益社団法人全日本トラック協会（2023）『日本のトラック輸送産業　現状と課題　2023』６頁。

15　JISによると，ロジスティクスとは「物流の諸機能を高度化し，調達，生産，販売，回収などの分野を統合して，需要と供給の適正化をはかるとともに顧客満足を向上させ，併せて環境保全，安全対策などをはじめとした社会的課題への対応を目指す戦略的な経営管理」と定義される。JISC日本工業標準調査会，JISZ0111:2006，日本工業規格（JIS）「物流用語」，http://www.jisc.go.jp/app/jis/general/GnrJISUseWordSearchList?toGnrJISStandardDetailList（最終閲覧日：2018年８月26日）

16　総務省，自動車輸送統計調査 自動車輸送統計年報，https://www.e-stat.go.jp/dbview?sid=0003442539（最終閲覧日：2024年２月１日）

17　国土交通省，物流政策「3PL事業の総合支援」，http://www.mlit.go.jp/seisakutokatsu/freight/butsuryu03340.html（最終閲覧日：2018年８月29日）

18　国土交通省，物流「モーダルシフトとは」，http://www.mlit.go.jp/seisakutokatsu/freight/modalshift.html（最終閲覧日：2018年８月26日）

19　公益社団法人全日本トラック協会（2023）『日本のトラック輸送産業　現状と課題　2023』４頁。

20　トラックドライバーの仕事は，ただモノを運ぶだけでなく，荷積み・荷卸し，倉庫や小売店舗への納品作業など多岐にわたる。加えて交通違反や交通事故に対する注意など，精神的なプレッシャーも大きい。以前は収入の大きさが魅力とされていたトラックドライバーであったが，物流自由化にともなって競争が激化し，収入も頭打ちの状態となっているため，若いトラックドライバーの参入は大きく減少している。石川和幸（2018）『エンジニアが学ぶ物流システムの「知識」と「技術」』翔泳社，10頁。

21 中野渡純一「国内初導入！　ロボット倉庫「オートストア」がニトリの物流の現場を改革」GEMBA，2018年７月９日，https://gemba-pi.jp/post-170047（最終閲覧日：2018年８月30日）

Working

1　あなたの身の回りに存在する物流業者を２つ挙げなさい。また，その物流業者が具体的にどのような業務を行っているか調べなさい。

2　倉庫と物流センターの違いは何か。1,000字程度でまとめなさい。

Discussion

1　EC事業において，なぜ物流は重要視されるのか。その理由について，あなたの考えを述べなさい。

2　流通加工業務をアウトソーシングするメリットは何か。あなたの考えを述べなさい。

第12章
先進テクノロジーによる物流革新

本章のねらい

ECサイトを通じたネットショッピングが消費者にとって日常的な購買行動になり，顧客ニーズが高度化・多様化すると同時に，物流業界にかかる負担はますます大きくなっている。物流を取り巻く社会的環境が劇的に変化するなかで，効率的な物流の仕組みを構築することは国にとっても企業にとっても重要な課題となっている。運輸業やECを展開する大手小売業を中心に，先進的なテクノロジーを活用して効率的な物流システムを構築する動きが加速化し，国も物流業の自動化，デジタル化の推進をともなう物流効率化の取り組みを支援している。

本章では，拡大する物流市場が抱えるさまざまな課題やそれらを解決するために導入されている物流DXの技術について概観し，テクノロジーを活用した物流効率化の取り組みによって得られる効果について解説していく。

Keyword

EC（電子商取引）　物流DX　物流総合効率化法
物流の「2024年問題」　ビッグデータ
ロボティクス　クラウド・コンピューティング
AI（人工知能）　ブロックチェーン技術
ドローン物流　隊列走行

1　物流市場の拡大

物流とは，製品を生産者から消費者に届けるための一連の活動である。新型コロナウイルス感染拡大による経済停滞によって，2020年度の物流市場は縮小したものの，2021年以降は多くの産業で事業活動が再開され，各物流業種における取扱物量が増加し，国内の物流市場規模は拡大している。3PLなどの物流業種における市場規模の復調や電子商取引（Electronic Commerce：EC）による輸送需要の拡大にともなって，宅配便市場の堅調な推移がみられる（**図表12-1**）。

物流の市場規模が拡大傾向をみせるなかで，物流業者は顧客ニーズに応えるためにサービスの質を向上させると同時に，労働者の高齢化や人手不足に対応

［図表12-1］　物流17業種総市場規模推移・予測

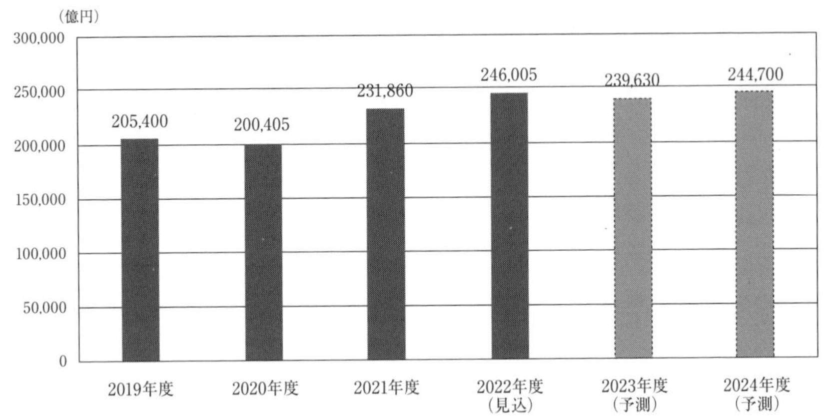

注1：運賃及び保管料，荷役料，関連サービス料等を含む事業者売上高ベース
注2：市場規模は17業種各市場の積み上げで算出，一部重複を含む
注3：2022年度は見込額，2023年度以降は予測値
出所：矢野経済研究所（2023）「物流17業種市場に関する調査を実施（2023）」，https://www.yano.co.jp/press-release/show/press_id/3310（最終アクセス日：2023年10月27日）

した効率化・省力化を図る必要がある。さらには，物流業界全体において環境負荷の低減やSDGs達成に取り組む必要もある。このような物流業界における諸課題に対応するために先進テクノロジーの活用が進んできている。

先進テクノロジーとは，人工知能（Artificial Intelligence : AI）やビッグデータ，モノのインターネット（Internet of Things : IoT），クラウド・コンピューティング，そして，ロボットやドローンなどの新技術やシステムを指したものである。実際に，物流業務のさまざまな場面において先進テクノロジーを用いた業務改善や効率化が実践されており，物流革新をもたらす役割を担っている。これら先進テクノロジーを用いて，さまざまな物流業務を自動化・効率化することで，物流サービスの品質や価値を向上させることを「物流DX」と呼ぶ。

2　物流総合効率化法

わが国では，物流が国際競争力の強化のために重要な役割を担っているとの認識から，2005年に物流総合効率化法（「流通業務の総合化および効率化の促進に関する法律」）が施行された。その後，限られた労働力で流通業務にあたるため，物流事業の生産性を向上させ，課題解決に取り組む必要があることから，2016年に改正物流総合効率化法が施行された。

2016年の改正物流総合効率化法は，２社以上の企業や法人の連携を前提条件に，複数事業者の連携による流通業務（輸送，保管，荷さばきおよび流通加工）の一体化や輸送の合理化（「輸送網の集約」「モーダルシフト」「輸配送の共同化」）により，流通業務の効率化を図る事業に対する計画の認定や支援措置を行うことを定めている。つまり，物流業者が協力し合いながら業務の省力化や効率化，環境負荷の低減などに取り組み，国が定めた条件に適合すれば，支援を受けることができるのである。物流総合効率化法の認定を受けることのメリットは，主に以下の２つがある。

- 補助金等の優遇措置：法人税などの減税の措置に加えて，許可に関する配慮や，業務を進めるために必要となるコストの一部を国が負担する優遇措置を受けることができる。

- 効率化・省人化の推進：少子高齢化の急速な進行や長時間労働を背景に，慢性的な人手不足の状況は深刻化の一途をたどっており，労働環境の悪化や離職率の増加を招いている。深刻な課題を抱える物流業界が，人手不足に負けない便利で効率的な物流を実現するために，この認定を受け，従業員の負担軽減や労働環境の改善につなげる狙いがある。

物流業界では，この物流総合効率化法の支援を活用しつつ，課題解決に必要な先進テクノロジーの導入を進めているのである。

3 物流の「2024年問題」

今日の物流業界が直面している大きな課題のひとつに，物流の「2024年問題」がある。

物流の「2024年問題」とは，働き方改革関連法にともなう労働基準法の改正によって物流業界におけるトラックドライバーの残業時間の上限が定められたことによって，これを超える残業ができなくなることにより生じる諸問題を指している。

トラックドライバーの時間外労働が年間960時間に上限規制される[1]ことで，トラックドライバーの1日あたりの走行距離が短くなり，長距離輸送が難しくなることが懸念される。さらには，以下のような問題が生じる可能性がある。

- 運輸・物流業界の売上や利益の減少
- トラックドライバーの収入減少
- 荷主企業が支払う運賃の上昇
- 納期遅延

これらの課題を解決するために，物流業界全体において先進テクノロジーの活用による業務効率化が必要不可欠となる。たとえば，AIの活用による配送ルート最適化の仕組みを構築したり，ロボットを活用することで倉庫や物流センターの自動化を推し進めることは，人手不足や物流コストの増加といった課題を解決するために一定の役割を果たし，持続可能な物流の実現に貢献すると考えられる。

4 物流における先進テクノロジーの活用

物流における先進テクノロジーの利活用は，実際に「輸配送」，「保管」，「物流情報の管理」といったさまざまな物流業務においてすでに実践されている。

では，先進テクノロジーは物流の現場においてどのように利活用されているのだろうか。以下で具体的な事例を交えてみていきたい。

(1) 配送ルートの最適化：ビッグデータの活用

輸配送では，製品を安全かつ迅速に目的地まで届けることが常に求められている。しかし，この輸配送には大きな課題が山積している。たとえば，トラックドライバーの高齢化による人的リソースの不足，交通渋滞や事故発生にともなう配送遅延，燃料費の高騰，トラックドライバーの時間外労働の増加などである。こうした課題に対応するために，物流業界ではビッグデータの活用が進んでいる。

ビッグデータとは，典型的なデータベースソフトウェアでは蓄積・運用・分析できないほど膨大で，データの出所が極めて多様な「事業に役立つ知見を導出するためのデータ」のことである。流通分野で必要とされるビッグデータは，ECサイトで蓄積されるユーザーの購買履歴，SNS上に書き込まれるプロフィールやコメント，GPS（Global Positioning System）で検知される位置情報，CRM（Customer Relationship Management）システムで管理される顧客情報などから収集される。個々のデータを分析するだけでなく，各種データを連携させることで付加価値を生み出すことも期待されている。

物流業界においては，ビッグデータを活用して配送ルートの最適化を実現することができる。配送ルートとは，製品を目的地まで届けるための移動経路のことである。これを最適化することで，配送にかかる時間や費用を削減し，配送効率を向上させることができる。配送ルートの最適化を行うにあたって，具体的には以下のデータが利活用される。

- 道路交通情報：渋滞状況や通行規制，事故などの情報
- 天候情報：気温や降水，積雪や路面の凍結などの情報
- 需要情報：顧客の注文に関する情報や配送先，配送時間などの情報
- 車両情報：車両の位置や速度，燃料の残量，積載量などの情報

上記データをAIやクラウド・コンピューティングなどの技術を使って分析することで，最適な輸配送のルートを導出することが可能となる。

たとえば，沖電気工業とロンコ・ジャパンの共創による物流分野におけるルート配送計画の自動化とコスト最小化のための「コスト最小型ルート配送最適化AI」がある。コストを最小化するルート配送に最適化されたアルゴリズムを用いた実証実験において配送計画の最適解を算出したところ，車両13台の配送総走行距離を人が作成した配送計画よりも１日あたりで約300km削減し，コスト最小化への有効性が確認できた。高精度のAIアルゴリズムが多様な配送パターンの条件を自動で分析することで，走行距離やコストが最小となる最適解を算出できるところに特長がある。

また，オプティマインドが開発した最適化アルゴリズムを用いた，ラストワンマイル（最終物流拠点から生活者に商品を届ける物流の最終区間）に特化したルート最適化サービスである「Loogia（ルージア）」は，複数の配送先や車両などのさまざまな条件を組み合わせて，一度に最適な配車計画を導出することができる。日本全国にある配送車両の実走行データを解析し経路探索をすることによって，配車・配送業務の標準化に成功している。具体的には，稼働車両台数を10％減少，配車時間を120分から30分に短縮，CO_2排出量を15％削減させるなどの効果を出している。

上記の事例をみてわかるように，ビッグデータ活用による配送ルートの最適化は，属人化（特定の人間が担当している業務内容について，その当人以外が理解できなくなってしまう状況）の解消，配送時間やコストの削減，トラック

ドライバーへの指示の効率化，環境負荷の低減，事故リスクの低減などの効果を出すことに成功しているのである。

(2)　倉庫や物流センターにおける作業の自動化：ロボティクスの活用

倉庫や物流センターは，製品の一時的な保管や仕分けを行うための施設である。入出庫や仕分け，梱包などの業務は，これまでは人間の手によるアナログな手動管理で行われてきた部分が多かった。しかし，今日では労働力不足やコロナ禍でのリモートワークの増加，DXの推進などの複合的な要因から，先進テクノロジーの導入による業務の自動化を決断する企業は増加している。

モノの移動を合理化し，生産性を向上させることを目的としたマテリアルハンドリング（Material Handling，略称はマテハン）では，移動距離の最小化や在庫レベルの最適化，人的ミスの最小化を実現していく必要がある。近年の倉庫や物流センターにおいては，機械による自動制御を行う物流ロボットなどのマテハン機器の導入による業務効率化や省人化のメリットが大きくなってきている。

たとえば，日立インダストリアルプロダクツ製の小型無人搬送ロボット「Racrew（ラックル）」は，専用棚やパレットの下に潜り込み，作業者のもとまで直接搬送を行っている（**図表12-2**）。商品を保管している棚ごと作業者

［図表12-2］　小型無人搬送ロボットRacrewの特長

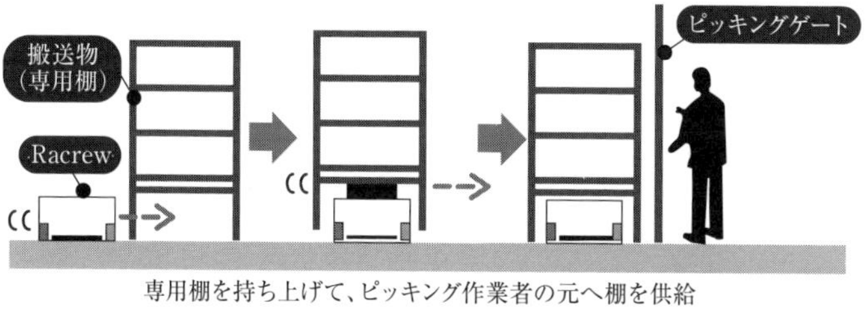
搬送物
（専用棚）
Racrew
ピッキングゲート
専用棚を持ち上げて、ピッキング作業者の元へ棚を供給

出所：日立インダストリアルプロダクツ「小型無人搬送ロボット「Racrew」」，https://www.hitachi-ip.co.jp/products/logistics/products/racrew/（最終アクセス日：2023年10月28日）

がいる指定位置まで自動搬送するため，人間が台車を用いて倉庫内を歩いて移動する従来のピッキング作業と比較して３倍以上の作業効率を実現できているという。日立製作所とMonotaROは2015年よりロジスティクス分野での協創を進めており，MonotaROの笠間ディストリビューションセンター（茨城県笠間市），茨城中央サテライトセンター（茨城県東茨城郡），そして猪名川ディストリビューションセンター（兵庫県河辺郡）において，多数のRacrewを含む搬送設備と同時に，マテハン機器やIoT機器をコントロールする倉庫制御システム（Warehouse Control System : WCS）を導入している。WCSとの連携により，多数のRacrewを運用する専用の最適化アルゴリズムを構築し，同時に制御できるRacrewは数百台におよぶ。

無人搬送車（Automatic Guided Vehicle : AGV）は，工場や倉庫でこれまで人間が担当していた搬送作業を代替する自動で走行する車輪のついた物流ロボットである。床に貼られた磁気テープなどのガイドによって決められた固定ルート上を走行するという特性から，特定の区間において大量の製品を素早く搬送することが求められる倉庫などで活用されている。

また，ラピュタロボティクスが2020年に商用化した協働型ピッキングアシストロボット「ラピュタPA-AMR」は，自律走行搬送ロボット（Autonomous Mobile Robot : AMR）に分類され，その特長のひとつにSLAM（Simultaneous Localization and Mapping）という技術の採用がある。AMRに内蔵されたカメラから周辺地図の作成と自己位置の推定を同時に行うことで，ロボット自身が走行ルートを決定し，障害物を避けて走行できる。磁気テープなどのガイドの設置が不要になり，人間が作業する場所での協働が可能になるという点から，AGVとはその特性が大きく異なる。(**図表12-3**)。

ラピュタPA-AMRは，さらに物流ロボットを利活用できる範囲を広げるため，誤ピッキングを減らして生産性を向上させるアシスト機能，棚付近での複数ロボットによる混雑を回避する機能，ピッキング以外の作業にも物流ロボットを活用させるための定点搬送機能などを追加している。日本の倉庫現場における複雑な業務に合わせた改善・改良を行い，生産性を向上させている。

[図表12-3]　AGVとAMRの違い

	AGV	AMR
走行方式	誘導走行（ガイドが必要）	自律走行（ガイドレス）
移動できる範囲	磁気テープなどのガイドによって固定されたルート上を走行する。	SLAMによって，周辺マップを作成し，自動でルートを算出する。
人との協働	搬送エリアから人を隔離して運用する必要がある。	人が作業するエリアでの協働が可能である。
障害物対応	ルート変更ができないため，障害物があると停止する。	人や障害物を検知し，自動で回避する。

出所：協働ロボット.com（2020）「第２回：AGVとAMRの違い」を参考に筆者作成，https://www.kyodo-robot.com/blog_amr/202004-amr2（最終アクセス日：2023年10月29日）

これらの事例を踏まえると，倉庫や物流センターにおける物流ロボットを活用した作業の自動化には，業務の精度向上ならびに生産性の向上，移動距離の短縮やハンズフリーでの作業に代表される現場作業員の負担軽減などのメリットがあることが理解できる。

(3)　物流管理システムの活用による業務効率化

倉庫や物流センターでは，保管環境の適切な管理はもとより，入出庫管理や適正な在庫管理などが求められる。また，物流拠点から消費地までの移動にともない，配送車両の管理や配送ルートの設定など配送計画全体の効率化が必要になる。つまり，物流のプロセスを適切に管理することで，コスト削減や業務の効率化を行うのである。今日では，ECサイトの隆盛にともなう宅配便取扱個数の劇的な増加や物流プロセスの複雑化に対応するべく，物流に特化した管理システムが多くの物流企業で導入されている。この「物流管理システム」は，大きく「倉庫管理システム」と「輸配送管理システム」の２つに分類することができる。

倉庫管理システム（Warehouse Management System：WMS）とは，倉庫

や物流センター内の在庫管理や作業管理を行うためのシステムである。WMSの基本的な機能には，保管場所（ロケーション）管理，入出荷管理，在庫管理，返品管理，各種帳票やラベルの発行がある。WMSの活用により倉庫内業務の情報を一元管理することで，倉庫内の在庫変動を逐一確認し，ピッキングの迅速化，不良在庫の削減，人材の適切な配分などを行えるのである。さらに，WMSをバーコードやRFID（Radio Frequency Identification）などの技術と連携させることで，製品の所在や数量を把握し，入出荷，棚卸などの作業を効率化している。つまり，WMSの活用によって倉庫管理業務を最適化することで，過剰在庫や在庫不足の状態を防ぐことができるほか，倉庫内の作業者に最適な指示を行い，作業時間や移動距離を短縮することが可能となる。

たとえば，ロジザードが提供する「ロジザードZERO」は，B to B物流の在庫管理に必要な機能を揃えたクラウド型倉庫管理システムである。ロジザードZEROは，周辺システムとの連携実績が豊富でシステムの拡張性やカスタマイズ性が高く，インターネットを介した倉庫管理業務を実施できるクラウドサービスであることから，新たにシステムを構築する必要がなく，短期間で安価にWMSを導入できることに大きなメリットがある。また，リアルタイムに更新される入出荷状況や在庫状況を外出先で確認することができ，それによって業務効率を上げることができるというクラウドサービスならではの利点がある。

一方，輸配送管理システム（Transportation Management System : TMS）は，商品の出荷から配送までの工程を把握・管理するためのシステムである。具体的には，交通状況や天候，需給の状況などを考慮した配送を効率的に実施するための配車計画を立てる機能，走行距離や積載重量に応じて自動的に運賃を算出する運賃管理機能，GPSを利用して車両の位置情報をリアルタイムで把握し，トラックドライバーに適切な指示を行うための動態管理機能がある。

たとえば，TUMIXが提供する「TUMIX配車計画」は，中小運送会社の配車，運行指示，情報共有，帳票管理などの業務を効率化するためのクラウド型輸配送管理システムである。TUMIX配車計画は，入力した受注情報が配車表や請求書，実務帳票などと幅広く連動するため，入力業務の大幅な軽減を実現している。また，デジタル配車表を使うことで，従業員が配車の状況をリアルタイムで共有できることから，従業員間での連携がとりやすくなるというメリットが生まれている。

さらにWMSとTMSを連携させることで，次のメリットが発生すると考えられる。物流業務は工程の数が多く，各工程間で情報共有に一旦タイムラグが生じると，後の作業に支障をきたす恐れがある。倉庫管理と輸配送に関する情報をリンクさせることで，より早いピッキング作業や配車計画の立案が可能になる。これは，物流プロセス全体の最適化につながり，物流サービスの品質を向上させるだろう。

(4) 物流業務におけるクラウド・コンピューティングの有用性

クラウド・コンピューティングとは，インターネット経由でサーバーやソフトウェア，デジタルプラットフォームなどのITリソースを必要なときに必要な分だけ利用できるサービスである。これにより，ユーザーはITリソースの所有にともなう管理・メンテナンスなどの煩雑な業務から解放され，利用に専念できるようになる。物流においても同様に，クラウド・コンピューティングの導入による業務の合理化・効率化が図られている。物流業務にクラウド・コンピューティングを導入することのメリットとして以下が考えられる。

まず，業務に必要な分だけITリソースを利用することができるため，初期投資やシステムの保守・運用といった部分でのコスト削減が可能になる。サービスの利用量によって料金が変動するため，無駄な支出を抑えることもできる。

次に，自社サービスの需要の変化に応じてITリソースの増減や変更が容易に実行できる。ビジネスの拡大や縮小に対応して，ITリソースの容量や性能をクラウド上でカスタマイズできることでコストの有効活用が可能になる。

さらに，クラウド・コンピューティングにおける大きな利点としてアクセシビリティ（Accessibility）の向上が挙げられる。インターネットに接続できる環境であれば，どこからでもITリソースにアクセスが可能になる。これは，クラウド・コンピューティングを活用して，自社内の複数拠点で在庫管理や配送管理ができることを意味する。このことは，各拠点の在庫品質や安全性を管理すると同時に，品質低下や紛失・盗難などのリスクを低減させることにつながる。また，トレーサビリティ[2]（Traceability，製品の履歴や所在地を追跡可能な状態にすること）の向上によって，安心して在庫の移動を行うことができる。さらに，複数の作業者のあいだで場所を問わずにITリソースを共有・活用できるため，作業者間での協働性や連携性の向上が期待できる。

最後に，クラウドサービスの提供者はセキュリティ対策に長けているため，自社で対策を実施するよりも安全性を高めることができる。突然の災害や障害に備えたバックアップやデータの復旧が容易なことも，クラウド・コンピューティングの優れた点といえるだろう。

(5) 物流業務における情報の管理：AI，ブロックチェーン技術の活用

物流業務に関するさまざまな情報を収集・分析・共有することは，物流業務全体の品質向上につながる。しかし，物流情報の管理には多くの課題がある。

まず，物流業務に関する情報は多種多様で情報量も膨大であり，業務の特性上，情報の内容は常に変化している。世界に溢れる情報を正確に収集・分析・共有することは困難な作業になる。

また，物流業務に関わる人間や組織は多数存在するため，それぞれが異なる情報システムやフォーマットを利用している。物流業務の効率化を進めるうえで，それぞれの情報を連携させて統合的に管理することは必要不可欠である。

さらに，物流業務に関する情報には，顧客や取引先などの個人や企業・法人の機密情報が含まれることが多い。物流に関わる事業者が情報セキュリティ対策に取り組み，情報を安全に保護・管理することは，社会通念上，当然のように求められる。このような課題に対応するために，他の業界と同様に，物流業界においても，AIやブロックチェーン技術の活用が進んでいる。

AI（Artificial Intelligence）とは，人間の知能を模倣したコンピュータやソフトウェアなどのシステムである。AIは，機械学習や深層学習などの技術を用いて，大量のデータから規則性を学習し，予測や判断など知的な処理を行う

ことができる。多くの企業がAIを活用する理由として，過去の実績データを機械的に分析することに長けている点，人間には真似できない演算速度により膨大なデータ量を短時間で処理できる点，人間とは異なり労働時間に制約がなく長時間働き続けることができる点などがある。

物流業界においても，AIを活用した物流管理システムを用いる事業者が多くなってきている。なぜなら，AIの活用によって高精度の物量予測が可能になり，最適な物流計画の提案，すなわち積載効率の最適化や燃料費の削減，効率的なトラックドライバーや車両の配置などが可能になるからである。たとえば，先述したオプティマインドの「Loogia」は，宅配業者の集配業務に使用される情報端末とリアルタイムで連携させることで最適な集配順序を予測する機能を持っており，トラックドライバーの業務効率化の実現に一役買っている。

ブロックチェーン（分散型台帳）とは，データを複数のコンピュータやサーバーなどに分散して保存し，暗号化やハッシュ関数などの技術を用いてデータの改ざんや消失を防ぐ情報管理技術である。つまり，ブロックチェーンは従来のデータベース[3]とは異なり，中央集権的に特定の個人や部署だけが情報管理者になるのではなく，ブロックチェーン関係者全員が情報管理者になり，すべて情報履歴にアクセスできるようにすることで，情報の信頼性や透明性を保持するための技術と理解できる（**図表12-4**）。

主として金融業界や食品業界においてブロックチェーン技術は活用されているが，物流業界においてはトレーサビリティの分野におけるブロックチェーン技術の応用が進んできている。

サプライチェーンマネジメント（Supply Chain Management : SCM）によって流通のプロセス全体の最適化を実現するために，電子データ交換（Electronic Data Interchange : EDI）を活用して企業間データを連携させることで作業の効率化は一定程度進んだものの，商流に関係するステークホルダーの種類が多すぎることと，ステークホルダー間のつながりが工程間で分断されていることが原因となって，サプライチェーン上でデータをうまく活用できない状況が続いていた。しかし，近年になってブロックチェーン技術を用いるこ

[図表12-4] 従来のデータベースとブロックチェーンの主な違い

	データベースの特徴	ブロックチェーンの特徴
管理の権限	中央管理：権限を与えられた特定のユーザーのみが管理・制御できる。	分散管理：ブロックチェーンの関係者全員が情報管理者になり，分散して管理される。
情報共有	それぞれのデータベースは独立して存在する。	ネットワーク上で常に情報が同期・共有されている。
データの記録	データの書き換えが可能。	データの改ざんは不可能。

出所：筆者作成

とで，ステークホルダーがブロックチェーンで構成されたネットワーク上で同じデータを保持することが可能となった。生産・物流・販売に関するデータの履歴や製品の所在を追跡可能であることはもちろん，データの書き換えが不可能であることから，ステークホルダー間の連携とそれによる対応の迅速化，秘密保持の獲得に貢献している（**図表12-5**）。さらに，特定の管理者や仲介者が不要になったことによるコスト削減や，欠陥のあるコンピュータがネットワーク上にいくつか存在しても，システム全体は問題なく稼働し続けるといったメリットもある。以下で，ブロックチェーン技術を活用しているニトリグループの事例をみていく。

家具・生活雑貨小売業のニトリホールディングスは，ニトリグループの群戦略として物流システムにブロックチェーン技術を活用している。ニトリのグループ子会社で物流関連事業を担うホームロジスティクスは，ブロックチェーン技術を活用して，自社製品の原材料調達から製造，物流，販売に至るまでのサプライチェーンを可視化し，契約情報や決済情報をブロックチェーン上で管理し，正確な取引履歴を提携業者まで届けることによって，サプライチェーン全体で納期を短縮させる取り組みを行っている。また，提携する運送会社のトラックドライバーが保有するスキルをブロックチェーン上に登録することで，運送会社それぞれの強みを活かした最適な人員配置をできるようにしている。

［図表12-5］　ブロックチェーン技術を活用したトレーサビリティシステム

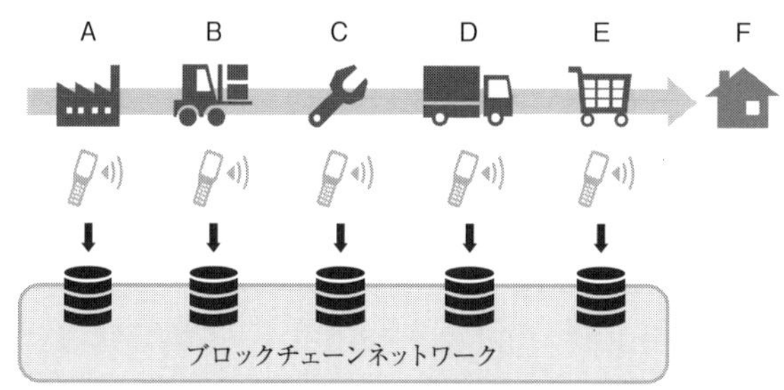

A：生産　B：入出庫　C：流通加工　D：輸配送　E：販売　F：消費者

出所：KEYENCEトレーサビリティ大学「トレーサビリティにおけるブロックチェーンとは」を筆者が一部修正，https://www.keyence.co.jp/ss/products/marker/traceability/basic_blockchain.jsp（最終アクセス日：2023年10月29日）

(6)　物流DXのさらなる推進：ドローン物流，トラックの隊列走行

物流DXとは，物流業界におけるデジタル・トランスフォーメーション（Digital Transformation：DX）のことを指す。DXとは，データやデジタル技術を活用して，ビジネスや社会の変革を促進し，新しい価値の創出や競争上の優位性を獲得するための活動を意味する。つまり，物流DXを推進することによって，配送時間の短縮や環境負荷の低減，コスト削減などを実現し，配送品質の向上ならびに労働環境の改善を同時に果たすことが可能になる。また，配送状況や配送履歴などの情報を顧客に提供し，顧客とのコミュニケーションを強化することもできる。

将来にむけて持続可能な物流システムの構築が必要となるわが国では，目下ドローン物流やトラックの隊列走行の実現が目指されている。それらの実現に向けた各種実証実験も行われている。

ドローンとは，「無人で，遠隔操作または自動操縦で飛行できる100g以上の重量の機体」と定義されている[4]。ドローン物流は，荷物の輸配送にドローンを用いる取り組みである。たとえば，倉庫内を飛行するドローンであれば，在庫確認やピッキングなどが可能になる。

物流業界においてドローン物流が注目される背景には，少子高齢化によるトラック運送業の深刻な人手不足ならびにトラックドライバーの高齢化の進行がある。また，ネットショッピングが広く普及したことによる個人宅への小口配送が増加したことで，１日あたりの配達件数の大幅な増加やそれにともなう再配達による業務負担の増加がある。

さらに，山間部や離島などの過疎地域においては物流網が十分に整備されていないケースも多い。過疎地域における物流網を維持し，買物難民の発生を抑制できるよう生活の利便性を向上させることが求められている。また，災害時において支援物資を運ぶ際にも，地形の影響を受けないドローンは持続可能な物流手段として用いられる。

2022年12月に改正航空法が施行され，レベル４飛行（ドローンの有人地帯における補助者なし目視外飛行）が可能となったことから，国土交通省はレベル４飛行も対象とした「ドローンを活用した荷物等配送に関するガイドラインVer4.0」を2023年３月に公表している。ドローン物流の社会への実装を推進するために，わが国においてドローン物流事業を持続可能な事業形態として成立させるための制度整備が徐々に進んでいる。

たとえば，日本郵便は2018年に福島県南相馬市と浪江町のあいだで日本初のレベル３飛行（無人地帯での補助者なし目視外飛行）による配送を実現させ，その後2023年３月には東京都西多摩郡奥多摩町において日本初のレベル４飛行による配送トライアルを実施している。レベル４飛行では効率的な飛行ルートを設定することが可能になり，これまでのレベル３飛行と比較すると飛行距離は22%，飛行時間は40%短縮される結果となった[5]。技術発展により，ドローンの機体そのものの安全性や信頼性が高まったことで，積載できる荷物の大きさや重さを増やすと同時に飛行距離・飛行時間を伸ばすことも可能になる。さらに，ドローンを安全に飛ばすための法整備や運行管理システムの整備が進むことで，ドローン物流が広範囲で実施できる日がそう遠くない未来に訪れるだろう。

トラックの隊列走行とは，高速道路において，先頭車両に乗車したトラックドライバーの監視のもと，複数のトラックが一列に並んで，通信によって走行状況をリアルタイムで共有し，自動で車間距離を保ちながら，車線維持や車線変更を連携して走行する技術である。

トラックの隊列走行も，ドローン物流と同様に物流業界において注目される技術のひとつである。それは，トラック輸送が国内物流の屋台骨としての役割を担っているからに他ならない。トラックドライバーを取り巻く労働環境の悪化とそれによる担い手の確保の難しさはもちろんのこと，疲労や病気による運転ミスが交通事故の発生につながることから，トラックの隊列走行の実現による運転負荷軽減への期待は大きい。

2018年１月には，新東名高速道路において初の公道実証実験が行われた。その後，2022年１月に新東名高速道路の一部区間において，実際に後続車の運転席を無人状態に（後続車両の助手席には安全確保のために保安要員が乗車）して，後続車無人隊列走行を実現している。この際，３台の大型トラックが時速80kmで車間距離約９mの隊列を組んで走行している。今後は，高速道路におけるレベル４自動運転（高度運転自動化：特定のエリアにおいてシステムが周辺の環境を認識して走行するため，ドライバーによる運転操作を必要としない）トラックによる走行実現にむけて実証実験が重ねて行われる予定である。

その他にも，隊列走行には先頭車両が風よけとなり，後続車両の空気抵抗を減らすことで燃費を改善し，CO_2排出量を削減する効果がある。また，車速変化が最適化されて安定した走行が可能になり，単独でトラックが走った場合に比べて燃費が向上する。安定した走行は配送品質の向上にもつながるだろう。

トラックの隊列走行は，現在のところ実用化に向けた開発や実証実験が進められている段階である。自動走行時の事故における法的責任など，自動運転の実現に向けた法的課題もある。トラックの隊列走行は，技術や法律といった課題を克服しながら，物流業界の変革を目指していくことになる。

5 まとめ：物流DXの改善にむけて

物流業界における諸課題を克服するために，先進テクノロジーが物流のさまざまな場面で活用されて物流DXが進行している状況をみてきた。

しかし，これから物流DXに取り組んでいくにあたって大きな課題がある。それは「2025年の崖[6]」である。事業部門ごとにシステムが構築され，それぞれが現場仕様にカスタマイズされた結果，複雑化・ブラックボックス化した既存システムのレガシー化が進行することになる。DXの必要性を経営者が理解していても，保有する膨大なデータを活用できずに，結局DXを実現できないまま競争に敗れていく物流企業が近い将来あらわれることが予想される。

レガシーシステムを抱えることのリスクはいくつもある。大きなリスクとしては，レガシーシステムの保守・運用にかかるコストが今後ますます高騰する点，事業の環境変化に対応できなくなる点，貴重なIT人材をレガシーシステムの保守・運用に割かれてしまう点，レガシーシステムの保守・運用が属人的になり次世代への継承が難しくなる点が挙げられるだろう。物流DXを本格的に展開するためには，不要なシステムの廃棄を意思決定し，業務内容を見直し，DXの基盤となる環境変化に柔軟に対応できる管理システム・共通プラットフォームを構築する必要がある。そうして「2025年の崖」を克服した先に，物流DXの実現がようやくみえてくることになる。

AIをはじめとする先進テクノロジーの数々が，物流業界が抱える問題の解決にとって非常に有益であることは誰の目にも明らかである。しかし，テクノロジーだけでこれらの問題を完全に解決することはできない。先進テクノロジーによる物流革新を実現するために，物流業界と行政が強力に連携を取りながら物流DXに対応できる人材育成や制度改革，法整備など含めた総合的な対策を打ち出すことが求められている。

流通コラム⑬　フィジカルインターネット

フィジカルインターネット（Physical Internet：PI）は，インターネット通信におけるパケット交換の考え方を物流プロセスに適用し，デジタル技術を駆使して物流の効率化や品質向上を図る新しい物流システムの考え方である。

大量の荷物を自社の物流センターに集めてから，自社車両で各方面に配送する従来型の配送ではなく，PIはもっとも効率的な配送ルート上にある複数企業の物流リソース（倉庫やトラックなど）を利用して荷物を運ぶ。この際の物流リソースは必ずしも自社所有のものとは限らず，空きがある提携業者の施設や車両を利用しながら，最適なルートを選んで配送を行うのである。あらゆる物流リソースを有効活用しながら，もっとも効率的なルートを選択して荷物を配送する点こそPIの最大の特徴といえる。

経済産業省と国土交通省は，「フィジカルインターネット実現会議」において2022年3月に「フィジカルインターネット・ロードマップ」を取りまとめた。各種プラットフォームの萌芽，輸送容器の標準化，中継輸送の普及，提携業者間でデータ連携するための規約（プロトコル）整備など，2040年のフィジカルインターネット実現を目指した準備期間が始まったばかりである。持続可能な社会を実現するための革新的な物流システムの構築が待ち遠しい。

注■

1　2018年6月に働き方改革関連法が成立し，2024年4月からトラックドライバーの時間外労働の上限が年960時間（法定休日労働を含まない）と定められた。厚生労働省「適用猶予業種の時間外労働の上限規制 特設サイト はたらきかたススメ」，https://hataraki katasusume.mhlw.go.jp/truck.html（最終アクセス日：2023年10月30日）

2　トレーサビリティには，原材料の調達から生産，そして消費または廃棄に至るまで，複数の段階において製品の移動を把握できる状態にしておく「チェーントレーサビリティ」と，自社内部での製品の移動を追跡する「内部トレーサビリティ」の2つの方法がある。

3　この場合のデータベースとは，取引データを決まった形式で集積・保管し，必要に応じて参照し利用することができるようにしたものを意味する。

4　航空法第2条22項によると，無人航空機は，「構造上人が乗ることができないもののうち，遠隔操作又は自動操縦（プログラムにより自動的に操縦を行うことをいう。）により飛行させることができるもの」とされ，さらに航空法施行規則第5条の2によって，重量100ｇ以上のものを無人航空機と規定する旨が示されている。
5　JP CAST（2023）「未来の物流レボリューションVol. 4 日本初！ レベル4飛行でのドローンによる配送を実施！」，https://www.jpcast.japanpost.jp/2023/06/350.html（最終アクセス日：2023年10月30日）
6　経済産業省（2018）「DXレポート～ITシステム「2025年の崖」の克服とDXの本格的な展開～」，https://www.meti.go.jp/shingikai/mono_info_service/digital_transformation/20180907_report.html（最終アクセス日：2023年10月30日）

Working

1　TMS導入のメリットとデメリットについて，1,000字程度でまとめなさい。

2　MonotaROにおける物流ロボット導入の効果について，1,000程度でまとめなさい。

Discussion

1　ドローンは，他の輸送手段と比べてどんな点が優れているか。あなたの考えを述べなさい。

2　物流の「2024年問題」について，あなたがもっとも問題と考える点は何か。考えを述べなさい。

終　章
消費財流通の現代的動向

本章のねらい

流通は環境変化に対応してゆるやかに変化していく。法律の変化，各種技術の変化，消費者の変化，生産の変化などに対応して変わっていく。

たとえば，人口と小売商店数は比例している。人口の多い国の小売商店数は人口の少ない国の小売商店数よりも多い。国内で見ても，人口の多い都道府県は人口の少ない都道府県よりも小売商店数が多い。そのため，通常，小売商店数の多寡の比較は人口１万人当たり小売商店数（店舗密度）で比較する。またこの動態に関しては，人口が増加すると遅れて小売商店数が増える傾向にあり，逆に人口が減少すると小売商店数は遅れて減少する。そのため，都道府県別に見ると，人口密度が高く，人口が増加している地域では，人口に比べて小売商店数の割合が低く，逆に人口密度が低く，人口が減少している地域では人口に比べて小売商店数の割合が高くなる傾向がある。

人口減少，少子高齢化，SNSの多様化と発展，AIロボットや生成AIの発展，グローバル化，人手不足という現在の大きな変化の中で，日本の消費財流通はどのように変わっていくのだろうか。

本章では，そのような視点から主に多品種少量流通の進化を捉え，その変化を延期・投機の原理の視点から理論的に説明する。

Keyword

多品種少量流通　延期・投機の原理
需給調整手段の変化　QR　ECR　CPFR
小ロット生産・短サイクル型SPA　販売サイクル

最近の動向としては，成長しているのはネット通販，PB，ドラッグストア等である。経済産業省の商業動態調査によると，2021年のドラッグストアの年間販売額は７兆3,066億円で，小売販売額の4.86％を占めており，小売業態別に見ると10.24％のスーパー，7.82％のコンビニエンスストアに次いで３位である。百貨店を追い抜いて５～６年になり，今後の更なる成長が見込まれている。

また，労働力不足のため，セルフレジ，セミセルフレジの更なる普及，店舗内で働くロボットの導入の増加，無人店舗の実験などが続く傾向にある。

さらに流通企業同士の合併，経営統合，資本・業務提携が目立っている。たとえば，ドン・キホーテ（現在のパン・パシフィック・インターナショナルHD）がユニーを買収したり，ニトリが島忠を買収したり，カインズが東急ハンズを買収したり，マツモトキヨシとココカラファインが経営統合し，マツキヨココカラ＆カンパニーが誕生したり，７＆iがグループ企業のそごう・西武百貨店を投資ファンドに売却したり，イトーヨーカ堂とヨークを経営統合したりと目まぐるしい動きがある。今後もこのような動きは続くと思われる。

このような動向があるものの，本章では1980年代に生じた多品種少量流通が進化してきていることに注目し，それを理論的に説明している延期・投機の原理について述べていきたい。

1　多品種少量流通の進化

(1)　多品種少量流通と需給調整手段の変化

80年代に消費財流通は，大量流通の時代から多品種少量流通の時代に変化した。端的にいえば，小売業からのある品目（アイテム）の１回の商品発注単位が小さくなったのである。たとえば，あるアイテムは１回の最低発注単位（ミニマムオーダー）が10ケースだったのが，３ケースになったり，他のアイテムは最低発注単位が１ケースだったのに６個になったというのが実際の変化であった。

このような変化の背後には，消費者欲求の多様化に対して，メーカーが製品多様化戦略を採用したことがある。製品多様化はたくさんの品目を生み出す。それらを卸売業はすべて在庫しておかなければならない。小売業もなるべく多くの品目を品揃えしようとする。そうすると店頭在庫とバックヤードの在庫の合計は増加する。在庫が増加すると金利負担が増える。在庫回転率が落ちる可能性が高い。80年代，小売業は業績悪化に直面して，バックヤードの在庫を削減したのである。企業によってはバックヤードの在庫をゼロにしたところもあった。

このことを継続するためには，１回の商品発注量を削減して，さらに店頭在庫がなくなる前に配送してもらわなければならない。つまり，小ロット（少ない発注量）で何回も発注し，何回も配送してもらわなければいけない。これが実現すると多品種少量流通になる。

卸売業は，たとえば，今まで週に２回しか配送しなかった商品でも週４－５回配送することになったり，週３回配送していた商品は毎日配送するようになった。その上，たとえばコンビニエンス・ストアは，○○缶詰１ケースではなく３個という発注に変わったため，卸売業は倉庫の中で「小分け」（ケースを開封し，中の商品を取り出す）という作業が必要になったり，ピースピッキング（１個単位でのピッキング）が必要になった。大量流通から多品種少量流通への変化は，卸売業に大きな負担を強いることになった。しかし，結果的にはこの変化の中で，卸売業は情報化，システム化が飛躍的に進み，革新できないところは淘汰された。

80年代に生じた多品種少量流通は，流通の役割である需給調整の手段を変えたという点で，大きな変化だった。需給調整は具体的には，在庫で行われてきたわけである。メーカー，卸売業，小売業がそれぞれ在庫を持ち，小売業の在庫が少なくなると，卸売業の在庫が小売業に移される。卸売業の在庫が少なくなるとメーカー在庫が卸売業に移される。このようにして需給調整がされていたわけである。しかし，既述のように小売業がバックヤードの在庫を持たないようにした。卸売業も日々増える新たな商品を在庫するために，商品別の在庫量（在庫日数ともいう）を削減した。メーカーは，何が実際に売れるかわからないために工場の商品別在庫量を削減した。

つまり，小売業，卸売業，メーカーともに在庫の危険負担を削減するために商品別の在庫量を削減したのである。しかし，小売業は店頭欠品を出してはいけない。そのために，小ロットで何度も発注をしたのである。この発注が正確で素早くないといけないためにオンライン発注になった。卸売業も小売業の注文に対して，欠品を出さないようにしながら多頻度配送するようになった。そのため，メーカー・卸売業間も多頻度配送になった。

つまり，素早い受発注情報の授受と素早い配送が，在庫を削減しながら多品種少量流通を実現させていったのである。ここに在庫中心の需給調整から素早い受発注情報の授受と素早い配送中心の需給調整へと需給調整手段の変化が起きたことが確認されるのである。

(2) QRとECR

既述の需給調整手段の変化は，日本の食品・雑貨などの流通に見られたものであるが，アパレルの流通でも同様の変化があった。それは，最初，アメリカで生じたものでQR（Quick Response）と呼ばれている。QRは「衣料品業界で生産，流通のリードタイムを短縮し在庫削減を目指しつつ，顧客ニーズにすばやく対応できる供給に取り組むための仕組みで1980年代にアメリカで導入された[1]」と説明されている。百貨店などの小売業の販売データを素早くアパレルメーカーに伝え，アパレルメーカーは売れ筋商品を素早く発見し，期中生産（シーズン中の生産）を増やすことによって，アパレルメーカーは返品を削減し，小売店は売れ筋商品の欠品を防ごうというものである。従来，アパレルはシーズン前に商品を生産していたので，売れ筋の欠品と売れない商品のバーゲンが多かったのである。このQRは成果が出たので，日本でもQR推進協議会のような組織を作ったりして，QRを推進してきている。特に百貨店とアパレルメーカーとの間で，POSデータを共有し，いち早く売れ筋を見つけて，期中生産を増やす努力をしている。また，追加生産の発注から納品までのリード

流通コラム⑮　スーパーの高齢者対応

高齢者の増加に対応して，スーパーも高齢者対応を強化しているところもある。たとえば，ダイエー赤羽店はJR赤羽駅から徒歩７分の立地で近隣居住者は60歳代以上の層が４割以上である。そのため，高齢者に優しいスーパーになるように様々な工夫がなされている。

（1）施設の工夫としては，次のことをしている。
- 消費者が買い回る通路の幅を広げて，普通のスーパーの２倍にした。
- 高齢者の安全を考えて，エスカレーターの速度を既存店の７割に落とした。
- 買い物カートは，鉄製に比べて25％軽いアルミ製にした。
- 休憩所を広く取るように心がけていて，２階の休憩所には椅子が10席ある。

（2）売場については，次のような工夫をしている。
- 高齢者でも手に取りやすいように，食品売場を中心に，陳列棚の高さを下げた。また，高齢者向け商品は棚の低い場所に陳列するようにしている。
- 見やすいようにＰＯＰの文字を大きくした。また，値札の数値を大きく表示（最大４倍）している。

（3）品揃えについては，次のような工夫をしている。
- 食品……少量パックを増加。刺身も一人用を増加。惣菜も小分けを増加。
- 小瓶タイプのしょうゆなどを充実させた。
- 納豆は３個パックが一般的だが，１個，２個の商品の品揃えを多くした。
- 減塩商品コーナーを作った。
- カジュアル衣料品売り場は，50歳以上向け商品を全体の６割にした（通常の他の店舗の３倍)。
- スポーツ用品売場は，全体の６割をウォーキング関連商品にした。
- 生活用品では，大人用おむつ，つえなどの介護用品を既存店の３倍の約320品目を扱っている。

このような工夫が高齢者に好評である。介護用品などの売上高は好調に推移している。立地によっては，このような高齢者対応の強化が必要である。ダイエーは，シニア層を重視することを明確にするために，全店長が「サービス介助士」の資格を取っている。

タイムを短縮化する努力をしている[2]。

さらにアパレル業界では，CPFR（Collaborative Planning, Forecasting, and Replenishment：需要予測と在庫補充のための共同作業）の試みが始まっている[3]。CPFRはメーカーと小売業が在庫，販売実績，販促計画や需要予測を共有し，在庫の最適化や欠品防止を目指す取り組みで，アメリカではウォルマート・ストアーズとP&Gなどの大手メーカーの間で導入されている。つまり，小売店とメーカーが互いの情報を持ち寄り，不良在庫の発生や欠品による販売機会の損失を防ごうとするものである。日本でも**図表終-1**のように取り組みの事例が見られる。もちろん，CPFRはアパレル業界だけのものではなく家電業界など他の業界でも取り組みがされている。

また，アメリカでは，QRの食品版といわれるECR（Efficient Consumer Response）も提唱されている。ECRは，「効率的消費者対応のこと。メーカー，卸，小売が相互に協力し連携することによって流通の段階で発生する時間的なロスを排除しコスト削減などによって効率を上げ，消費者のニーズに即応する仕組みのことである[4]」と説明されている。ECRを導入することによって「商品が包装されてから小売店のレジで販売されるまでの時間が大きく短縮される

[図表終-1]　アパレル業界の主なCPFRの事例

企業名	概　　要
ライトオン	商品の仕入先，約200社に販売データや販促情報などを開示。機動的な企画・生産，納品につなげる
トリンプ・インターナショナル・ジャパン	イトーヨーカ堂，イオンなど大手スーパーと共同で，商品の店舗間移動のしくみを構築，在庫の発生と欠品を防ぐ
ユニクロ	東レと販売データを共有し，共同で衣料品を企画・開発。売れ筋商品の開発につなげる
丸井	アパレル各社に在庫回転や週ごとの販売数など販売データを開示。翌シーズンの商品開発に活用

出所：『日経MJ』2007年3月5日号より。

ため，加工食品サプライ・チェーンの在庫は著しく減少します。ドライ食品では，リードタイムは104日から61日になり，サプライ・チェーンの在庫は41％削減します[5]」と説明されている。このECRは，個々の企業の最適化ではなく，流通全体の最適化を目指しており，販売情報をお互いに共有すれば，生産から消費までのリードタイムは短くなり，在庫は削減することを示している点で広く注目された。

(3)　小ロット生産・短サイクル型SPAの出現

QRを推進している間に，基本的に小ロット生産・短サイクル型SPAが出現し，成長していて注目されている。

成長しているSPAといえば，ユニクロが代表的企業であるが，それ以外にも，「ZARA」「ハニーズ」などが注目されている。ユニクロは，オーソドックスなカジュアル・ウェアを高品質・低価格で供給して成長してきたといえるが，「ハニーズ」「ZARA」などは，短サイクルで次々と流行のファッションを小ロットで生産し，供給している。

たとえば，ハニーズのオペレーションを見てみよう[6]。

ハニーズの週次商品企画プロセスから店頭ディスプレイまでの総リードタイムは30～35日である。

ハニーズでは，週次の情報収集・分析活動に基づいた企画会議を通じて毎週60～70アイテムの新商品を開発している。毎週木曜日に企画会議が行われ，その翌日には，中国から生産工場担当者がいわき市の本社を訪れ，発注が行われる（パターンのみは翌週月曜日に電子メールで伝送される)。企画・技術スタッフが常勤する本社で委託工場への発注を行うため，仕様や納期の最終調整もこれに並行して確定する。そのため，アパレル製品の生産に特有な生産サイドにおける諸負担が緩和されることになる。

ハニーズは小ロット（1アイテム当たり約6,000枚）生産を行っている。中国で生産された製品は600店をカバーする処理能力を持ついわき市の物流センターに集約され，初期店頭投入分となる60％の製品は店舗ごとに自動ピッキングされ，出荷される。残る40%は一時在庫として保管され，各店舗の販売動向に応じて，配送リードタイム１日（一部地域では２日）で全国各地の店舗に補充される。したがって，店舗での各アイテムの在庫は数枚にすぎない。また，商品の１割程度は「店舗間移動」によって適正店舗に配分されている。

このようにハニーズの強みは，大手のアパレルが約90日かかるといわれている企画から店頭に並べるまでの期間が30～35日でできるという点である。他社は流行を先読みしなければならないが，ハニーズは流行をかなり見極めてから生産することができる。そのため，はずれが少ないといえよう。はずれが少ないので価格設定を低くできるし，同じ商品は１店当たり数枚しか生産せず，売り切れても追加生産はしない。そのため，基本的に値引き販売もしないので低価格でも収益性は高いのである。

このように売れ筋の追加注文をせずに，次々に新商品を提供するという方法はインディテックスのZARAの手法であったが，徐々に他のSPAにも採用されてきているようである。

ZARAが製品開発するために行っているリサーチは本社の約600人程度のデザイナーから構成されるデザインチームによるCool Hunting（消費者の行動特性に関する情報を観察調査や面接調査によって収集すること）が中心である。それに各国の店舗スタッフが店舗で収集した情報を，カントリー・マネジャーを経由して，本社の調達部門，デザイン部門，生産部門の３部門から構成される製品チーム，店舗・製品チームで共有しながら迅速に商品を開発している。また，各シーズンに先行して試作品のパイロット販売を行い，あらかじめ売れ筋を把握した上で，シーズン中の新商品開発を行っている。

シーズン初めには，売上高の25%に相当する在庫しか作らない。75%はシーズン中に，POSデータから本部のPCが素早く，何が売れ筋か見極めて，指示し，売れ筋を短期で改良して作っている。

縫製（生産）は本社のあるスペインのラコルニャ周辺の22か所の縫製工場，及びガリシア州やポルトガルに集積する300～400あまりの零細受託製造業者が担っている。生産された製品は，ただちに８か所の物流センターに送られて世界中に出荷される。欧州各国へは，トラックで36時間以内に，それ以外の国へは，航空便で48時間以内に送られる。このようにして，世界96カ国，約2,300店に配送されている。配送頻度は週２回で，必要な分しか送らないので，小売店にはバックヤードがいらない。基本的に追加注文もない。そのため，廃棄ロスも少ない。また広告費もかけないので，管理コストは低い。

多品種少量流通も多様な形で実現・変化してきている。しかし，これらの動向は，延期・投機の原理で説明されるのである。

2　延期・投機の原理[7]

この原理の説明には，いろいろな前提や定義が必要となる。

まず，生産活動とは，製品形態（種々の製品属性）と生産量の決定である。流通活動とは，在庫する商品の種類と量の決定である。このように多様な流通活動を限定して定義しているところに１つの特徴がある。

そして，延期とは，ある製品形態と在庫投資の決定が引き延ばされることであり，投機とは，製品形態と在庫投資の決定があらかじめ行われることである。

このような定義だけではまったく魅力的なものではない。そこで，生産活動と流通活動についての考察が行われている。

生産は，しばしば「受注生産」と「見込み生産」に分けられる。受注生産は，注文情報の投入後に製品形態の最終決定が行われる。その意味では，実需（実際の注文）に応じた生産といえる。一方，見込み生産は注文情報が投入されていないのに製品形態を決定し，生産するのである。つまり，注文情報の代わりに予測が行われているのである。したがって，予測の不確実性は予測期間の長さに比例して高まるといえることを見出すのである。そのため，予測期間を短くすることは延期化であるといえるのである。

流通活動については，「販売サイクル」というものの定義を試みている。

販売サイクル＝発注から納品までの時間(納品リードタイム)
＋納品から販売までの時間(店頭在庫期間)

と考えるのである。店頭在庫期間は販売条件を一定とすると取引の基本ロットの大小が変数となると考えているため，取引の基本ロットが小ロットであるほど店頭在庫期間は短くなるというのである。もちろん，販売条件を一定と考えるという仮定自体は非現実的なものであるが，このような前提を置くことによって，理論的進展が出てくる。つまり，販売サイクルが短くなるほど在庫投資の決定は購買需要の発生時点に近くなるので予測期間が短くなる，つまり延期化である。逆に，販売サイクルが長くなるほど予測期間が長くなるので投機化が起こるというのである。

多品種少量生産・多品種少量流通の進展の中で，メーカーはいち早く卸売業の出荷データを入手し，それを需要予測に日々活用し，生産する商品とその量を決めるように革新してきている。それは，まさに予測期間の短縮化であって，延期化を進めてきたといえる。

多品種少量流通は卸売業の革新を求めたが，それは小売業との取引の基本単位の小ロット化であり，納品リードタイムの短縮であった。つまり，延期化であった。ハニーズやZARAの革新も，短サイクル・小ロット生産・短リードタイムであって，やはり延期化である。

流通は，各企業の在庫リスクを削減するために，いかに新たな延期化のビジネスモデルを作るかという方向で革新が起きているとも考えられる。キーワードは「予測期間の短縮化」「納品リードタイムの短縮化」「店頭在庫期間の短縮化」である。たとえば，ネット通販はカタログ通販に比べて危険負担が少ない。なぜなら，カタログは商品販売の数ヵ月前に印刷しなければならないが，サイトに商品を新たにアップするのはすぐにできる。このように同じ通販でも，カタログ通販に比べネット通販は予測期間が短いのである。延期化である。

このように延期・投機の原理は，前提条件を置いたり，単純化をすることによって導かれている。そのため非現実的だという指摘もできるが，理論化というものには，このような前提条件や複雑なものを単純化した定義といった装置が必要であることも事実である。

インターネットの発展は新たな延期化のビジネスモデルを生み出すかもしれない。

注■

1　鈴木安昭・白石善章編（2002）『最新商業辞典［改訂版］』同文舘出版，69頁。
2　たとえば，オンワード樫山では追加生産の発注から納品まで約２週間かかっているが，これをさらに短くする努力をしている。07年３月からは，生産本部が一手に引き受けていた生産管理機能を事業本部に移管し，パターンナーや生産工程管理者を異動させ，事業本部のデザイナーや商品政策担当と同じフロアで業務にあたらせ，店頭の販売動向と工場の生産状況の情報を共有し，追加生産を決めたら稼働可能な工場で直ちに生産に着手できるようにした（「売れ筋，迅速に追加生産ブランド別に生産管理機能」『日経MJ』2007年２月26日号）。
3　『日経MJ』2007年３月５日号。
4　鈴木安昭・白石善章編，前掲書，７頁。
5　カート・サーモン・アソシエイツ・インク，村越稔弘監訳（1994）『ECR：流通再編のリエンジニアリング』NEC総研，アメリカン・ソフトウエア・ジャパン，３頁。
6　ハニーズの記述は，東伸一・梅村修・玄野博行・辻幸恵（2007）『消費社会とマーケティング』嵯峨野書店，84-94頁に依拠している。
7　この節の延期・投機の原理についての記述は，矢作敏行（1996）『現代流通』有斐閣，151-166頁に依拠している。

Working

1　あなたは，この１週間で，電子マネーをどこで使いましたか？　使った場所と購入したものをリストアップしなさい。
2　ZARAとユニクロはどこが違うと思うか？　相違点を整理しなさい。

Discussion

1　人口減少・少子高齢化は，日本の流通にどのような影響を及ぼすと思うか？　あなたの意見を整理してA4（40字×30行）3～5枚程度にまとめなさい。

2　今後出現しそうな流通に関係する新しい延期化のビジネスモデルを考えてみなさい。

索　引

■さ　行

■た　行

■な　行

■は　行

■ま　行

■や　行

■ら　行

■わ　行

■**執筆者紹介**（執筆順）

住谷　宏（すみや　ひろし）　第1，2，7，8，終章

編著者紹介参照

鍾　淑玲（しょう　しゅくれい）　第1，9，10章

編著者紹介参照

浦上　拓也（うらがみ　たくや）　第2，5章

神奈川大学経済学部教授

主著　「プライベート・ブランド調達における研究課題」『商経論叢』（神奈川大学）第57巻3号，2022年。
　　　「PBの台頭とNBメーカーの戦略」矢作敏行編著『デュアル・ブランド戦略―NB and/or PB』有斐閣，2014年。

圓丸　哲麻（えんまる　てつま）　第3，4章

大阪公立大学大学院経営学研究科教授，博士（商学）

主著　『百貨店コミュニケーション戦略』千倉書房，2022年。
　　　『百貨店リテールブランド戦略』白桃書房，2022年。

伊藤　一（いとう　はじめ）　第4章

日本医療大学総合福祉学部教授，小樽商科大学名誉教授，Ph. D.（英国マンチェスター大学）

主著　「地域政策と地域経営」生活経済学会編『地域社会の創生と生活経済』ミネルヴァ書房，2017年。
　　　“Legislation and retail structure:The Japanese example.” *International Review of Retail, Distribution and Consumer Research*. Vol.11, No.1(2001)

大崎　恒次（おおさき　こうじ）　第6章

専修大学商学部准教授　博士（経営学）

主著　「住民基点の『地域再生（化）』に関する検討：豊島住民へのインタビュー調査結果を踏まえて」『青山経営論集』（共著）（青山学院大学）56巻4号，2022年。
　　　『データブック流通と商業―理論と現象から考える』（共著）有斐閣，2022年。
　　　『現代の小売流通（第2版）』（共著）中央経済社，2016年。

髭白　晃宜（ひげしろ　てるき）　第11，12章

沖縄国際大学産業情報学部教授

主著　『リテールマーケティング入門』（共著）白桃書房，2023年。

「地域公共交通システムの史的展開と都市形成の連関についての一考察：日独を対象とした軌道事業に関する研究史の整理から」『商学論纂』（中央大学），第61巻第5・6号，2020年。

『マーケティング論の基礎』（共著）同文舘出版，2019年。

■編著者紹介

住谷　宏（すみや　ひろし）

元東洋大学経営学部教授，博士（経営学）

1953年秋田県生まれ。横浜国立大学経営学部を卒業後，横浜国立大学大学院，日本大学大学院を経て，千葉商科大学専任講師に就任。同大学助教授，教授を経て，1993年より，東洋大学経営学部教授となり，2024年３月定年退職。

主著　『現代のチャネル戦略―チャネル戦略研究への招待』同文舘出版，2019年。
　　　『現代の小売流通（第２版）』（共著）中央経済社，2016年。
　　　『商学通論［九訂版］』（共著）同文舘出版，2016年。

鍾　淑玲（しょう　しゅくれい）

東洋大学経営学部教授，博士（経営学）

台湾・台中市生まれ。台湾・東海大学経済学部を卒業後，1996年に日台交流協会奨学生として来日。京都大学大学院と立命館大学大学院を経て，2004年から国際教養大学専任講師として勤務。2007年から東京工業大学大学院社会理工学研究科准教授，2018年から東京工業大学工学院准教授を経て，2024年から現職。

主著　『製販統合型企業の誕生―台湾・統一企業グループの経営史』白桃書房，2005年。
　　　「小売国際化における埋め込み概念の導入と検討―アジア市場における成長に向けて」『アジア経営研究』，アジア経営学会，2018年。
　　　「台湾コンビニのデジタル・イノベーション」『流通』，日本流通学会，2020年。

流通論の基礎（第4版）

2008年3月10日　初版第1刷発行
2011年2月25日　初版第5刷発行
2013年4月25日　第2版第1刷発行
2018年5月20日　第2版第6刷発行
2019年4月1日　第3版第1刷発行
2023年10月20日　第3版第5刷発行
2024年4月20日　第4版第1刷発行

編著者　住谷宏
　　　　鍾淑玲
発行者　山本継
発行所　㈱中央経済社
発売元　㈱中央経済グループパブリッシング

〒101-0051　東京都千代田区神田神保町1-35
電話 03（3293）3371（編集代表）
03（3293）3381（営業代表）
https://www.chuokeizai.co.jp
印刷／㈱堀内印刷所
製本／㈲井上製本所

ISBN978-4-502-49861-9　C3034